Peter Haber
Digital Past

Peter Haber

Digital Past

Geschichtswissenschaft im digitalen Zeitalter

Oldenbourg Verlag München 2011

Bibliografische Information der Deutschen Nationalbibliothek

Die Deutsche Nationalbibliothek verzeichnet diese Publikation in der Deutschen Nationalbibliografie; detaillierte bibliografische Daten sind im Internet über <http://dnb.d-nb.de> abrufbar.

© 2011 Oldenbourg Wissenschaftsverlag GmbH, München
Rosenheimer Straße 145, D-81671 München
Internet: oldenbourg.de

Das Werk einschließlich aller Abbildungen ist urheberrechtlich geschützt. Jede Verwertung außerhalb der Grenzen des Urheberrechtsgesetzes ist ohne Zustimmung des Verlages unzulässig und strafbar. Dies gilt insbesondere für Vervielfältigungen, Übersetzungen, Mikroverfilmungen und die Einspeicherung und Bearbeitung in elektronischen Systemen.

Herstellung: Dr. Rolf Jäger
Satz: le-tex publishing services GmbH, Leipzig
Einbandgestaltung: hauser lacour
Gesamtherstellung: Grafik + Druck GmbH, München

Dieses Papier ist alterungsbeständig nach DIN/ISO 9706.

ISBN 978-3-486-70704-5

Inhalt

Vorwort	7
Les préludes – oder: Wie der Computer in die Geschichte kam	11
Das Internet der Geschichte	25
Nach dem Sputnik-Schock	26
Eine neue *Republic of Letters*	35
Bibliothekskataloge gehen online	42
Ordnung und Unordnung, Archiv und Vergessen	47
Die drei Ordnungen der Ordnung	49
Das Archiv als Ort und Metapher	56
Lethe und *delete*	64
Das Google-Syndrom und die Heuristik des Suchens	73
Wikipedia und „das Wissen der Menschheit"	75
Gibt es ein jenseits von Google?	80
Der hybride Raum des Suchens	91
Die Historische Methode im 21. Jahrhundert	99
Von analog zu digital	99
Eine Quellenkritik des Digitalen	104
Data Driven History: Geschichte schreiben mit Zahlen	112
Vom historischen Narrativ zum digitalen Hypertext	115
Geschichte und Geschichtswissenschaft 2.0	123
Vom Schreiben der Geschichte im Digitalen	123
Autoren und Kollaborateure	128
Medien der Geschichte	134
Der neue Strukturwandel der Öffentlichkeit	139
Vom Wandel im Inneren der Wissenschaft	141
Une affaire à suivre – oder: Einige Schlussgedanken	151
Literatur	155

In Erinnerung an meinen Vater Dr. Géza E. Haber

Vorwort

Die Fragestellung dieses Buches ist eng gefasst und doch sehr breit zugleich: Es geht um die Frage, wie sich die Geschichtswissenschaft – und damit verbunden die Geschichtsschreibung und die Wahrnehmung von Geschichte – im digitalen Zeitalter verändert. Der Ausdruck ‚digitales Zeitalter' steht dabei als Chiffre für einen Wandel in den letzten Jahren, der mit Digitalisierung oder Informatisierung nur teilweise umschrieben ist. Gemeint ist die zum Teil tiefgreifende, zum Teil vordergründige Veränderung im Ablauf und in den einzelnen Schritten der „historiographischen Operation", wie Michel de Certeau es genannt hat.[1]

Damit ist ein weites disziplinäres Feld angesprochen. Das Buch ist im besten Wortsinn multidisziplinär angelegt und berührt namentlich die Wissenschaftsforschung, die Archivwissenschaft, die Bibliothekswissenschaft, die Informationswissenschaft und natürlich die Medienwissenschaft.

Drei Aspekte stehen im Vordergrund:

Zum einen geht es um die Anfänge der elektronischen Datenverarbeitung in der Geschichtswissenschaft. Wie kam der Computer in die Geschichtswissenschaft? Wie gingen Historikerinnen und Historiker[2] mit den Neuerungen um, was *taten* sie mit den neuen Werkzeugen, wie weit beeinflussten neue Möglichkeiten auch die „Arbeit an der Geschichte"[3]? Dabei werden erstmals unterschiedliche Diskussionsstränge miteinander in Verbindung gebracht, um auf diese Weise die in den vergangenen Jahren zu beobachtenden Veränderungen präziser in einen wissenschaftsgeschichtlichen Kontext stellen zu können.

Zum zweiten interessiert der Wandel der Ordnungen historischen Wissens sowohl unter medien- als auch unter ideengeschichtlichen Fragestellungen. So wird es möglich sein, die vermeintliche oder auch tatsächliche Unordnung des Digitalen historisch zu verorten und dem faszinierenden roten Faden dieser Entwicklung zu folgen: dem Phantasma des Allwissens. Seit dem Untergang der alexandrinischen Bibliothek begleitet es die Wissensgeschichte des Westens und feiert zur Zeit in der Form von *Google* und *Wikipedia* fröhliche Urständ.

Zum dritten schließlich geht es um die gegenwärtige Arbeit der Geschichtswissenschaft, um den Blick in die „Werkstatt des Historikers",[4] um die historische Arbeitspraxis zu Beginn des 21. Jahrhunderts und um die Frage nach den Potentialen und Gefahren des digitalen Arbeitens.

Ziel ist nicht, möglichst viele *Tools* und Tricks zu präsentieren, sondern die Entwicklung der letzten rund zehn Jahre zu beschreiben, um über die methodischen und theoretischen Veränderungen zu reflektieren.[5]

Forschungsarbeiten entstehen durch die Lektüre der relevanten Quellen, der einschlägigen Literatur, durch die Präsentation und Diskussion von Zwischenergebnissen auf Tagungen und hin und wieder durch die Publikation kleinerer Texte zum Thema. Das war auch bei der Entstehungsgeschichte dieses Buches nicht anders. Hinzugekommen ist aber, dass die Arbeit an diesem Text mit einem *Weblog* begleitet wurde. Seit Dezember 2006 wurden von mir über 500 zumeist sehr kurze Beiträge und Notizen unter weblog.histnet.ch verfasst. In diesen Beiträgen – sogenannten *Posts* – wurden Aspekte aus der vorliegenden Arbeit aufgegriffen, über Beobachtungen zum Thema berichtet oder einfach nur Fundstücke aus den Recherchen vorgestellt. Zu manchem Eintrag gab es Kommentare von mir bekannten oder auch mir unbekannten Leserinnen und Lesern. Diese Art von das Schreiben begleitender Kommunikation war eine neue Erfahrung und half, manche Blockade zu überwinden und einige der Fragen, die mich beschäftigt hatten, in eine erste Textform zu bringen. Ein weiteres Hilfsmittel, das für die Arbeit an diesem Text intensiv genutzt wurde, war die Internet-Telephonie. Die gleichzeitige Übertragung von Ton und Bild ermöglichte lange und intensive Diskussionen, wobei entscheidend war, dass während der Gespräche zeitgleich Dateien ausgetauscht und gemeinsam *Web-Seiten* betrachtet werden konnten. Ohne diese Hilfsmittel wäre ein vergleichbarer Austausch nur mit längeren Forschungsaufenthalten an den entsprechenden Institutionen möglich gewesen. Schließlich soll der Umgang mit Texten und Notizen nicht unerwähnt bleiben, bildet doch das Thema des Suchens einen wichtigen Aspekt dieses Buches. Die meisten Lehrbücher zur geschichtswissenschaftlichen Arbeitsweise beschreiben zumeist eine Abfolge von Recherchieren, Lesen, Exzerpieren, Schreiben. Dabei wird davon ausgegangen, dass das Material beim Akt des Schreibens nicht oder nur noch umständlich zur Verfügung steht. Die hier gewählte Arbeitsweise war eine andere: Alle wichtigen Texte wurden digitalisiert (oder waren schon digital im *World Wide Web* greifbar) und mit Hilfe einer umfassenden Datenbank erfasst und verknüpft. So entstand ein Konvolut von über 1500 digitalisierten Dokumenten, die in einer lokalen Datenbank abrufbar waren. Auf diese Weise konnte der Ablauf Recherchieren, Lesen, Exzerpieren und Schreiben den Bedürfnissen des jeweils bearbeiteten Themas angepasst und gegebenenfalls mit entsprechenden Schlaufen neu konfiguriert werden.

„In der Geschichte beginnt alles mit der Geste des *Beiseitelegens*, des Zusammenfügens, der Umwandlung bestimmter, anders klassifizierter Gegenstände in ‚Dokumente'", schrieb Michel de Certeau.[6] Vieles, was ich in den letzten Jahren gefunden habe, hatte ich auf die Seite gelegt (oder vielmehr: in die Datenbank aufgenommen) und nicht wieder hervorgeholt. Das Andere, die Ideen und Anregungen, insbesondere die Fragen, die mir geblieben sind, habe ich in den vorliegenden Text umgewandelt.

Beim Schreiben dieses Buches, das auf meine 2010 von der Philosophisch-Historischen Fakultät der Universität Basel angenommene Habilitationsschrift zurückgeht, habe ich vielfältigste Hilfe erfahren, für die ich danken möchte: Allen voran gebührt dieser Dank Heiko Haumann, der mich über die Jahre hinweg immer wieder ermuntert hat, am Thema dran zu bleiben und mir mit seinen kritischen Fragen ein wichtiger Dialogpartner war. Mit kritischen Fragen konfrontierten mich auch immer wieder die Kollegen in Wien: Wolfgang Schmale, der überhaupt den Anstoß für dieses Buch gab, sowie Jakob Krameritsch und Martin Gasteiner, mit denen ich in stundenlangen Gesprächen (*offline* ebenso wie *online*) immer wieder einzelne Punkte diskutieren durfte. Und ebenfalls an der Universität Wien durfte ich im Rahmen einer Gastprofessur für „Geschichte und Digitale Medien" weite Teile des Manuskriptes im Rahmen meiner Lehrveranstaltungen zur – sehr anregenden – Debatte stellen. Danken möchte ich auch meinen Studierenden an den Universitäten Basel und Luzern, die sich in den letzten Jahren immer wieder auf experimentelle Lehr- und Lernformen einließen und mir wertvolle Impulse gaben. Zahlreiche Freunde und Kollegen haben Teile des Textes gelesen oder mir bei einzelnen Fragen geholfen: Liliane Bernstein, Daniel Burckhardt, Susanna Burghartz, Valentin Groebner, Rüdiger Hohls, Jan Hodel, Mills Kelly, Elias Kreyenbühl, Sabine Maasen, Thomas Meyer, Stefan Münker, Eva Pfanzelter Sausgruber, Claudia Prinz, Philipp Sarasin, Christoph Tholen und Patrik Tschudin. Für alle Fehler, die im Text verblieben sind, bin ich allerdings alleine zuständig. Julia Schreiner, die Lektorin dieses Buches, hat mein Vorhaben mit großem Engagement und Fachkenntnis begleitet und verbessert; sie hat meinen bisherigen kritischen Blick auf die deutsche Verlagsszene wesentlich aufgehellt. Das Rektorat der Universität Basel und die Freiwillige Akademische Gesellschaft Basel haben die Fertigstellung meines Habilitationsprojektes, das am Historischen Seminar der Universität Basel angesiedelt war, unterstützt; auch ihnen sei an dieser Stelle gedankt.

Ursina, Benjamin und Samuel haben mich durch alle Phasen der letzten Jahre hindurch immer unterstützt, ihnen ist dieses Buch deshalb gewidmet.

Anmerkungen

1. De Certeau: Das Schreiben der Geschichte (1991), S. 71ff.
2. Aus Gründen der besseren Lesbarkeit werde ich nicht konsequent immer die weibliche und die männliche Form verwenden, was in keiner Weise eine Wertung impliziert. In vielen Fällen ist in der vorliegenden Arbeit aber tatsächlich nur von Historikern die Rede, da es bei der Beschäftigung mit Technik und digitalen Medien im Kontext der Geschichtswissenschaft ein offenkundiges *Gender*-Ungleichgewicht gibt. Ohne dabei auf empirisches Material zurückgreifen zu können, erhält man den Eindruck, dass Frauen in diesem Themenfeld nur in den Bereichen Bibliothek und Dokumentation präsent sind. Siehe dazu: Schinzel: Das unsichtbare Geschlecht der Neuen Medien (2005).
3. Baberowski: Arbeit an der Geschichte (2010).
4. Bloch: Aus der Werkstatt des Historikers (2000).
5. Praxisnah: Gasteiner/Haber: Digitale Arbeitstechniken für die Geistes- und Kulturwissenschaften (2010).
6. De Certeau: Das Schreiben der Geschichte (1991), S. 93.

Les préludes – oder: Wie der Computer in die Geschichte kam

Als sich im Juni 1962 auf Burg Wartenstein in Niederösterreich rund 20 Fachleute aus den USA, aus Frankreich, England, Italien, den Niederlanden und aus Deutschland trafen, um während zehn Tagen *The use of computers in anthropology* zu diskutieren, war dies vermutlich die erste größere Veranstaltung, die zum Thema *Digital Humanities* stattfand. Diesen Begriff allerdings gab es damals noch nicht und sollte es auch noch sehr lange nicht geben.

Diese Konferenz zeigt aber, dass eine Beschreibung der Geschichtswissenschaften im digitalen Zeitalter nach einer historischen Aufarbeitung des aktuellen Zustandes verlangt, nach der Präsentation einer Vorgeschichte sowie nach einem historischen Kontext. All das steht im Vordergrund dieses Kapitels.

Eine Vorgeschichte der Geschichtswissenschaft im digitalen Zeitalter – ein Begriff, der noch zu definieren sein wird – setzt zwangsläufig im analogen Zeitalter an und orientiert sich, wie es das Gegensatzpaar analog/digital evoziert, an den technischen Rahmenbedingungen, welche die Geschichtswissenschaft geprägt haben könnten. Es muss also der Einfluss der elektronischen Datenverarbeitung auf die Art und Weise, wie Geschichtsschreibung betrieben wurde, thematisiert werden. Eine umfassende Darstellung der elektronischen Datenverarbeitung in der Geschichtswissenschaft kann hier nicht geleistet werden und wird bis auf weiteres ein Desiderat der Wissenschaftsgeschichte bleiben, doch steht zumindest reichliches Quellenmaterial zur Verfügung, etwa in Form von Berichten und Fachzeitschriften.[1]

Verwiesen sei an dieser Stelle auf neuere technikgeschichtliche Ansätze, welche die Computernutzung als eine Kulturtechnik untersuchen, der in den letzten Jahrzehnten immer wieder unterschiedliche Bedeutungen zugeschrieben wurden. So hat insbesondere Michael Friedewald die Entwicklungslinien von Vannevar Bushs Gedächtnismaschine Memex über den „Computer als Intelligenzverstärker" bei Douglas Engelbart hin zum „Computer für den Rest von uns" nachgezeichnet und dabei die Visionen und Wünsche untersucht, die mit den jeweiligen Entwicklungen einhergingen. Seine zentralen Fragestellungen können auch uns als Richtschnur dienen, wird es doch auch hier immer wieder um Visionen und Wünsche gehen, die teilweise erfüllt wurden, zu einem beträchtlichen Teil aber unerfüllbar sind. Ähnlich hat Dennis Mocigemba der Ideengeschichte der Computernutzung die drei Schlüsselbegriffe Maschine, Werkzeug und Medium zugeordnet und damit eine mit kulturgeschichtlichen Fragestellungen angereicherte Computergeschichte vorgelegt. Hans Dieter Hellige schließlich hat den Wandel der Mensch-Computer-Beziehung in den letzten Jahrzehnten nachgezeichnet und dabei die Akteure des Wandels, die Informatiker und Computerwissenschaftler, in den Mittelpunkt gestellt.[2]

Die auf Burg Wartenstein diskutierten Themen umfassten den allgemeinen Einsatz von Computern in den Geisteswissenschaften, die elektronische Datenverarbeitung von kulturellen Daten aber auch die Präsentation von einzelnen Forschungsfeldern wie etwa der Lexikographie und der Statistik. Als drei Jahre später der entsprechende Tagungsband erschien, hatten bereits ähnliche Konferenzen in Strasbourg, New Brunswick und in Yale stattgefunden.[3] Das Thema Computernutzung in den Geistes- und Sozialwissenschaften lag in den 1960er Jahre also in der Luft. Rasch entstanden verschiedene Konferenzreihen, Fachzeitschriften und Buchserien. Und: es kristallisierten sich verschiedene Anwendungsgebiete heraus. Das wirkungsmächstigste Themenfeld war die computergestützte Textanalyse. Zahlreiche Textcorpora vor allem aus der (englischen) Literatur und aus der Antike wurden digitalisiert und für eine maschinelle Verarbeitung aufbereitet. So ließen sich Worthäufigkeiten berechnen oder Wortregister erstellen. Ein zweites Feld war die automatisierte Auswertung von seriellen historischen Quellen. Serielle Quellen sind zum Beispiel Geburtsregister, Sterbeurkunden oder bestimmte Finanzunterlagen – Akten also, die einen gleichartigen, klar strukturierten Inhalt aufweisen und statistisch ausgewertet werden konnten. Als Sammelbegriff prägte sich der Begriff *Humanities Computing* ein, zudem gab es bald eine rasche Ausdifferenzierung nach verschiedenen methodischen Gesichtspunkten.

Bezogen auf die Geschichtswissenschaft legte im deutschsprachigen Raum Carl August Lückerath 1968 eine erste eingehendere Diskussion der Probleme und Möglichkeiten vor – in Form eines Aufsatzes in der *Historischen Zeitschrift*.[4] In diesem Text fokussierte der promovierte Historiker und spätere Kölner Geschichtsprofessor seine Argumentation auf zwei Aspekte: Zum einen behandelte er die Frage der Arbeitsrationalisierung durch die elektronische Datenverarbeitung, zum anderen thematisierte er die Frage, ob die neuen Arbeitsmethoden zu einer Erneuerung der geschichtswissenschaftlichen Methoden führen könnten. Er zog eine Bilanz der bisherigen Arbeiten auf dem Feld der geschichtswissenschaftlichen Computernutzung und skizzierte ein Arbeitsprogramm für die Zukunft.

In den Jahren 1966 bis 1967 war Lückerath wissenschaftlicher Mitarbeiter der Abteilung Nichtnumerik am Deutschen Rechenzentrum in Darmstadt. Die Bezeichnung „nichtnumerische Datenverarbeitung" stammt aus den sechziger Jahren und verschwand im Zuge der neueren Computerentwicklung der vergangenen Jahrzehnte wieder. Aus heutiger Sicht ist der Begriff erklärungsbedürftig, weshalb ein kurzer Exkurs eingeschoben sei: Die Unterscheidung zwischen numerischer und nichtnumerischer Datenverarbeitung weist auf die Verwendung respektive Nichtverwendung von anderen Zeichen als Zahlen hin; allerdings verwendet auch die numerische Datenverarbeitung mehr als nur Zahlen, so dass diese Unterscheidung zu kurz greift. Eine Einführung aus den 1970er Jahren stützte sich bei der Kategorisierung auf die Art, wie die Daten verarbeitet werden: Die numerische Datenverarbeitung verwende vorwiegend formatierte Daten, während die nichtnumerische Datenverarbeitung hauptsächlich mit unformatierten Daten arbeite.[5] Bei formatierten Daten handle es sich um Daten, „die nach einem fest vorgegebenen, einheitlichen Format (Schema) erfasst und gespeichert werden [...]. Ihre Bedeutung geht aus der Definition des Datenfeldes hervor. Die Datensätze zeigen alle die gleiche Einteilung in Segmente und Datenfelder, z. B. Konten, Rechnungen, Aufträge, Stücklisten, Adressen."[6] Unformatierte Daten hingegen werden nicht nach einem einheitlichen Format erfasst und gespeichert und ihre Bedeutung muss aus dem Kontext erschlossen werden. Als Beispiele nannte Bruderer Zeitungsnachrichten, Buchtexte oder Literaturdaten. Lückerath unterschied später in einem Aufsatz (zusammen mit Rolf Gundlach) folgende zwei Bereiche der Datenverarbeitung: Auf der einen Seite sei die Numerik, die sich mit Rechnungen beschäftige und auf der anderen Seite sei die Nichtnumerik, die sich Problemen widme, „die sich durch Manipulation mit Zeichen bzw. Zeichenketten lösen lassen."[7]

In den *Prolegomena* schrieb Lückerath, die Kombination von Geisteswissenschaft und Elektronenrechner mute „anscheinend gelegentlich noch wie eine morganatische Verbindung an", vergleichbar also mit einer standesungleichen, unebenbürtigen Ehe im hohen Adel. Dieses Bild, so Lückerath, sei aber ein „irriges und deshalb gefährliches Vorurteil, genährt von falschem Vorverständnis und schütterer Kenntnis des Neuen."[8] Erst in den letzten Jahren, mit der zunehmenden Nutzung der numerischen Datenverarbeitung in den Naturwissenschaften, habe sich die Akzeptanz auch in den Geisteswissenschaften verbessert. Lückerath wies darauf hin, dass eine „vorgeschaltete Theorie" benötigt werde, um den Brückenschlag zwischen geschichtswissenschaftlicher Methodik in der Tradition von Johann Gustav Droysen und Ernst Bernheim und dem „Vorgang einer maschinellen Bearbeitung" zu gewährleisten. Eine solche Theorie bedinge folgende Punkte: „1. Vertrautheit mit der Arbeitsweise einer elektronischen Rechenanlage, 2. eine dieser adaptierten Materialaufbereitung (Formalisierung) und 3. präzise determinierte Vorstellungen über die zu ermittelnden Endresultate."[9]

Historiographiegeschichtlich ist die Nutzung der elektronischen Datenverarbeitung eng verknüpft mit dem Aufkommen von quantitativen Methoden in der Mitte des 20. Jahrhundertss. Dabei lassen sich mehrere Traditionslinien ausmachen. In den USA fand, beeinflusst zum Teil von Karl Lamprecht, eine Öffnung der Geschichtswissenschaft in Richtung Wirtschafts- und Sozialwissenschaften statt, die auch eine Öffnung hin zu quantitativen Ansätzen mit sich brachte. Dies scheint in der amerikanischen Historiographie ein guter Nährboden für die Akzeptanz von datenverarbeitenden Methoden gewesen zu sein. Eberhard Demm sprach in einem Forschungsbericht 1971 von einem „Einbruch der statistischen Analyse und der Datenverarbeitung in die historische Methodologie."[10]

Man kann durchaus von einer quantitativen Revolution sprechen, die sich in den 1950er Jahren abspielte, vorbereitet einerseits durch die methodische Öffnung der *New Economic History* in den USA, andererseits auch durch den Aufbruch, der in Frankreich im Gefolge der Gründung der Zeitschrift *Annales* durch Lucien Febvre und Marc Bloch zu beobachten war. Die Schule der *Annales* verfolgte in vielen methodischen Punkten sehr ähnliche Ideen und Konzepte, wie die Vertreter der *New Economic History*. Gemeinsam schufen sie die Grundlage für das, was in den 1950er Jahren als quantitative Wende in die Geschichte der Geschichtsschreibung Eingang fand.[11]

Ohne Zweifel war dieser Aufschwung der quantitativen Geschichtsschreibung eng verbunden mit der damaligen Entwicklung der Computertechnologie: Während in den 1950er Jahren noch raumfüllende, weitgehend mechanisch arbeitende Großrechner im Einsatz waren, verkleinerten sich die Geräte laufend und nahmen umgekehrt reziprok dazu Leistungsfähigkeit und Speicherkapazität zu. Computer kamen insbesondere bei folgenden Themenbereichen zum Einsatz: politische Geschichte, Wahlforschung, Sozialgeschichte und Demographiegeschichte.[12]

Einen großen Einfluss auf die quantitative Geschichtsforschung hatte die Studie *Time on the Cross* von Robert William Fogel und Stanley L.

Engermann über Sklaverei in den Südstaaten, die 1974 publiziert wurde. Fogel erhielt 1993 den Nobelpreis für Ökonomie für die „Erneuerung der wirtschaftsgeschichtlichen Forschung durch Anwendung ökonomischer Theorie und quantitativer Methoden, um wirtschaftlichen und institutionellen Wandel zu erklären", wie es in der Begründung des Nobel-Komitees hieß. Die Anhänger dieser neuen historiographischen Methode nannten sich *New Economic Historians* oder auch *Cliometricians*.[13]

Nebst der Entwicklung und Anwendung quantitativer Forschungsmethoden fand der Computer in den Geschichtswissenschaften auch in einem zweiten Bereich vermehrt Anwendung: bei der Bearbeitung und Verarbeitung von Texten.[14] Dazu zählten die rechnergestützte Erstellung von Registern, aber auch Text- und Wortgebrauchsvergleiche und die Verifizierung von Zitaten.[15]

Diskutiert wurde auch der Aufbau von Dokumentationssystemen für die inhaltliche Erfassung und die automatische Erschließung von historischer Fachliteratur. Dieser – sowohl aus bibliothekswissenschaftlicher als auch aus bibliotheksgeschichtlicher Perspektive wichtige – Aspekt soll hier nicht näher vertieft werden, bemerkenswert ist aber, dass dieses Thema besonders in Osteuropa intensiv diskutiert wurde. So beschrieb der ungarische Informationswissenschaftler Gábor Orosz zum Beispiel einen „Memoria-Apparat", der mit Lochkarten und „hyperautomatischen Vorrichtungen" funktionieren sollte.[16]

Im Bereich der Textbearbeitung und -analyse spielte das „Tübinger System von Textverarbeitungsprogrammen" (TUSTEP) nicht zuletzt auch wegen seiner Langlebigkeit eine zentrale Rolle. Die Entwicklung von TUSTEP begann 1966 und das Programmpaket wird heute noch verwendet. Es wurde erstellt, um den wissenschaftlichen Umgang mit Texten zu erleichtern und für eine ganze Reihe von Aufgaben wie zum Beispiel die Erstellung von Konkordanzen, Wörterbüchern, Editionen, Indizes eine Hilfestellung zu geben.[17] TUSTEP konnte bereits vor vierzig Jahren nicht nur Texte erstellen und edieren, sondern die Textdaten ließen sich zerlegen, sortieren, analysieren und zur statistischen Auswertung aufbereiten – Möglichkeiten, die auch heutige Textverarbeitungen wie etwa *Microsoft Word* nicht bieten. Um TUSTEP hat sich eine größere Nutzergruppe gebildet, die seit 1993 in der *International TUSTEP User Group (ITUG)* organisiert ist. Seit 1973 fanden über neunzig Kolloquien statt, die alle dokumentiert wurden. Ferner gibt es regelmäßig Einführungskurse und mehrtätige Workshops, auf der entsprechenden *E-Mail*-Liste wird seit Jahren kontinuierlich über den Einsatz des Programms und die möglichen Weiterentwicklungen diskutiert.[18]

Innerhalb der Geschichtswissenschaft bewirkten die Diskussionen um elektronische Datenverarbeitungseinrichtungen, dass eine gewisse bis in die 1970er Jahre zu beobachtende methodische Einheitlichkeit langsam aufgeweicht wurde. Lückeraths Vorschlag, die elektronische Datenverarbeitung als historische Hilfswissenschaft zu etablieren, die später auch von Klaus Arnold aufgegriffen wurde, hatte indes keinen Erfolg und geriet in der Folge wieder in Vergessenheit.[19]

Manfred Thaller, der die elektronische Datenverarbeitung in der Geschichtswissenschaft mit zahlreichen Beiträgen und eigenen Programmen begleitet und mitgeprägt hatte, unterschied Ende der 1980er Jahre rückblickend in den historischen Wissenschaften drei Phasen der Computernutzung: In einer ersten Phase, die bis etwa in die Mitte der 1970er Jahre gedauert habe, sei die Datenverarbeitung durch Projekte gekennzeichnet gewesen, bei denen jeweils Programme geschrieben wurden, die auf die einzelnen Forschungsfragen zugeschnitten gewesen waren.[20] In dieser Phase habe die größte Herausforderung darin bestanden, die Bedürfnisse der Historiker mit den Möglichkeiten der Techniker zu koordinieren. Den größten Erfolg haben in dieser Zeit diejenigen Projekte erzielen können, bei denen die elektronische Datenverarbeitung für ein klar umrissenes Forschungsziel eingesetzt wurde. Die Zusammenarbeit zwischen Historikern und EDV-Spezialisten hatte, betrachtet man die hierarchischen Strukturen einer Universität, auch durchaus unangenehme Nebeneffekte, wie Thaller feststellte. Die Tatsache, dass der Erfolg der Projekte von der Zusammenarbeit mit einem EDV-Spezialisten abhing, „dessen akademisches Prestige gering, der in Wirklichkeit für den Erfolg/Misserfolg des Gesamtprojektes jedoch oft wichtiger war als die wissenschaftlichen Mitarbeiter, führte dazu, dass in jenen Jahren eine ganze Reihe spektakulärer Fehlschläge zu verzeichnen waren".[21] Diese Misserfolge führten dazu, dass die EDV-Nutzung Mitte der 1970er Jahre bei der Mehrheit der Historiker tendenziell eher diskreditiert war und einen entsprechend schweren Stand hatte.

Das änderte sich erst, als in den folgenden Jahren fertige Programmpakete vor allem für Anwendungen im Rahmen der Statistik auf den Markt kamen. Auch diese Anwendungen setzten den Einsatz von zentralen Großrechnern voraus, sie erhöhten aber die Unabhängigkeit der historischen Fachleute von den EDV-Experten. Voraussetzung auf Seiten der Historiker war, dass sie sich auf die Methoden und Arbeitsweisen der Statistik einließen; in der Folge bildeten sich daher unter denjenigen Historikern, die bereit waren, Computer zu benützen, drei Positionen heraus: Zum einen gab es die Gruppe der Quantifizierer, die sich auf den Standpunkt stellten, dass die Geschichtswissenschaft sich verstärkt sozialwissenschaftlichen Forschungsparadigmen öffnen müsse und die ihre Anliegen mit diesen neuen Programmpaketen umsetzen konnten.[22] Eine zweite Gruppe lehnte die quantifizierende Ausrichtung der Geschichtswissenschaft ab und war der Auffassung, dass sich die fachwissenschaftliche Datenverarbeitung in der Geschichte auf rechnergestützte Textanalysen konzentrieren müsse. Eher im Hintergrund formierte sich schließlich eine dritte Gruppe, welche die zur Verfügung stehenden Programme sehr pragmatisch und ohne weitergehenden methodischen Anspruch zu nutzen begann. Dieser Gruppe gehörten vornehmlich jüngere Historiker an und es waren vor allem zahlreiche Dissertationen, die in dieser Zeit auf diese Weise entstanden.

Die dritte Phase lässt Thaller in den 1980er Jahren, also zeitgleich mit dem Aufkommen des *Personal Computers* beginnen, der im Herbst 1981 von IBM vorgestellt und schnell zu einem großen Erfolg wurde. Der *Personal Computer* durchdrang den Alltag viel mehr als alle bisherigen Computer-Entwicklungen und im Zuge dieser „Mikro-Revolution", bei der die zentralen Großrechner durch dezentrale Arbeitsplatzrechner abgelöst wurden, eröffneten sich auch für die Geisteswissenschaften zahlreiche neue Möglichkeiten: Interessierte Historiker erhielten nun direkten Zugang zu datenverarbeitenden Einrichtungen und mussten nicht mehr wie bislang den Umweg über die universitären Rechenzentren nehmen. Diese waren sowohl von ihrer Konzeption als auch von ihrer Angebotspalette her viel eher auf die Bedürfnisse der Naturwissenschaften ausgerichtet gewesen und hatten den Zugang zur elektronischen Datenverarbeitung erschwert. Die neuen *Personal Computer* der 1980er Jahre erleichterten statistische Arbeiten und etablierten sich nach und nach im Bereich der Textanalyse und -verarbeitung.

Noch in der ersten Phase, in den Jahren also, als der Computereinsatz den Spezialisten vorbehalten war und noch kaum standardisierte Programme auf dem Markt waren, setzte im Bereich des *Humanities Computing* im deutschen Sprachraum ein erster Institutionalisierungsschub ein: 1972 entstand an der Universität zu Köln eine informelle Arbeitsgruppe von Historikern und Soziologen, um die Verknüpfung von sozialwissenschaftlichen und geschichtswissenschaftlichen Methoden zu diskutieren.[23] Kurze Zeit später, nach dem Historikertag 1974 in Braunschweig, kam es zu einem ersten Treffen von Historikern, die an quantitativen Methoden interessiert waren und aus diesem Kreis entstand 1975 die „Arbeitsgemeinschaft für QUANTifizierung und Methoden in der historisch-sozialwissenschaftlichen Forschung", ebenfalls in Köln. Auch in Köln wurde 1977 das Zentrum für Historische Sozialforschung gegründet, das heute noch existiert und nun Teil von „GESIS – Leibniz-Institut für Sozialwissenschaften" ist.

Ungefähr zeitgleich mit diesen Institutionalisierungstendenzen erschienen die ersten Übersichtsdarstellungen auf dem Büchermarkt. Lückerath legte 1976 auf Anregung des Ullstein Verlages zusammen mit dem Ägyptologen Rolf Gundlach ein über 400 Seiten umfassendes, „bilanzierendes Buch" vor.[24] Das Buch war allerdings eher ausschweifend und komplex als bilanzierend und fand nur wenig Resonanz. Wesentlich leichter zugänglich war indes ein englischsprachiges Einführungsbuch, das bereits einige Jahre zuvor erschienen war: *The Historian and the Computer. A Practical Guide* des Medizinhistorikers Edward Shorter.[25] Während Gundlach und Lückerath mit einer ausführlichen fünfzigseitigen wissenschaftstheoretischen und wissenschaftshistorischen Einführung begannen, um anschließend in einem zweiten Teil ihre Beispiele – angefangen beim „ägyptischen Sakralherrscher" bis zum „marxistischen Revolutionsbegriff" – zu erläutern, bevor sie sich den Strukturen und den Informationssprachen widmeten, um dann im letzten Teil schließlich die „Methoden und Verfahren der elektronischen Datenverarbeitung" zu erläutern, begann Shorter mit einer Übersicht über die Einsatzgebiete des Computers in der Geschichtsschreibung, um dann dem historiographischen Arbeitsprozess entlang die einzelnen Schritte (*Designing the Codebook*, *Processing the Data*, *Analyzing the Results* und *Analyzing the Data*) zu besprechen.

Auch wenn der Vorschlag von Lückerath und Gundlach, die nichtnumerische Datenverarbeitung in der Geschichtswissenschaft als historische Hilfswissenschaft zu etablieren, wie erwähnt erfolglos blieb, konnte sich der Computer in den 1960er und vor allem dann in den 1970er Jahren bei einem Teil der Historiker als ein neues Instrument der geschichtswissenschaftlichen Arbeitsweise durchsetzen. Die Arbeitsabläufe aber waren umständlich und zeitraubend. Der typische Verlauf eines Projektes, das mit quantifizierenden Methoden arbeitete, sah folgendermaßen aus:[26] In einem ersten Schritt wurde eine serielle Quelle, zum Beispiel ein Steuerregister, ausgewertet. Anschließend erfolgte die Verschlüsselung der Daten mit Hilfe einer Codetabelle. In einem nächsten Schritt mussten die so codierten Daten auf Lochkarten übertragen werden, die dann in einem letzten Schritt mit einem Statistikprogramm ausgewertet wurden.

Wie bereits erwähnt war die zweite Phase der Computernutzung in den Geschichtswissenschaften geprägt vom Einsatz fertiger Programme, die für bestimmte Aufgaben erhältlich waren. Für die quantifizierende Geschichtsforschung dürfte das Statistikprogramm SPSS die wichtigste Software gewesen sein. Das Akronym des noch immer existierenden Programmes steht für *Statistical Package for the Social Sciences* und wurde 1968 an der Stanford University entwickelt. Wie die meisten anderen Programme, die damals in den Geschichtswissenschaften Verwendung fanden, war auch SPSS kein Programm, das eigens für den geschichtswissenschaftlichen Einsatz konzipiert worden wäre, sondern die Handhabung musste von der Geschichtswissenschaft eigens adaptiert werden.[27]

1978 begann Manfred Thaller am Max-Planck-Institut für Geschichte in Göttingen deshalb mit der Entwicklung eines speziell auf die Bedürfnisse der Geschichtsforschung zugeschnittenen Programmes, das den Namen Clio erhielt. Der Auslöser waren vier voneinander unabhängige mikrohistorische Forschungsprojekte des Instituts, die jeweils einen größeren Quellenbestand aufarbeiten wollten. Anders als bisher wurde beschlossen, nicht mehr je eigene Einzellösungen zu programmieren, sondern ein Software-Paket zu entwickeln, „das nicht nur für alle vier Projekte gleichermaßen geeignet sein sollte, sondern ein Abstraktionsniveau besitzt, so dass es allgemein die Verarbeitung historischer Quellen optimal unterstützen sollte."[28] Clio fand, da es praktisch ohne Konkurrenz war, schnell sehr viele Anhänger und so entstand eine eigene *Community*. Der Quellcode von Clio war zwar frei verfügbar, doch mussten relativ anspruchsvolle Hardware-Voraussetzungen erfüllt sein, damit das Programm verwendet werden konnte. So erforderte in der Praxis der Einsatz von Clio meist einen Forschungsaufenthalt in Göttingen, was den Zusammenhalt der Clio-Anwender stärkte.

Das Clio-Datenbanksystem war speziell für die Bedürfnisse einer quellenorientierten historischen Datenverarbeitung konzipiert worden. Eine für die historische Forschung konzipierte Datenbank unterscheidet sich dabei in einigen Punkten grundlegend von einer sozialwissenschaftlich oder betriebswirtschaftlich ausgelegten Datenbank: Während bei einem sozialwissenschaftlichen oder innerbetrieblichen Einsatz einer Datenbank das genaue Ziel des Computereinsatzes bekannt sind, ebenso die benötigten Angaben und Informationsquellen, ist dies in den historischen Wissenschaften sehr viel offener: „Auch hier stehen Fragestellungen im Mittelpunkt. Allerdings verändern sie sich häufig während der Auseinandersetzung mit den Quellen. Sie dienen dazu, um Erkenntnisse über die zugrunde liegenden Strukturen zu gewinnen. Der Erhebung der benötigten Daten sind dabei deutliche Grenzen gesetzt. Aus dem Fundus der überlieferten Quellen müssen diejenigen ausgewählt werden, die zur Beantwortung der Fragestellung beitragen könnten. Allerdings ist es nicht möglich, fehlende Angaben einfach durch Umfragen o.ä. zu ergänzen."[29] 1986 beschlossen die Projektträger von Clio, das Programm neu zu implementieren, damit es auch auf den zwischenzeitlich erschwinglich gewordenen *Personal Computern* verwendet werden konnte. Mit dem Neustart des Programmes änderte auch der Name: Aus Clio wurde κλειω (kleio).

Parallel zum Datenbankprogramm Clio und später κλειω wurde am *Max-Planck-Institut für Geschichte* ein umfassenderes Konzept entwickelt, das die rechnergestützte historische Arbeit vereinfachen sollte: Das *Historical Workstation Project*. Mit dieser Arbeitsumgebung sollten sich die Abläufe vereinfachen und der Computer weg vom Rechenzentrum hin zum Arbeitsplatz des Historikers kommen. Das *Historical Workstation Project* stellte den Versuch dar, die elektronische Datenverarbeitung über das oben skizzierte arbeitsteilige Modell hinaus in den geschichtswissenschaftlichen Arbeitsprozess zu integrieren. Ziel war, eine Quelle nicht nur maschinenlesbar zu machen, sondern in einem umfassenden Sinn eine Arbeitsumgebung zu schaffen, die sich in den geschichtswissenschaftlichen Arbeitsprozess integrieren lässt. Thaller beschreibt diese historische *Workstation* folgendermaßen:

Technisch definieren wir eine historische ‚Workstation' folgendermaßen: Ein Arbeitsplatzrechner der:
- mit datenbankorientierter Software ausgestattet ist, die in der Lage ist, sehr unterschiedliche Informationsstrukturen zu verwalten und es ermöglicht, beliebig große Quellensammlungen in Datenbanken zu verwandeln, wobei so weit wie möglich die unverkürzte Information der Quellen beibehalten wird.
- Zugriff auf Datenbanken als Nachschlagewerke oder ‚Expertensysteme' hat, die historisches Hintergrundwissen enthalten (über die Chronologie, Maßsysteme, prosopographische Probleme u.a.m.).
- Zugriff auf eine große Anzahl von nicht veränderbaren Datenbanken hat, die funktional gedruckten Editionen entsprechen.
- Teilsysteme aus dem Bereich der künstlichen Intelligenz enthält, die die Interaktion zwischen diesen verschiedenen Komponenten ermöglichen.
- mit einem Interface zwischen dem Datenbanksystem und einem Desk Top Publishing System und
- einem Interface zwischen dem Datenbanksystem und statistischen Programmen ausgestattet ist.[30]

Das *Historical Workstation Project* war zu umfassend und zu ambitioniert, als dass es von einer Institution alleine hätte realisiert werden können. Im Laufe der Jahre entstand ein Verbund von verschiedenen

Forschungseinrichtungen, die je ihre speziellen Kompetenzen und Bestände in das Projekt einbrachten.[31] Die Federführung und Koordination lag beim *Max-Planck-Institut für Geschichte* in Göttingen, das für das Herzstück der Arbeitsumgebung, die Datenbank κλειω sowie für die Bereitstellung von Schulungsunterlagen und die Durchführung von *Sommerschools* zuständig war. Das *Forschungsinstitut für Historische Grundwissenschaften* der Universität Graz übernahm einen Teil der Datenbankprogrammierung und erstellte ein System, das digitale Volltexte verschlagworten konnte. Das *Istituto di Linguistica Computazionale* in Pisa steuerte eine Software zur Lemmatisierung des Lateinischen bei. Die *Volkswagen-Stiftung* finanzierte verschiedene Teilprojekte, unter anderem die Entwicklung der Software StanFEP *(Standard Format Exchange Program)*, das den Austausch beliebiger maschinenlesbarer Formate erleichterte.[32] Weitere Institutionen, die sich am *Historical Workstation Project* beteiligten, waren das *Institut für Realienkunde des Mittelalters und der Frühen Neuzeit* in Krems an der Donau, verschiedene Forschungseinrichtungen der *Societas Jesu*, die Universitäten Duisburg, Siegen und Bergen, IBM Deutschland, das *Queen Mary and Westfield College* in London, das Stadtarchiv Duderstadt, das *Max-Planck-Insitut für europäische Rechtsgeschichte* in Frankfurt sowie die Professur für Historisch-kulturwissenschaftliche Informationsverarbeitung an der Universität Köln.

Die Bedeutung des *Historic Workstation Project* liegt weniger in der Art und Weise der technischen Umsetzung als vielmehr in der konzeptionellen Weitsicht seiner Protagonisten. Die Projekt-Architektur nahm vorweg, was ein gutes Jahrzehnt später dank Internet und graphischen Benutzerschnittstellen selbstverständlich wurde: Die Vernetzung von bestehenden Datenbeständen und die Schaffung von Mensch-Maschine-Schnittstellen, die nicht nur von Computer-Experten, sondern auch von Historikern bedient werden konnten. Das *Historical Workstation Project* war seiner Zeit voraus, was ihm letztlich auch zum Verhängnis wurde: Es blieb in der Wahrnehmung der historischen Fachöffentlichkeit immer ein Exotikum, ein Tool für Spezialisten und Computer-Begeisterte, und schaffte es nicht, sich als selbstverständlicher Teil des geschichtswissenschaftlichen Werkzeugkastens im ausgehenden 20. Jahrhunderts zu etablieren.

Mit der rasanten Verbreitung des *World Wide Web* und den immer leistungsfähigeren Personal Computern wurde es dann ruhig um das visionäre Projekt aus den frühen 1980er Jahren. Bei der heute für Nicht-Experten unüberblickbaren Vielfalt von kommerziellen und freien Angeboten im *World Wide Web* für Historiker hat das Konzept einer an die Fachbedürfnisse angepassten, integrierten Arbeitsstation an Aktualität und Attraktivität indes nichts verloren.

Anmerkungen

[1] Siehe etwa: Thaller: Entzauberungen (1990); Hockey: History of Humanities Computing (2004); Kraft: A brief history (2004); Dalbello: A Genealogy of Digital Humanities (2011).
[2] Friedewald: Computer als Werkzeug und Medium (1999); Mocigemba: Ideengeschichte der Computernutzung (2003); Hellige: Geschichten der Informatik (2004); Hellige: Paradigmenwechsel (2008).
[3] Hymes: The use of computers in anthropology (1965); Statistique et analyse linguistique (1966); Conference on the Use of Computers in Humanistic Research (1965); Pierson: Computers for the Humanities? (1966).
[4] Lückerath: Prolegomena (1968); siehe auch: Lückerath: Elektronische Datenverarbeitung (1969).
[5] Bruderer: Nichtnumerische Informationsverarbeitung (1979).
[6] Bruderer: Nichtnumerische Informationsverarbeitung (1979), S. 1.
[7] Gundlach/Lückerath: Nichtnumerische Datenverarbeitung (1969), S. 386, Anm. 3.
[8] Lückerath: Prolegomena (1968), S. 265.
[9] Lückerath: Prolegomena (1968), S. 272.
[10] Demm: Neue Wege (1971), S. 363; siehe auch: Swierenga: Computers and American History (1974).
[11] Burke: Offene Geschichte (1991); Raphael: Die Erben von Bloch und Febvre (1994); Dosse: L'histoire en miettes (1997). Siehe: auch Iggers: Geschichtswissenschaft im 20. Jahrhunderts (1993), S. 37f.
[12] Matis: Die Wundermaschine (2002); Haber: Computergeschichte Schweiz (2009); Horvath: Geschichte Online (1997).
[13] <http://nobelprize.org/nobel_prizes/economics/laureates/1993>; siehe: Dumke: Clio's Climacteric? (1986).
[14] Horvath: Geschichte online (1997), S. 60.
[15] Horvath: Geschichte online (1997), S. 60; Arnold: Geschichtswissenschaft (1974), S. 147.
[16] Arnold: Geschichtswissenschaft (1974), S. 124f.; Eppelsheimer: Die Dokumentation (1951); Bernhardt: Computereinsatz (1996); Orosz: Übersicht (1954), S. 173f.; Enders: Anwendungsmöglichkeiten (1968); Wick: Geschichtswissenschaftliche Information (1969); Weiss: Einige Aspekte (1969); Brachmann: Anwendung mathematischer Begriffe (1970).
[17] Universität Tübingen: TUSTEP (2010); siehe auch: Kopp et al.: TUSTEP im WWW-Zeitalter (2000).
[18] Siehe: <http://www.itug.de> und <https://lists.uni-wuerzburg.de/pipermail/tustep-liste>.
[19] Lückerath: Prolegomena (1968), S. 292; Arnold: Geschichtswissenschaft (1974); Horvath: Geschichte online (1997), S. 61. Siehe auch: Schulze: Deutsche

[20] Geschichtswissenschaft (1993); Simon: Historiographie (1996); Raphael: Geschichtswissenschaft im Zeitalter der Extreme (2003).
[20] Thaller: Warum brauchen die Geschichtswissenschaften? (1990), S. 237. Weitere zentrale Texte von Thaller siehe im Literaturverzeichnis.
[21] Thaller: Warum brauchen die Geschichtswissenschaften? (1990); S. 237.
[22] Siehe etwa: Jarausch: Möglichkeiten und Probleme der Quantifizierung (1976); Pfister: Randständig und innovativ (2001).
[23] Schröder: Historische Sozialforschung (1994); siehe auch: Schröder: Historische Sozialforschung (1988).
[24] Gundlach/Lückerath: Historische Wissenschaften (1976), S. 7.
[25] Shorter: The Historian and the Computer (1971); zur Rezeption: Mawdsley/Munck: Computing for historians (1993), S. 4.
[26] Horvath: Geschichte Online (1997), S. 67.
[27] Siehe etwa: Thaller: Historical Software Issue 2 (1981); Jarausch: SPSS/PC (1986).
[28] Für die folgenden Passagen: Grotum: Das digitale Archiv (2004), S. 36 und S. 58.
[29] Grotum: Das digitale Archiv (2004), S. 58.
[30] Thaller: Gibt es eine fachspezifische Datenverarbeitung? (1988), S. 52f. Siehe auch: Thaller: The Historical Workstation Project (1991).
[31] Nach der aktuellsten Übersicht bei Grotum: Das digitale Archiv (2004), S. 32–35.
[32] Gierl et al.: Der Schritt von der Quelle (1990).

Das Internet der Geschichte

Einen tiefgreifenden Umbruch im Umgang der Historiker mit der elektronischen Datenverarbeitung brachten die sogenannten *Personal Computer (PC)* in der ersten Hälfte der achtziger Jahre. Diese technische Innovation – die Maschine war nun nicht mehr Teil einer ausgelagerten Infrastruktur (Rechenzentrum), sondern Teil des persönlichen Instrumentariums – hatte „innerhalb sehr kurzer Zeit eine völlige Umwälzung des Tenors der Beurteilung der Datenverarbeitung durch die Geisteswissenschaftler im allgemeinen, die Historiker im besonderen gebracht."[1] Der Computer stand in der Wahrnehmung der meisten Geisteswissenschaftlerinnen und Geisteswissenschaftler nicht mehr für „Statistik" und „Tabelle" (und somit für eine letztlich nie mehrheitsfähig gewordene quantitative Geschichtsschreibung), sondern versinnbildlichte die moderne „Schreibmaschine". Damit ließ sich der Computer in die kulturelle Traditionslinie des Buchdruckes einschreiben. Gleichwohl beschränkte sich die Auseinandersetzung mit diesem neuen Instrument bei der Mehrheit der Wissenschaftler auf Oberflächlichkeiten wie Fragen der Darstellung und blieben die EDV-Kenntnisse der meisten Historiker punktuell und wenig fundiert. Der Nutzen und der Nachteil des nun massiv zunehmenden EDV-Einsatzes schienen innerhalb der Zunft (wieder) nicht zu interessieren, eine grundsätzliche Debatte über mögliche fachliche Anforderungen an die Informatik wurde (wieder) nicht geführt.

Als sich Mitte der neunziger Jahre der Durchbruch des Internet abzuzeichnen begann, war der *Personal Computer* bei den meisten Historikern somit als komfortable Schreibmaschine gut etabliert. Zusammen mit dem eigenen Zettelkasten, der nächstgelegenen wissenschaftlichen Bibliothek und den für das eigene Forschungsfeld in Frage kommenden Archiven bildete der PC in den neunziger Jahren einen kaum hinterfragten Teil des historischen Werkzeugkastens.

Das Internet schlich sich, wie noch zu zeigen sein wird, zuerst nur langsam in die historische Forschungspraxis ein. Aber was war das Internet damals, in den neunziger Jahren des letzten Jahrhunderts?[2] Es ist hier nicht der Ort, ausführlich auf die Geschichte des Internet einzugehen. Im Folgenden sollen lediglich diejenigen Eckpunkte aus der Geschichte des Internet kurz skizziert werden, welche für die (ge-schichts)wissenschaftliche Nutzung von Bedeutung waren oder die für das Verständnis der Funktionsweise und der Dynamik der aktuellen Internetentwicklung notwendig scheinen. Zum einen soll dabei stichwortartig auf die lange und keineswegs geradlinige Vorgeschichte des Internet aufmerksam gemacht werden, die das Netzwerk bis heute prägt, zum anderen soll diese Entwicklung konfrontiert werden mit den zeitgleichen, aber völlig isoliert stattfindenden Diskussionen in den Geschichtswissenschaften über die Nutzung der elektronischen Datenverarbeitung, wie sie im vorangehenden Kapitel thematisiert wurde.

Nach dem Sputnik-Schock

Die Geburtsstunde des Internet wird gerne auf den sogenannten Sputnik-Schock 1957 datiert. Um den Rückstand der USA in der technisch-wissenschaftlichen Forschung aufzuholen, wurde damals die *Advanced Research Projects Agency* (ARPA) gegründet. Zu den Aufgaben der ARPA gehörte es, neue Technologien im Bereich Kommunikation und Datenübertragung zu entwickeln. Die ARPA verfolgte die Strategie, keine eigenen Forschungseinrichtungen zu betreiben, sondern mit universitären und industriellen Vertragspartnern zu kooperieren. Da die ARPA auch Grundlagenforschung ohne direkten Anwendungsbezug finanzierte, waren die kooperierenden Wissenschaftler in der Themenwahl recht frei und bei den Anträgen reichten vage Andeutungen auf den militärischen Nutzen; zudem unterstanden die Ergebnisse keiner Geheimhaltungspflicht, sondern die geförderten Einrichtungen wurden im Gegenteil dazu angehalten, ihre Ergebnisse zu publizieren. Die ARPA ermunterte zudem die Wirtschaft, die Resultate aus erfolgreichen Forschungsarbeiten umzusetzen; auf diese Weise profitierte die ARPA von günstigen Preisen, die bei einer Marktreife neuer Technologien sich in der Regel dank hoher Stückzahlen einstellten. Einer der Schwerpunkte in der durch die ARPA geförderten Forschungstätigkeit war die Verbesserung des Austausches von Computerdaten – bei der in den 1960er Jahren einsetzenden Miniaturisierung von Datenverarbeitungseinrichtungen war hier ein hinderlicher und ärgerlicher Engpass entstanden. So war der physische Austausch von Datenträgern notwendig, um Daten von einem Rechner auf den anderen zu transferieren. Datenträger – das waren vor allem Lochkarten und Magnetbänder. Da normierte oder wenigstens standardisierte Datenformate fehlten, war der Datenaustausch nur möglich zwischen Computern desselben Herstellers oder sogar nur zwischen Computern des gleichen Typs.

Computer galten als „Rechenknechte", deren Potential bei weitem nicht ausgeschöpft wurde. Einer der frühen Pioniere einer weitergehenden Computernutzung war Joseph Licklider. Er hatte Physik, Mathematik und Psychologie studierte und wurde Professor in Harvard; seit 1950 lehrte er am *Massachusetts Institut of Technology* (MIT) Psychoakustik und wechselte später zur ARPA. Für Licklider waren Computer nicht einfach nur Rechenmaschinen, sondern er sah in diesen neuartigen Geräten Hilfsmittel, welche die Möglichkeiten des Menschen erweitern und als Denkwerkzeuge funktionieren könnten. Er griff damit den alten Traum von denkenden Maschinen auf – einen phantasmatischen Traum, der auch die weitere Entwicklung des Computers und des Internet begleiten wird. Licklider begann Computerdisplays zu konzipieren und schrieb 1960 einen vielbeachteten Aufsatz mit dem Titel *Man-Computer Symbiosis*.[3] Er skizzierte in diesem kurzen Text eine mögliche Neuorientierung der Computertechnik hin zu den Bedürfnissen der Benutzer und sah im Computer ein Potential nicht nur für das Militär, sondern auch für Wissenschaft und Verwaltung. Bei ARPA entstand ein neuer Schwerpunkt, das im neuen *Information Processing Techniques Office* (IPTO) zusammengefasst und das von Licklider geleitet wurde. Licklider stellte u.a. die Vernetzung von Computern in den Mittelpunkt seiner Politik und förderte die Entwicklung von Betriebssystemen, die nach dem *Time-Sharing*-Prinzip arbeiteten; damit wurden Computer bezeichnet, die gleichzeitig von mehreren Anwendern genutzt werden konnten.

Damit stellte sich aber auch die Frage, welche topologischen Qualitäten ein solches Netz aufweisen sollte, wie also Struktur und Anordnung der einzelnen Elemente zu gestalten sein. Typischerweise wurden mehrere Terminals sternförmig an einen Rechner angeschlossen, was aber mit gravierenden Nachteilen verbunden war: So ließen sich zum Beispiel immer nur Rechner des gleichen Typs miteinander verbinden und bei einem Leitungsfehler war unter Umständen mit einem Totalausfall des gesamten Netzes zu rechnen. Als Alternative entstand das Konzept eines Netzwerkes, das nicht sternförmig, sondern wabenartig als *distributed network* konzipiert wurde. Da die einzelnen Rechner nicht nur mit dem Zentralrechner, sondern auch untereinander verbunden waren, fiel bei einem Ausfall des zentralen Knotens nicht das gesamte Netzwerk aus.

Außerdem sah die Netzarchitektur eine sogenannte paketorientierte Nutzung vor: eine nicht weniger als revolutionär zu nennende Veränderung der Idee von Datenübertragung. Während zum Beispiel bei der Telephonie eine feste Verbindung zwischen den beiden Gesprächspartnern besteht, wurde im neu konzipierten ARPA-Computernetz die Nachricht in viele kleine Pakete aufgeteilt; so lässt sich das Datenaufkommen besser steuern, da für jedes Paket ein optimaler Weg bestimmt wird. Ist zum Beispiel ein Leitungsabschnitt überlastet oder ausgefallen, wird einzelnen Datenpaketen eine andere Route zugewiesen. Beim Zielrechner werden dann alle Pakete wieder zusammengestellt und auf Vollständigkeit überprüft; fehlende oder fehlerhaft übertragene Pakete werden nachgefordert. Da jedes Paket einzeln adressiert wird und jeder Rechner im Netz jedes Paket weiterbefördern kann, ist keine zentrale Steuereinheit für den Netzwerkverkehr notwendig. Trotz anfänglicher Skepsis – dieses System des *Packet switching* schien unnötig komplex und schwerfällig zu sein – wurde es 1965 erstmals von der *Société Internationale de Télécommunication Aeronautique* eingesetzt. Das *Packet switching* wurde ein großer Erfolg. An diesem ersten großen paketvermittelten Computernetzwerk waren 175 Fluggesellschaften angeschlossen und wickelten über dieses Netz ihre gesamte internationale Kommunikation ab. Bereits 1973 war das Datenvolumen dieses Netzes größer als der gesamte damalige Telegraphieverkehr.[4] 1966 wandte auch das IPTO diese Technologie an, um die diversen mit dem ARPA liierten Computerzentren miteinander zu vernetzen. So entstand das ARPANET. Das Ziel war, ein zuverlässiges, störungsresistentes Netz auf der Basis der neuen Pakettechnik zu bauen, das den Datenaustausch zwischen Rechnern unterschiedlicher Hersteller ermöglichte. Durch die Vernetzung sollten teure Hochleistungsrechner allen beteiligten Forschungseinrichtungen gemeinsam zur Verfügung stehen. Die Vernetzung der von ARPA finanzierten Forschungseinrichtungen begann im Herbst 1969 und bis Ende des Jahres waren die ersten vier Zentren miteinander verbunden: die Universitäten von Kalifornien in Santa Barbara und Los Angeles, das *Stanford Research Institute* und die Universität von Utah. Die Universität Harvard und das *Massachusetts Institute of Technology* (MIT) folgten kurze Zeit später. Mitte 1971 waren bereits mehr als dreißig verschiedene Computerzentren in das Netz eingebunden.

Die ersten beiden Anwendungen, die für das neue Netzwerk entwickelt wurden, waren ein Programm zur Fernsteuerung entfernter Rechner namens *Telecommunications Network (Telnet)* und ein Programm für den Austausch von Dateien mit anderen Rechnern (*File Transfer Protocol FTP*). Die Akzeptanz bei den potentiellen Benutzern blieb indes anfänglich weit hinter den Erwartungen zurück. Dies änderte sich erst mit einer neuen Anwendung, an die bei der Errichtung des neuen Computernetzes gar niemand gedacht hatte: die elektronische Post. Zur Überraschung vieler Entwickler wurde *Electronic Mail* oder *E-Mail* zur wichtigsten Anwendung im Netz.[5] Noch 1967 lautete die Einschätzung von Lawrence Roberts, des späteren Leiters von IPTO, der Austausch von Botschaften zwischen den Benutzern sei „keine wichtige Motivation für ein Netzwerk wissenschaftlicher Computer."[6] Ursprünglich vorgesehen für die Verwaltung des Netzwerkes, wurde *E-Mail* schon bald zu dem, was man in der Computerwelt heute eine *killer application* nennt, einer Anwendung also, die einer bestehenden Technologie zum Durchbruch verhilft. Das Datenvolumen des elektronischen Postverkehrs überstieg schon 1971 diejenigen von Telnet und FTP zusammen. Offensichtlich hatte die elektronische Post viele Vorteile: Sie war viel schneller als die herkömmliche Post, war erheblich billiger als ein Ferngespräch und konnte vom Empfänger zu einem für ihn angenehmen Zeitpunkt gelesen und bearbeitet werden. Die Nutzer des Netzes waren in dieser Anfangsphase hauptsächlich Computerwissenschaftler, die nun dank *E-Mail* landesweit mit ihren Kollegen kommunizieren konnten. Vielen Nutzern kam wohl auch entgegen, dass sich beim Kommunikationsmedium *E-Mail* – gerade auch auf Grund der Geschichte dieses Werkzeuges – eher lockere Umgangsformen eingebürgert hatten und man deshalb deutlich weniger in die Formulierung und in die formale Gestaltung eines Schreibens investieren musste, als dies bei einem Postbrief üblich war. *E-Mail* machte es auch möglich, eine Nachricht mit wenigen Befehlen gleichzeitig an einen größeren Adressatenkreis zu versenden. Mit der Zeit wurden Verteilerlisten eingerichtet, die eine Nachricht automatisch an einen definierten Benutzerkreis weiterleiten konnten – die Idee von virtuellen Diskussionsforen war geboren. Die erste solche *Mailinglist* nannte sich übrigens SF-LOVERS, tauchte Ende der 1970er Jahre auf und widmete sich der *Science Fiction*-Literatur. Da dies keine forschungsrelevante Thematik darstellte, wurde von Seiten der Netzbetreiber anfänglich versucht, gegen diese Liste einzuschreiten, und sie wurde sogar für einige Monate gesperrt. Schließlich ließen sich die zuständigen Verantwortlichen bei der ARPA davon überzeugen, dass sich mit SF-LOVERS wertvolle Erfahrungen bei der Verwaltung und beim Betrieb von großen Diskussionslisten sammeln ließen. Das Netzwerk, aus dem später das Internet entstehen sollte, verdankte also seinen großen Erfolg nicht der Tatsache, dass eine Reihe von entfernt stationierten Computern zusammengeschaltet wurde. Entscheidend waren die Möglichkeiten, die dieses Netzwerk den Computerbenutzern jener Zeit bot, schnell und unkompliziert untereinander in Kontakt zu treten.

Die Technologie von ARPANET wurde dann laufend von allen interessierten Benutzern weiterentwickelt. Alle beteiligten Forscher und Studenten konnten sogenannte *Requests for Comments (RFC)* schreiben, aus denen dann neue, offizielle ARPA-Richtlinien entstanden. Den eigentlichen Durchbruch – zumindest in der Aufmerksamkeit der Fachöffentlichkeit – erzielte ARPANET 1972 anlässlich einer Präsentation bei der *International Conference on Computer Communications (ICCC)*. Diese erste öffentliche Vorführung zeigte, dass das Netz auch während mehrerer Tage zuverlässig arbeitete und dass auf diesem Weg sehr unterschiedliche Systeme zusammengeschaltet werden konnten. Mit der Zeit entstanden lokale Netzwerke, die dann ans ARPANET angeschlossen wurden, so dass die Zahl der verbundenen Rechner stetig stieg. Außer den Universitäten beteiligten sich auch Einrichtungen wie die *Air Force*, die *National Science Foundation* und die *National Aeronautics and Space Administration (NASA)* an ARPANET. Entscheidend für den Durchbruch war aber, dass die großen Hardwarehersteller wie IBM und DEC bereit waren, ihre Geräte auf die Technik der paketvermittelten Datenübertragung umzustellen.

Nachdem zunächst die Vernetzung verschiedener Hardwareplattformen im Vordergrund gestanden war, ging es in einer zweiten, zu Beginn der 1970er Jahre einsetzenden Phase um die Zusammenführung unterschiedlicher Netze – oder anders formuliert um *Internetworking*. Unter der Leitung von Robert Kahn und Vinton Cerf sollte ein Programm namens *Internet Program* ein Netz der Netze schaffen, in welchem neben dem ARPANET auch damals bereits bestehende kommerzielle Netze miteinander verbunden wurden. Dieses Netz erhielt schließlich den Namen *Internet* und funktionierte, wie zuvor schon das ARPANET, nach der Prämisse, dass lediglich Minimalstandards zu definieren seien, um die sogenannte Interoperabilität der einzelnen Teilnetze zu gewährleisten, also das Zusammenwirken der unterschiedlichen Systeme zu erleichtern. Einen wichtigen Grundpfeiler stellte das 1973 präsentierte *Transmission Control Protocol (TCP)* dar. Indem dieses technische Regelwerk die Kommunikation im Netz und zwischen den Teilnetzen regelte, sorgte es für einen reibungslosen Austausch der einzelnen Datenpakete. Zusammen mit einem zweiten Regelwerk namens *Internet Protocol*, das 1980 aus dem TCP ausgegliedert wurde, bilden diese beiden technischen Protokolle als TCP/IP noch heute das technische Rückgrat des Internet. Während der TCP-Teil den eigentlichen Datenversand regelt, ist das *Internet Protocol* für die Adressierung zuständig. Der Umstand, dass das in den 1970er Jahren entwickelte und insbesondere im universitären Umfeld verbreitete Betriebssystem UNIX die beiden Protokolle TCP und IP gleichsam von Haus aus unterstützte, trug zur Verbreitung der Internet-Technologie bei. Eine 1978 veröffentlichte neue Version von UNIX unterstützte allerdings auch ein zum Internet konkurrierendes Verfahren, um Daten zwischen verschiedenen Computern auszutauschen: *UNIX-to-UNIX-copy (UUCP)*. Da sich mit UUCP Nachrichten auch über eine Telefonleitung austauschen ließen, entstand mit dieser verhältnismäßig niederschwelligen Technologie bald schon ein umfassendes virtuelles „schwarzes Brett" namens USENET (ursprünglich eine Abkürzung für *Unix User Network)*, auf dem alle möglichen Themen diskutiert wurden. USENET galt als das „Internet des armen Mannes",[7] da hier auch Zugang hatte, wer nicht mit ARPA liiert war. Aus dem USENET entstanden dann Mitte der 1980er Jahre die sogenannten *Newsgroups*, die ein anarchisches Netzwerk von Diskussionslisten bilden. Die Struktur des USENET und dann später der *Newsgroups* folgte im Unterschied zum Internet einem hierarchischen Ordnungsprinzip. Die *Newsgroups* existieren noch heute als Teil des Internet und sind unter groups.google.com abrufbar. Bereits in den Anfangszeiten der *Newsgroups* wurden diese Foren auch für geschichtswissenschaftliche Themen genutzt.[8]

Um die Dynamik zu verstehen, die das aus den USA kommende Internet weltweit ausgelöst hat, ist es unabdingbar, einen kurzen Blick auf die entsprechenden Entwicklungen in Europa zu werfen. Die Entwicklung von Computernetzwerken verlief in Europa – verglichen mit den USA – zeitlich verzögert. Obgleich einzelne Länder 1973 Verbindung mit dem Internet aufnahmen, wollten die meisten europäischen Länder nicht das TCP/IP-Prinzip übernehmen, sondern einen eigenen Weg gehen und ein System einführen, das von der *International Standards Organization (ISO)* verabschiedet wurde, das sogenannte X.25-Protokoll. Da diese Technologie von einem zwischenstaatlichen Gremium verabschiedet wurde, war es – im Unterschied zu TCP/IP – gleichsam demokratisch legitimiert. Die Netzkonzeption von X.25 war aber eine ganz andere als beim Internet: Während TCP/IP offen und für heterogene Netze konzipiert wurde, sah X.25 ein geschlossenes, aber dafür sicheres Netz vor.[9] Die europäische Entwicklung geschah von oben geleitet, was sich mit der damaligen Monopolstellung der europäischen Telekommunikationsfirmen erklären lässt. Die Entwicklung in den

USA hingegen wurde zwar von der ARPA, einer zentralen Einrichtung, angestoßen und koordiniert, die konkrete Entwicklungsarbeit indes geschah dezentral und nah an den Bedürfnissen der Benutzer.

Ungefähr ab 1990 zeigte sich, dass die Akzeptanz von TCP/IP größer und das offene Konzept der dynamischen Entwicklung gegenüber besser gerüstet war als das europäische Modell; so wurden die europäischen Netzwerke auf der Basis von X.25 ins Internet integriert.

Der militärische Teil des APRANET wurde bereits 1983 abgetrennt und als MILNET weitergeführt. Zur gleichen Zeit begann die *National Science Foundation (NSF)* ein nationales Wissenschaftsnetz aufzubauen, das aber die gleiche Technologie und zum Teil auch die gleiche Infrastruktur wie das nun zivile ARPANET nutzte. Friedewald bezeichnet die bis 1983 dauernde Etappe als die Frühphase des Internet und die nun folgenden Jahre bis etwa 1990 hingegen als „Reifungsphase", die einerseits durch starkes Wachstum und andererseits durch eine verstärkte Integration der Universitäten gekennzeichnet war.[10]

1990 beschloss die ARPA ihr eigenes Netz in das mittlerweile wesentlich leistungsfähigere NSF-Netz zu integrieren und das ursprüngliche ARPANET aufzugeben. Das Internet bestand zu dieser Zeit aus einer Reihe von textbasierten Diensten wie zum Beispiel *Archie, Veronica* oder *Gopher*, die mit verschiedenen Mitteln die Suche und Bearbeitung von Informationen im Netz ermöglichten. Eine graphische Oberfläche gab es indes noch nicht, alle Dienste mussten mit Tastaturbefehlen bedient werden. Verglichen mit den komplexen und mit schwierig zu merkenden Befehlen zu bedienenden Systemen der Frühphase des Internet bedeuteten Systeme wie *Gopher* oder das *Wide Area Information Server System* (WAIS) bereits eine große Verbesserung. Sie funktionierten menugesteuert, das heißt, die gewünschte Funktion ließ sich zwar noch nicht mit der Maus, aber in der Regel mit dem *Cursor* und der *Enter*-Taste auswählen, was wesentlich intuitiver funktionierte, als die Tastensteuerung mit Kürzeln und Befehlen.

Aber die nächste große Verbesserung im Umgang mit den elektronischen Netzwerken folgte schon bald: 1991 hatte der Physiker Tim Berners-Lee am europäischen Kernforschungszentrum CERN in Genf ein System entwickelt, das unter dem Namen *World Wide Web* (WWW) bekannt wurde.[11] Das WWW – oder kurz: das *Web* – war ein einfach zu bedienendes Hypertextsystem, das mit einer graphischen Oberfläche ausgerüstet war. Als Hypertext wird ein Text bezeichnet, der aus nichtlinear organisierten Elementen besteht, die mit sogenannten *Hyperlinks* untereinander verbunden sind – ein Begriff, auf den weiter unten noch ausführlich einzugehen sein wird. Das Ziel von Berners-Lee war, wissenschaftliche Dokumente von allgemeinem Interesse allen Mitgliedern der Forschungseinrichtung CERN zugänglich zu machen. Sehr schnell wurde das Potential dieser Entwicklung deutlich: Das *Web* war im Unterschied zu den bisherigen Diensten sehr einfach und intuitiv zu bedienen und es war konsequent hypertextuell aufgebaut, das heißt, bei der Lektüre eines Dokumentes konnte man mit einem Mausklick Verknüpfungen folgen, die nicht nur innerhalb des CERN, sondern weltweit zu einem anderen Dokument führen konnten. Das WWW war aber nicht nur hypertextuell, sondern auch multimedial: Text, Bild, Ton und später auch Video konnten einfach eingebunden werden. Die Grundlage des WWW bildeten zwei sich ergänzende Elemente: Mit der *Hypertext Markup Language* (HTML) entwarf Berners-Lee eine Sprache, mit der sich einerseits die Struktur eines Dokumentes beschreiben ließ und mit der gleichzeitig die Verlinkungen der Dokumente definiert werden konnten. Entscheidend dabei war, dass Berners-Lee sein Hypertext-System so konzipierte, dass die miteinander verknüpften Dokumente nicht auf dem gleichen Rechner gespeichert werden mussten, sondern irgendwo in einem Computernetzwerk liegen konnten. Um dies zu bewerkstelligen, ergänzte er die Seitenbeschreibungssprache HTML mit einer Protokoll-Definition, welche die Kommunikation der Rechner untereinander regelte und auf das bereits vorhandene TCP/IP aufbaute. Dieses Protokoll nannte er *Hypertext Transfer Protocol* (HTTP). Es bildet bis heute das „Rückgrat" des WWW. Um die WWW-Seiten zu besuchen, wurde ein sogenannter *Browser* benötigt, ein zumeist kostenlos erhältliches und einfach zu bedienendes Programm mit einer zumeist graphischen Benutzeroberfläche. Einer der bekanntesten frühen *Browser* wurde an der Universität Illinois entwickelt und hieß *Mosaic*.

Das Aufkommen des WWW markierte das Ende der Reifungsphase und läutete eine Zeit ein, die Friedewald als „Transformationsphase" bezeichnete. Denn fast zeitgleich mit dieser technischen Innovation erfolgten größere politisch-organisatorische Veränderungen, als 1991 die *National Science Foundation* die *Acceptable use policy* neu definierte und fortan auch den kommerziellen Datenverkehr im NSF-Netz zuließ. Der Markt differenzierte sich schnell aus und kommerzielle Zugangsanbieter erschlossen das Internet immer neuen Benutzergruppen. 1995 schließlich wurde das NSF-Netz als eigenständiges Netzwerk eingestellt und die transatlantischen Datenleitungen wurden privatisiert. Aus dem ursprünglich für die wissenschaftliche Nutzung vorgesehenen Computernetzwerk wurde ein weltumspannendes Netzwerk, das in weiten Teilen nach den Gesetzmäßigkeiten eines zunehmend globalisierten Marktes zu funktionieren hatte. Damit einher ging auch die endgültige Etablierung des Computers als Medium, wenn man Wolfgang Coy folgt, der fünf Merkmale des Computers als Medium definiert hat: Erstens die Tatsache, dass der Computer in der Lage ist, analoge Signale in digitale zu übersetzen, zweitens, dass er programmierbar ist, drittens, dass er über visuelle und auditive Schnittstellen verfügt, viertens, dass er interaktive Möglichkeiten zur Steuerung der Programme bietet und fünftens, dass er offen und vernetzbar ist.[12] Mit der Metamorphose des Internet zu einem der zentralen Versorgungsnetze des ausgehenden 20. Jahrhunderts war nun auch das fünfte Kriterium erfüllt.

Mit der einfacheren Bedienbarkeit durch das WWW wurde das Internet auch für die Geschichtswissenschaft wesentlich interessanter, als zuvor. Die nach eigenen Angaben erste geschichtswissenschaftliche Seite im neuen *World Wide Web* ging im März 1993 *online* und hieß HNSOURCE. Initiant war der bis 1998 in Kansas lehrende Mediävist Lynn H. Nelson. In der Ankündigung hieß es, dieser Dienst biete Verknüpfungen zu *online* zugänglichen Bibliothekskatalogen an, ferner zu einigen Datenbanken und schließlich zu Materialsammlungen, die für historische Studien von Bedeutung seien. Dieser Zugang, hieß es einschränkend, erfolge in Form von FTP-Verbindungen, die es ja bereits vor dem WWW gegeben hatte.[13] Diese erste Sammlung bildete dann den Kern der *WWW Virtual Library History*, die im September 1993 *online* ging.[14] Die *WWW Virtual Library* geht auf Tim Berners-Lee zurück, der auf dem ersten WWW-Server unter der mittlerweile legendären Adresse info.cern.ch eine Seite mit dem Namen overview.html eingerichtet hatte. Aus dieser Wegweiserseite entstand im Laufe der Zeit ein komplexer *Web*-Katalog, der – anders als spätere kommerzielle WWW-Verzeichnisse – dezentral von Freiwilligen gepflegt wurde. Für jeden Themenbereich war ein freiwilliger Redaktor zuständig, für zusammenhängende Themen gab es Portalseiten, die wiederum von Freiwilligen betreut wurden. Die Geschichtsseite von Nelson war vermutlich eine der ersten Fachseiten im Rahmen der *WWW Virtual Library* überhaupt. Das Portal besteht noch heute und umfasst rund 200 einzelne geschichtswissenschaftliche Fachverzeichnisse.[15]

Die erste Nutzung von *Online*-Systemen durch Historiker begann allerdings bereits einige Jahre früher. Vermutlich Mitte der 1980er Jahre wurde an der Technischen Universität von Helsinki eine Diskussionsliste mit dem Namen HISTORY@FINHUTC eröffnet.[16] Diese Liste lief nicht über das Internet, sondern war Teil des 1981 gegründeten US-Dienstes BITNET, das ebenfalls Tausende Rechner von Universitäten und Forschungseinrichtungen miteinander verband und zeitweise mit dem *European Academic Research Network* (EARN) verbunden war; BITNET verlor neben dem Internet zusehends an Bedeutung und wurde schließlich Mitte der 1990er Jahren *de facto* aufgelöst.[17]

Eine neue *Republic of Letters*

Für viele Teilnehmer war die Liste eine Einrichtung, bei der man sich unkompliziert über aktuelle Fragen austauschen und Kollegen um Hilfe angehen konnte, wie sich einer der frühen Mitglieder und Administratoren der Liste erinnerte: „Ich glaube, man kann HISTORY [das war die gebräuchliche Kurzbezeichnung] am besten mit meinem ersten Eindruck, den ich hatte, beschreiben: eine Art von elektronischem Gemeinschaftsraum, wo man Freunde und Kollegen trifft, die in kleinen Gruppen verschiedene Themen diskutieren, ein Ort, wo Fragen gestellt und beantwortet werden, wo man Informationen und Hilfe finden kann – oder einfach über Dinge und Probleme plaudern kann, die man normalerweise mit Kollegen diskutiert."[18] Eine Mailingliste konnte also, je nach Bedarf und Situation, sehr verschiedene Bedürfnisse befriedigen und als Ersatz oder Ergänzung von Gesprächen, aber auch von Briefen und Memoranden dienen. Damit positionierte sich *E-Mail* bereits sehr früh an der Schnittstelle von oralen und literalen Kommunikationstraditionen der Wissenschaft, was ihm eine besondere Dynamik verlieh: Auf der einen Seite wertete es das Gespräch auf, da es die Dynamik oraler Kommunikation zumindest teilweise behielt, auf der anderen Seite führte die Verbreitung von *E-Mail* auch dazu, dass der Akt des Schreibens noch mehr in den wissenschaftlichen Alltag integriert wurde, was auf die weiter unten zu thematisierende Fragestellung des digitalen Schreibprozesses verweist. Es stellt sich dabei die Frage, in welches Verhältnis *E-Mail* zu den bestehenden Medien Gespräch und schriftliche Kommunikation tritt und ob das Gespräch tatsächlich noch immer „am Anfang wissenschaftlicher Erkenntnis [steht], noch lange bevor diese sich festigt im Austausch geschriebener Berichte, Traktate, Abhandlungen, gelehrter Schriften."[19] Verschriftlichungsprozesse sind gegenwärtig nicht nur in der wissenschaftlichen Kommunikation zu beobachten, sondern auch im Alltag, ausgelöst zum Beispiel durch die hohe Alltagspräsenz von *E-Mail, Short Message Services (SMS)* und anderen Telekommunikationsdiensten wie zum Beispiel *Chat*. Auch in der universitären Lehre verdrängt mit der zunehmenden Verbreitung von *E-Learning* die schriftliche Kommunikation mündliche Ausdrucksformen. Der Einfluss dieser Veränderungen auf das wissenschaftliche Kommunikationsverhalten ist bisher kaum untersucht worden und es ist zu fragen, ob die hervorragende Stellung des Gesprächs bei der Entstehung wissenschaftlicher Erkenntnis unter den Bedingungen einer zunehmend verschriftlichten Alltagskommunikation sich wird halten können. Entscheidend beim *E-Mail* war jedoch, dass mit „der REPLY-Funktion [...] sich bei der elektronischen Post die kommunikative Rückkopplungsschleife geschlossen" hat.[20] Mit anderen Worten: *E-Mail* ermöglichte eine quasi-synchrone Kommunikation, wie sie bei schriftlichen Medien bisher nicht möglich war. Allerdings war die Kommunikation in den ersten Jahren – zumindest bei Listen, die über BITNET liefen – offenbar noch nicht ganz synchron: „[...] ich selbst konnte Mails von HISTORY erst zehn bis zwanzig Minuten nach der Übermittlung der Mail durch den Absender empfangen."[21] Trotzdem schuf das Medium eine neue kommunikative Situation, die im traditionsbeladenen Feld der Geisteswissenschaften zuerst integriert werden musste.

Ein wichtiger Schritt dabei war die Etablierung eines umfassenden Netzwerkes namens H-Net. Die Anfänge dieses Projektes gehen auf das Jahr 1992 zurück, als Richard Jensen sein Vorhaben der Fachöffentlichkeit vorstellte.[22] Jensen lehrte an der University of Illinois und beschäftigte sich bereits seit mehreren Jahrzehnten mit der Computernutzung in den Geschichtswissenschaften. H-Net bestand ursprünglich aus vier Bereichen: Zum einen waren Diskussionslisten per *E-Mail* geplant, zum zweiten die Vermittlung von Medienkompetenz an Historiker im Umgang mit dem Internet, drittens war H-Net als Vermittler zwischen den neuen Informationsnetzwerken und den Geisteswissenschaften vorgesehen und viertens sollte H-Net als Drehscheibe für verschiedene internationale Aktivitäten bei der Nutzung von geschichtswissenschaftlichen *Online*-Ressourcen dienen.

Die Ankündigung von H-Net erfolgte im Dezember 1992 und im Februar 1993 startete die erste Liste namens H-URBAN. Sie wurde betrieben von Wendy Plotkin, einer graduierten Studentin der Universität Illinois, die bereits Erfahrungen mit LISTSERV hatte, einem Programm zur Verwaltung von *Mailing*-Listen, das auch für H-Net eingesetzt wurde. Es folgten wenige Wochen später eine Liste zum

Thema Holocaust und eine zur Frauen- und Geschlechtergeschichte (H-WOMEN). Das Projekt erhielt Unterstützung von der Universität Illinois sowie vom *American Council of Learned Societies* (ACLS). Das Prinzip von H-Net war, dass für einzelne Themen jeweils eigene Listen gegründet wurden, die von einer (oder mehreren) Personen/en betreut wurden und die alle auf der gleichen technischen Infrastruktur aufbauten. Anders als noch bei der Diskussionsliste der ersten Generation, bei HISTORY@FINHUTC, entstanden im Rahmen von H-Net sehr schnell ausdifferenzierte Gemeinschaften. Das bedeutete, dass die Mitglieder einer Liste sich primär über das gemeinsame fachliche Interessen definierten und nicht mehr über die Tatsache, dass sie der neuen Kommunikationstechnologie *E-Mail* gegenüber grundsätzlich offen waren. Man könnte, um die Vergleiche von Zielke mit dem Aufenthaltsraum des Instituts weiterzudenken, sagen, dass die Diskussionen auf H-Net nun weniger die Situation im Kaffeeraum eines Institutes, sondern viel eher die Kaffeepause einer großen Fachtagung widerspiegelten.[23] Bis Mitte 1994 hatten sich bereits 28 Listen etabliert, eine Reihe von weiteren Listen war in Planung und H-Net erreichte beachtliche 12.500 Abonnentinnen und Abonnenten in 50 Ländern. Die meisten Abonnenten blieben jedoch passiv, lasen die Beiträge (oder auch nicht), trugen aber nichts bei zu den Diskussionen, wie ein (nicht namentlich genannter) Geschichtsprofessor an Jensen schrieb: „Auch wenn ich noch nie etwas zur Liste beigetragen habe, sehe ich mich nicht als Schmarotzer. Ich lese aktiv, denke über das Gelesene nach und nutze die Informationen und Perspektiven der Kollegen; wenn ich etwas zu einer Diskussion beizutragen habe, werde ich es tun. Ich verwende H-Ethnic fortwährend um Ressourcen zu entdecken, Bibliographien zu erstellen und um Kurse vorzubereiten.[24] Da zu dieser Zeit noch längst nicht alle Institutsangehörige Zugang zum Internet hatten, war es auch üblich, dass interessante Beiträge ausgedruckt und im Institut in Zirkulation gegeben wurden. Die meisten Listen-Verantwortlichen waren Professoren an kleineren *Colleges* und Universitäten in den USA, aber auch in Kanada, Japan, Südafrika und Europa wurden einzelne Listen des H-Net betreut. Alle *Editors* arbeiteten ehrenamtlich. Das Netzwerk funktionierte weitgehend nach basisdemokratischen Regeln, es gab eine Charta und gewählte *Officers* sowie ein *Executive Committee*. Mehrere Male gab es auch H-Net-Konferenzen, an denen sich die verschiedenen Editoren – meistens im Vorfeld oder am Rande von anderen Fachkongressen – treffen und über ihre Erfahrungen austauschen konnten. Einzelne Listen erhielten finanzielle Unterstützung von entsprechenden Fördereinrichtungen. Ein größerer Beitrag kam vom *National Endowment for the Humanities*, die in Tokyo ansässige *Japan Foundation* finanzierte eine Reihe von Listen zu Themen der asiatischen Geschichte. Weniger erfolgreich als die Diskussionslisten über *E-Mail* waren Internet-Einführungsseminare von H-Net für Historikerinnen und Historiker. Kurzseminare von der Dauer eines Tages erwiesen sich als zu knapp, um die vielfältigen Bedürfnisse abzudecken, die Organisation von längeren Kursen hingegen war sehr aufwändig.

1996 kam zu den *E-Mail*-Listen von H-Net ein WWW-Auftritt hinzu. Damit konnte der Flüchtigkeit der elektronischen Post ein stabileres Medium entgegengesetzt werden, das als Archiv und Informationsdrehscheibe zu den einzelnen Listen schon bald rege genutzt wurde. Wohl in Anspielung an Marshall McLuhans Unterscheidung zwischen kalten und heißen Medien zählte Jensen die *E-Mail*-Listen zu den heißen Medien, während der WWW-Auftritt von H-Net in einem kalten Medium erfolge: „Es wird diskutiert, ob die ‚heißen' E-Mail-Listen vielleicht durch die ‚kalten' WWW-Sites ersetzt werden könnten. Im WWW als Ganzem war die auffälligste Entwicklung das Aufkommen von *push sites* wie zum Beispiel PointCast, wo News und Informationen für Abonnenten selektioniert, editiert und präsentiert werden. H-Net erledigt dies jeden Tag per E-Mail."[25] McLuhan bezeichnete diejenigen Medien als „heiß", welche einen starken Einfluss auf den Menschen und seine sinnliche Wahrnehmung haben: „Ein ‚heißes' Medium ist eines, das nur einen der Sinne allein erweitert, und zwar bis etwas ‚detailreich' ist. Detailreichtum ist der Zustand, viele Daten oder Einzelheiten aufzuweisen."[26] Eine Photographie ist für McLuhan ein heißes Medium, die Karikatur hingegen ein kaltes. Zu den kühlen Medien zählt er auch die Sprache, „weil so wenig geboten wird und so viel vom Zuhörer ergänzt werden muss."[27] Die *E-Mail* beschreibt Jensen demnach als detailreich und dominant, die WWW-Seiten hingegen verlangen vom Leser eine Zusatzleistung und sind deswegen *cool*. Die Technologie von *push sites* setzte sich in der hier am Beispiel von PointCast gezeigten Art übrigens nicht durch, das Konzept der Bringschuld des Anbieters statt der Holschuld des Rezipienten wurde im WWW aber mit der sogenannten RSS-Technologie Jahre später wieder neu belebt, wie weiter unten noch zu zeigen sein wird.[28]

Wer aber waren die Leser der vielen Listen von H-Net? Ende 1995 waren bereits 22 Prozent der nordamerikanischen Geschichtsprofessoren und 29 Prozent aller graduierter Studierenden im Fach Geschichte bei H-Net registriert. H-Net schien vor allem an der Peripherie des geschichtswissenschaftlichen Feldes eine große Wirkung gehabt zu haben, „bei fortgeschrittenen Studierenden, Professoren an kleineren *Colleges*, aber auch bei Dozierenden benachbarter Disziplinen, für die Geschichte nur von zweitrangigem Interesse war. Die Liste brachte diese Leute miteinander ins Gespräch und sie entdeckten, dass auch sie Teil der ‚Republic of Letters' waren, dass ihre Ideen zählten, dass ihre Verbesserungen in der Lehre und ihre Probleme von nationalem Interesse waren […] Mit einem Wort: H-Net erhöhte die Quantität, die Qualität und Diversität der Kommunikation unter den Historikern stark, insbesondere bei denen, die ansonsten abseits der wissenschaftlichen Aktivitäten geblieben wären."[29] Bemerkenswerterweise waren längst nicht alle Abonnenten von H-Net an historischen Instituten beschäftigt. Jensen schätzte sogar, dass lediglich die Hälfte der H-Net-Leser professionelle Historiker waren, die übrigen Leserinnen und Leser waren an anderen geisteswissenschaftlichen Instituten oder waren Bibliothekare, welche die Liste nutzten, um aktuelle Diskussionen in ihrer Anschaffungspolitik gezielt berücksichtigen zu können. H-Net war aber nicht nur für periphere Einrichtungen im geographischen oder prestigemäßigen Sinn interessant, sondern bot auch etablierten, aber hochspezialisierten Institutionen die Möglichkeit, mit vertretbarem Aufwand Anschluss an die neuen Entwicklungen zu erhalten.[30] Richard Jensen, Gründer und bis 1997 auch *Executive Director* von H-Net, verband mit diesem neuen Netzwerk durchaus visionäre Vorstellungen, die er – bezeichnenderweise, wie noch zu zeigen sein wird – mit der Zeit der Aufklärung in Verbindung brachte: „H-Net hat dazu beigetragen, bei den Geisteswissenschaftlern den Sinn für eine weltweite wissenschaftliche Gemeinschaft zu bestärken. In einer Zeit, in der wissenschaftliche Gemeinschaften in winzige Hyperspezialitäten zu zerfallen scheinen, hilft H-Net, diesen Trend umzukehren und die ‚Republic of Letters' wieder als einen interaktiven, wohlgedeihenden und intellektuell anregenden Ort zu erbauen.[31]

Es dauerte nicht allzu lange, bis das Konzept von H-Net auch im deutschen Sprachraum auf Interesse stieß. Im November 1996 startete an der Humboldt Universität zu Berlin die erste deutschsprachige Liste im Rahmen von H-Net. Die Abkürzung H-Net stand mittlerweile nicht mehr für *History Network*, sondern für *Humanities Network*. Dieser Bedeutungswechsel widerspiegelte die thematische Breite, die in den rund vier Dutzend damals aktiven Listen abgebildet wurde. Die deutsche Liste war insofern ein Spezialfall, dass sie von Anfang an deutschsprachig geführt wurde, wobei aber englischsprachige Beiträge möglich (aber selten) waren. Die Liste erhielt den Namen H-Soz-u-

Kult, wobei „H-„ den Vorgaben des H-Net entsprach und „Soz-u-Kult" für Sozial- und Kulturgeschichte stand und andeuten sollte, dass beide großen Strömungen der deutschsprachigen Geschichtswissenschaft Ende der 1990er Jahre in der Liste verhandelt werden sollen. Im Untertitel wurde präzisiert: „Methoden, Theorien und Ergebnisse der neueren Sozial- und Kulturgeschichte".[32] Die Planungen für eine deutschsprachige Liste begannen im Sommer 1996 und bereits am 41. deutschen Historikertag in München konnte das Vorhaben der Fachöffentlichkeit vorgestellt werden. So wurden beim Start im November 1996 bereits knapp 130 Subskribentinnen und Subskribenten mit Mails bedient. Mit der Liste hatten die Initianten auch die Absicht verknüpft, das damals noch für die meisten Historiker kaum bekannte Medium Internet bekannt zu machen: „Ein erklärtes Ziel von H-Soz-u-Kult war es stets, die Akzeptanz des Mediums Internet innerhalb der deutschen bzw. deutschsprachigen Geisteswissenschaften zu erhöhen, und so dieser Personengruppe die besten Seiten der globalen Kommunikation näherzubringen."[33] Dass mit der Lancierung einer Fachliste für Historiker nicht nur ein neuer Kommunikationskanal eröffnet wurde, sondern auch bestehende Kanäle und Strukturen in Frage gestellt wurden, war den Initianten bewusst: „Bestand die Möglichkeit, ‚eingefahrene' Diskussionsrituale zu durchbrechen und eine umfassende, offenere Scientific community (wieder-)herzustellen? Könnte man vielleicht ein neues digitales Publikationsformat etablieren, das sich langfristig zu einer ernsthaften Konkurrenz der existierenden, renommierten Fachzeitschriften entwickeln würde? [...] Würden Abonnenten bereit sein, Informationen, Berichte, Rezensionen und Artikel kostenlos für eine größere Öffentlichkeit abzugeben? Wie stünde es schließlich um die Kooperationsbereitschaft von Forschungsinstituten, Stiftungen und Verlagen?"[34] Dass eine „größere Personengruppe" sich für ein solches Projekt interessieren ließ, zeigte indes die rasch wachsende Zahl von Abonnenten in den ersten Monaten: Bereits nach einem Jahr verzeichnete der Dienst über 600 Interessenten, Mitte 1999 waren es 1700. Der nordamerikanische Hintergrund des Dachprojektes H-Net machte sich zu Beginn beim Anteil der nordamerikanischen Subskribenten von H-Soz-u-Kult bemerkbar, der bei knapp 40 Prozent lag. Dies änderte sich aber im Laufe der Zeit und nach drei Jahren stammten ca. 80 Prozent der Leserinnen und Leser aus deutschsprachigen Ländern.

Die Liste wurde – im Unterschied zu HISTORY@FINHUTC – moderiert betrieben, das heißt, dass eingehende Beiträge zuerst von einem Redakteur – oder: *editor* – „auf ihre fachwissenschaftliche Relevanz hin geprüft und erst dann an die *Mailing*-Liste weitergeleitet" wurden.[35] Über die Liste wurden ganz verschiedene Arten von Beiträgen verschickt. Ein zentraler Bereich waren Rezensionen, die in den ersten drei Jahren rund 20 Prozent der insgesamt 1900 Beiträge ausmachten.[36] Daneben gab es Tagungsankündigungen (13 Prozent), Call for Papers (9 Prozent), Inhaltsverzeichnisse von historischen Fachzeitschriften (9 Prozent), verschiedene Anfragen (10 Prozent) sowie eine Kategorie „Sonstige Beiträge" (36 Prozent), worunter Stellenanzeigen, Stipendien und ähnliche Hinweise subsumiert wurden. Bereits wenige Wochen nach dem Start wurde das Angebot von H-Soz-u-Kult ausgebaut und ein eigener WWW-Server in Betrieb genommen. Auf diesem Server wurden, anfänglich mit einer Verzögerung von einigen Tagen, später praktisch zeitgleich mit dem Mail-Versand, die Beiträge als WWW-Seiten abgelegt. Auf diese Weise entstand ein umfangreiches Archiv, das alle wichtigen Beiträge der Liste seit 1997 archivieren und auch nicht registrierten Benutzerinnen und Benutzern zugänglich machen konnte. Der WWW-Auftritt machte es auch möglich, Texte, die für einen Versand per Mail zu lang waren, auf der Liste lediglich mit einem *Link* versehen anzukündigen und den vollständigen Text auf den WWW-Seiten abzulegen. Dabei ändert sich das kommunikative Setting zwischen Sender und Empfänger: Während Mailing-Listen sogenannte Push-Dienste sind, bei denen der Anbieter einer Information diese aktiv an Interessenten (oder vermeintliche Interessenten) verschickt (sogenannte „Bring-Schuld"), funktioniert eine *Website* umgekehrt so, dass derjenige, der sich für etwas interessiert, aktiv werden und sich diese Informationen holen muss (sogenannte „Hol-Schuld").[37] Durch den Umstand, dass bei H-Soz-u-Kult die gleichen Inhalte sowohl per Mail verteilt als auch auf den WWW-Seiten zum späteren Abruf bereitgestellt wurden, entstand eine neue Dynamik: Die Lektüre der täglichen Mail-Nachrichten gab den Leserinnen und Leser die Gewähr, über die aktuellen Diskussionen und Publikationen informiert zu sein; gleichzeitig nahm das Wissen, dass diese Inhalte auch zu einem späteren Zeitpunkt recherchiert werden konnten, den Druck, immer alles lesen zu müssen oder gar wichtige Texte selber zu archivieren. Der Web-Auftritt von H-Soz-u-Kult wurde gleichsam zu einer gemeinsamen Ablage, die dank der Möglichkeit der Volltextsuche zudem über die Leistungsfähigkeit einer eigenen Ablage hinaus ging und entsprechend gut aufgenommen wurde. Dies zeigten die Nutzungsdaten des Web-Auftrittes: So stieg die Zahl der unterschiedlichen Besucher pro Monat auf den WWW-Seiten von H-Soz-u-Kult innert weniger Monate von

4500 im Juli 1998 auf über 7000 im April 1999. Dieses Wachstum hielt auch in den folgenden Jahren an, Ende 2010 zählte H-Soz-u-Kult mehr als 20'000 Subskribenten. Dieser Erfolg von H-Soz-u-Kult lässt sich damit erklären, dass das Angebot gekonnt die Vorteile der verschiedenen Internet-Dienste kombiniert und zugleich Elemente der bisherigen Kommunikationsgewohnheiten innerhalb des Faches berücksichtigt. So gewährleistet der tägliche Versand der Meldungen eine rasche Verbreitung von Tagungsankündigungen, Stellenangeboten und ähnlichen Informationen. Aber auch im Rezensionswesen hat sich eine Beschleunigung bemerkbar gemacht: Da Rezensionen in der Regel innerhalb von wenigen Monaten nach Erscheinen des Buches publiziert werden, orientiert sich H-Soz-u-Kult bezüglich Aktualität eher an der Produktionsweise von Tages- und Wochenzeitungen, als an den Zyklen der historischen Fachzeitschriften, wo Rezensionen nicht selten erst Jahre nach Erscheinen eines Buches gedruckt werden. Durch die moderierte Erscheinungsweise werden auf der Liste einerseits nur sehr selten eigentliche Debatten geführt, andererseits lässt sich durch diese Maßnahme das tägliche Mailaufkommen von der Redaktion genau steuern.

Bibliothekskataloge gehen online

Der *Web*-Auftritt von H-Soz-u-Kult stellte einen der ersten großen deutschsprachigen geschichtswissenschaftlichen Angebote im *World Wide Web* dar. Bis zu diesem Zeitpunkt war das *Online*-Angebot für Historikerinnen und Historiker allerdings von einer ganz anderen Nutzungsart geprägt: von *online* zugänglichen Bibliothekskatalogen nämlich. Die Anfänge von automatisierten Bibliothekskatalogen gehen auf die frühen 1960er Jahre zurück. Damals begannen in Deutschland – vor allem an den neu gegründeten Universitätsbibliotheken – die Bibliothekare mit dem Einsatz von Großrechnern zur Katalogisierung ihrer Bestände zu experimentieren.[38] Zu den ersten deutschsprachigen Bibliotheken, die ihre Bestände elektronisch erfassten, gehörten die Bibliotheken von Bochum, Bielefeld, Konstanz, Regensburg und Düsseldorf. Die Automatisierung wissenschaftlicher Bibliotheken lässt sich in drei Phasen einteilen: In der ersten Phase ging es um Projekte, bei denen einzelne Bibliotheken im Bereich der Ausleihe, der Katalogisierung und der Zeitschriftenverwaltung versuchten, die damalige Computer-

Technik für sich fruchtbar zu machen. In der zweiten Phase, das heißt in den 1970er Jahren, stand die Schaffung von großen Verbundsystemen im Vordergrund. Die 1980er Jahre, die dritte Phase der Bibliotheksautomatisierung, waren geprägt vom „Einsatz von Mikrocomputern, die expandierende Nutzung von Informationsdatenbanken, die Einrichtung von lokalen Netzen und die Bereitstellung neuer Massenspeicher für kleine Systeme."[39] Diese Phasen korrespondieren interessanterweise ziemlich präzise mit den drei Zielen, welche die amerikanische Informationswissenschaftlerin Christine L. Borgman Ende der 1990er Jahre in ihrer Übersichtsdarstellung zum Thema Bibliotheksautomation ausgemacht hat, nämlich: erstens die Steigerung der Effizienz bei internen Prozessen, zweitens Schaffung von Zugang zu den lokalen Bibliotheksressourcen und drittens schließlich die Schaffung von Zugang zu Ressourcen außerhalb der eigenen Bibliothek. Daraus könne eine globale Informationsinfrastruktur entstehen.[40] Aus der Perspektive der Bibliotheksbenutzer, das heißt in unserem Fall aus der Perspektive von Historikern, waren insbesondere die beiden letzten Phasen von Bedeutung. Normalerweise wurden die Bibliotheksbestände mittels Autoren- und Sachkataloge erschlossen. Die Autorenkataloge waren alphabetisch geordnet, die Sachkataloge aber folgten, wie später noch zu zeigen wird, einer bestimmten, vorgegebenen Ordnung. Es war in den Zettelkatalogen der vor-digitalen Zeit nicht möglich, nach einzelnen Begriffen aus dem Titel oder nach frei assoziierten Stichworten zu suchen. Die Kataloge prägten eine ganz bestimmte, eindeutige Ordnung des Wissens, der sich jeder Bibliotheksbenutzer, wenn er zu seinem Thema Material finden wollte, unterzuordnen hatte. Die digitalen Kataloge befreiten den Benutzer von der Notwendigkeit, sich bei seinen Recherchen einer vorgegebenen, ihm oftmals wenig vertrauten oder seinem Thema nicht adäquater Ordnung zu bedienen. Die Entwicklung von elektronischen Katalogen war ein internationaler Trend, wobei für Großbritannien eine eher dezentrale und breit abgestützte Entwicklung zu beobachten war, während in den USA das 1967 gegründete *Online Computer Library Center* (OCLC) in Columbus, Ohio schon sehr bald eine (bis heute) dominante Führungsrolle einnahm.[41] OCLC entwickelte im Laufe der Jahre große Katalogsysteme, die von Anfang an als Verbundkataloge angelegt waren. Solche Verbundkataloge hatten den großen Vorteil, dass die bibliographischen Daten eines Buches jeweils nur einmal erfasst werden mussten und die beteiligten Bibliotheken lediglich ihre Bestandsangaben wie zum Beispiel die Signatur an den jeweiligen Datensatz hängen konnten. Aus diesen Daten wurden für die beteiligten Bibliotheken individuelle Bestandeslisten hergestellt, zuerst in Form von Papierausdrucken, später als Mikrofiches und schließlich hatten die einzelnen Bibliotheken elektronischen Zugriff auf diese Katalogbestände.

Für elektronische Kataloge, die nicht nur für das Personal zugänglich waren, sondern auch von den Bibliotheksbenutzern konsultiert werden konnten, bürgerte sich der Begriff *Online Public Access Catalogue* (OPAC) ein. Diese Systeme liefen als sogenannter Terminaldienst, das heißt, dass von den Computer-Stationen in den Bibliotheken – und später auch über Fernzugriff – auf einem Zentralrechner gearbeitet wurde. Die Terminals wiesen nur einen sehr eingeschränkten Funktionsumfang auf und es war zum Beispiel nicht möglich, die Rechercheergebnisse zu speichern oder lokal weiterzuverarbeiten, wie das später mit den Katalogen, die über das *World Wide Web* angeboten wurden, selbstverständlich wurde. Trotzdem stellten die OPACs einen ersten, bedeutenden Einschnitt für die Arbeitspraxis vieler Historiker dar. So waren nicht nur die vor Ort vorhandenen Bestände plötzlich ganz anders recherchierbar, mit einiger Übung ließen sich auch Bestände anderer Bibliotheken abfragen und per Fernleihe bestellen. Damit erhielten Fernleihen eine neue Popularität und photokopierte Aufsätze und Buchkapitel wurden mehr und mehr zu einem alltäglichen Informationsträger in der historischen Forschungspraxis. Monika Dommann wies kürzlich zu Recht darauf hin, dass dieser Medienwandel bisher kaum beachtet wurde und Kopien „[t]rotz ihrer prominenten Rolle als Arbeitstechnik für Wissenschaftler und für die Diffusion von wissenschaftlichen Texten [...] bislang mit Ausnahme einiger punktueller Studien kaum wissenschaftliche Aufmerksamkeit auf sich gezogen" hätten.[42] Zudem ermöglichte die Recherche in fremden Katalogen die bessere Vorbereitung von Forschungsreisen. Ein weiterer Aspekt der Nutzung fremder Katalogdaten war der Umstand, dass in einigen großen Forschungsbibliotheken bereits in den 1980er Jahren auch die Altbestände retrokatalogisiert wurden und auf diese Weise mit Hilfe von fremden Datenbanken Materialien lokalisiert werden konnten, die zwar vor Ort vorhanden, aber ungenügend erschlossen waren. Dies war für viele Historiker eine große Hilfe, was sich ja auch an den entsprechenden OPAC-Verzeichnissen im Netz zeigte – auch wenn die Qualität der neuen Retrokataloge gelegentlich zu wünschen übrig ließ.[43] Die intensive Arbeit mit den ersten OPACs bedingte allerdings eine längere Einarbeitungszeit und die Bereitschaft, sich auf die immer wieder wechselnden Funktionalitäten einzulassen: Uneinheitliche

Katalogsysteme, komplexe Login-Prozeduren und umständliche Abfrageregeln führten schließlich dazu, dass sich die Begeisterung vieler potentieller Nutzerinnen und Nutzer in Grenzen hielt und Zettelkasten sowie Microfiche weiterhin die bevorzugten Recherchierinstrumente der meisten Historikerinnen und Historiker blieben.

Trotzdem war der elektronische Bibliothekskatalog für die meisten Historikerinnen und Historiker der 1980er und 1990er Jahre der erste Kontakt mit der Welt der historischen *Online*-Ressourcen.

Anmerkungen

[1] Thaller: Entzauberungen (1990), S. 146.
[2] Für die folgenden Ausführungen: Musch: Die Geschichte des Netzes (1997); Friedewald: Vom Experimentierfeld zum Massenmedium (2000); Hauben/Hauben: Netizens (1997).
[3] Licklider: Man-Computer Symbiosis (1960).
[4] Roberts: The evolution of packet switching (1978).
[5] Siegert: Die Geschichte der E-Mail (2008).
[6] Roberts: Multiple Computer Networks (1967).
[7] Hardy: A Short History of the Net (1995).
[8] Smith: Using „Newsgroups" (1993).
[9] Bunz: Vom Speicher zum Verteiler (2008), S. 96ff.
[10] Friedewald: Vom Experimentierfeld zum Massenmedium (2000), S. 333ff.
[11] Gillies/Cailliau: Die Wiege des Web (2002); stellenweise etwas naiv, aber sehr anschaulich: Berners-Lee: Der Web-Report (1999).
[12] Coy: Die Turing-Galaxis (1995).
[13] Nelson: Announcement of HNSOURCE (1993).
[14] Nelson: Wie alles entstanden ist (2001), S. 18; siehe auch: HNSource (2008).
[15] The World Wide Web Virtual Library: WWW-VL History Central Catalogue (1993ff.).
[16] Mabry: Electronic Mail and Historians (1991); Nelson: Before the Web (2000), hier allerdings konsequent falsch geschrieben als HISTORY@FINNHUTC.
[17] Grier/Campbell: A Social History of Bitnet and Listserv (2000).
[18] Zielke: History at your Fingertips ([1991]), unpag.
[19] Hess-Lüttich: Wissenschaftskommunikation und Textdesign (1998).
[20] Siegert: Die Geschichte der E-Mail (2008), S. 242.
[21] Zielke: History at your Fingertips ([1991]), unpag. Der Grund für diese Verzögerungen lag in einer anderen Netzarchitektur von BITNET als bei TCP/IP-Netzen.
[22] Für die folgenden Ausführungen: Jensen: Internet's Republic of Letters (1997); ferner: Shell Weiss/Kornbluh: H-Net (1998); Kornbluh/Knupfer: H-Net Ten Years On (2003); Everett: Annual Review (1996).
[23] Siehe: Bassler: Diskussionen nach Vorträgen (2007).
[24] Zit. nach: Jensen: Internet's Republic of Letters (1997), unpag.
[25] Jensen: Internet's Republic of Letters (1997), unpag.

26 McLuhan: Die magischen Kanäle (1992), S. 35; siehe auch: Sandbothe: Ist das Internet cool oder hot? (1996).
27 McLuhan: Die magischen Kanäle, S. 35.
28 Himelstein/Siklos: PointCast (1999).
29 Jensen: Internet's Republic of Letters (1997), unpag.
30 Siehe etwa: Dunlap: Report of the Council (1994), S. 280f.
31 Jensen: Internet's Republic of Letters (1997), unpag.
32 Hohls/Helmberger: H-Soz-u-Kult (1999), S. 8.
33 Hohls/Helmberger: H-Soz-u-Kult (1999), S. 9.
34 Hohls/Helmberger: H-Soz-u-Kult (1999), S. 7.
35 Hohls/Helmberger: H-Soz-u-Kult (1999), S. 8.
36 Alle Zahlen nach: Hohls/Helmberger: H-Soz-u-Kult (1999), S. 19.
37 Entsprechend lässt sich das *World Wide Web* als Pull-Dienst bezeichnen, was aber eher selten gemacht wird.
38 Enderle: Bibliotheken (2002), S. 303.
39 Lehmann: Bibliotheksautomatisierung (1998), S. 257.
40 Borgman: From Acting Locally to Thinking Globally (1998), S. 218.
41 Bowman: OPACs (2007); Helal: Bibliotheksautomatisierung (1975); Kilgour: Historical Note (1987); Smith: OCLC (1998).
42 Dommann: Papierstau und Informationsfluss (2008), S. 32, Anm. 5.
43 Baker: Verzettelt (1999).

Ordnung und Unordnung, Archiv und Vergessen

Im Folgenden wird es um die Ordnungen und Unordnungen des Wissens im digitalen Zeitalter gehen, und so soll an dieser Stelle zumindest der Versuch einer Definition von Wissen vorausgeschickt werden. In einem engen, philosophischen und wissenschaftlichen Sinn wird seit Platon und Aristoteles Wissen in Abgrenzung zum Denken verstanden als „das Ergebnis, das in Erkenntnisprozessen angestrebt wird, bei denen der Mensch die Gewissheit des Gegenstandes seines Denkens erreicht. ‚Wissen' ist also ‚Denken', aber es ist das ‚Denken', das sich des Gedachten bewusst ist und um sein Wissen vom gedachten Objekt weiß."[1] Wissen bezeichnet also in diesem Sinn – anders als Meinen und Glauben – eine auf Begründungen bezogene, strengen Kriterien unterliegende sowie im Rahmen der Wissenschaft institutionalisierte Kenntnis bestimmter Sachverhalte.[2] Breiter gefasst als Alltagswissen lässt sich Wissen als allgemein verfügbare Orientierung im Rahmen alltäglicher Handlungs- und Sachzusammenhänge verstehen. In einem engen Zusammenhang zum Wissen steht neben dem Glauben auch der Begriff der Information. Einen Hinweis gibt hier bereits die diskursive Verwandlung der Informationsgesellschaft in eine Wissensgesellschaft, wie sie in den 1990er Jahre zu beobachten war. Die Bezeichnung Informationsgesellschaft wurde seit den 1980er Jahren als Chiffre für eine nachindustrielle Gesellschaft verwendet; so hatte Daniel Bell 1973 in *The coming of post-industrial society* das Phänomen beschrieben.[3] Zu den wesentlichen Charakteristika des Informationszeitalters zählten die Ablösung mechanischer und elektrischer Apparate durch elektronische Gerätschaften, die zunehmende Miniaturisierung der entsprechenden Bauteile, die zunehmende Digitalisierung von Informationen sowie die wachsende Bedeutung von flexiblen und anwenderfreundlichen Programmen zur Steuerung und Bedienung der entsprechenden Infrastrukturen.[4] Der terminologische Kern der Informationsgesellschaft, der Begriff der Information, lässt sich dagegen nur schwer fassen. Die wohl kürzestmögliche und im Alltagsgebrauch in der Regel intendierte Umschreibung liefert die aktuelle Ausgabe des populären dtv-Lexikons:

„Information [lat.], Auskunft, Nachricht, Belehrung."[5] Ausführlicher und für den hier diskutierten Kontext zielführender sind die einleitenden Bemerkungen von Rainer Kuhlen in der neuesten Auflage des Handbuchs *Grundlagen der praktischen Information und Dokumentation*: „Zur Information werden die Informationen erst, wenn jemand sie in einem bestimmten Kontext aufnimmt, sie verstehen, interpretieren, etwas mit ihnen anfangen kann, sei es direkt, z. B. um eine anstehende Entscheidung zu fällen, oder verzögert durch Aufnahme der Informationen in den schon vorhandenen eigenen Wissensbestand, mehr oder weniger damit rechnend, dass er/sie später auf sie wird zugreifen und sie dann wird verwenden können."[6] Im Kontext der hier interessierenden Fragestellung kann festgehalten werden, dass Information dadurch entsteht, dass Daten, die für sich genommen lediglich bedeutungslose Punkte in Raum und Zeit darstellen, zueinander in Beziehung gesetzt werden; Wissen wiederum entsteht aus dem Verständnis von Informationsmustern, also aus der Kontextualisierung von Informationen.

Im Mittelpunkt unseres Interesses steht die Ordnung des Wissens, denn diese konfiguriert immer auch die Ordnung der Geschichte. Jedes Geschichtsbild, jede Formierung eines kollektiven Gedächtnisses ist geprägt von den Ordnungen des Wissens und den Vorgängen, die zu den Ordnungsprinzipien geführt haben. Die Geschichtsschreibung schöpft ihr Wissen über die Vergangenheit aus den Quellen des Archivs und aus der Literatur, die ihr zur Verfügung steht. Um sich im Raum des historischen Wissens zu bewegen, ist der Historiker, ist die Historikerin auf Navigationshilfen angewiesen, auf Kataloge, Bibliographien und Enzyklopädien etwa. Die Navigationsinstrumente haben sich im Laufe der Zeit gewandelt, ebenso waren die Technologien der Aufbereitung, des Sortierens und des Suchens einem steten Wandel unterworfen. Betroffen davon waren die Ordnungen der Geschichte ebenso wie das „Klein-Klein"[7] der historiographischen Praxis, der konkrete Umgang mit Informationen also. Mit dem Wandel von analogen Ordnungssystemen zu digitalen Ordnungen des Wissens hat ein Nachdenken über das Wissen der Geschichte eingesetzt, das hier aufgenommen und dann weiter unten auf die praxeologische Ebene der Geschichtsschreibung heruntergebrochen wird. Es geht dabei sowohl um die phantasmatischen Konzepte eines historischen Allwissens als auch um die historischen Bezugspunkte heutiger digitaler Wissenssysteme.

Die drei Ordnungen der Ordnung

Der Internet-Philosoph David Weinberger hat von der „Macht der digitalen Unordnung" gesprochen und festgestellt, dass in „der wirklichen Welt [...] Unordnung uns das Leben schwer [macht], aber in der digitalen Welt passiert das Gegenteil: Je größer das Durcheinander, umso mehr Bedeutung gewinnen Informationen, denn ich kann digitalen Objekten beliebig viele Standorte, Bedeutungen, Beziehungen und Assoziationen zuweisen."[8] Im Grundgedanken Weinbergers ist die Ordnung, die wir in allen Bereichen des Alltages – und ebenso der Wissenschaft – wie selbstverständlich benützen, an einen realen Raum gebunden. Heute verwendete Ordnungsprinzipien basieren auf den einschränkenden Gesetzen der Physik, einerlei, ob es sich um den Aufbau einer Enzyklopädie handelt, die Grundlagen der Bildung oder um die Ordnung der Vorräte in der Küche. Mit der Digitalisierung von immer mehr Informationsbestände und mit immer komplexeren Systemen, welche die Verwaltung dieser digitalen Bestände ermöglichen, ergibt sich nach Weinberger eine völlig neue Situation: „Jetzt sind wir zum ersten Mal in unserer Geschichte in der Lage, unsere Konzepte ohne die Beschränkungen des Physischen zu ordnen. Das wird zu fundamentalen Veränderungen bei unseren Ideen und Organisationen und beim Wissen selbst führen."[9] Es geht nicht mehr nur um das gezielte Suchen und Finden, sondern immer mehr auch um das Herumschauen, das sogenannte *browsen* – die assoziative Kulturtechnik des von Verweis zu Verweis springenden Lexikon- und Fußnotenlesens wird zum Allgemeinprinzip der Wissensbeschaffung: „Wenn wir beim Umschauen ebenso gut werden wollen wie beim gezielten Suchen und Finden – und die mit der Digitalisierung verbundenen Chancen nutzen wollen –, müssen wir uns von der althergebrachten Vorstellung lösen, dass es eine optimale Organisationsweise für die Welt gibt."[10] Konsequenterweise ist es also nicht mehr so, dass alles – jeder Gegenstand, jedes Buch, aber auch jeder Gedanke oder abstrakter gesprochen: das Wissen – seinen Platz hat, sondern, wie Weinberger es formuliert: „Alles hat seine Plätze". Weinberger definiert drei Ordnungen der Ordnung, die helfen sollen, den digitalen Wandel besser beschreiben zu können. Die erste Ordnung der Ordnung ist die Ordnung der Dinge selbst, also zum Beispiel der Bücher, wie sie in den Regalen der Bibliothek stehen. Die zweite Ordnung der Ordnung ist die

Ordnung der Verweise auf die Objekte der ersten Ordnung, das heißt zum Beispiel der Karteikarten des Kataloges, die auf die Bücher verweisen. Die dritte Ordnung der Ordnung schließlich ist die Ordnung der Bits. Ein Bit (gebildet als Zusammenzug aus *binary digit*) bezeichnet die kleinstmögliche Speichereinheit mit zwei möglichen Zuständen, Ja oder Nein respektive 0 oder 1.[11] Diese dritte Ordnung der Ordnung hebt die Beschränkungen bei der Organisation von Informationen auf. Der von Weinberger beschriebene Wandel in den Ordnungen des Wissens ist fundamental für den Wandel der Epistemologie des Wissens im digitalen Zeitalter. Es scheint deshalb lohnenswert, zumindest mit einigen Beispielen die Strukturen der Wissensordnungen im Wandel der Zeit und dabei insbesondere auch die Medialitäten des Wissens zu betrachten.

Die Bibliothek von Alexandria versinnbildlicht den zentralen Referenzpunkt in den aktuellen Diskussionen im Zusammenhang von Wissensgesellschaft, Ordnung des Wissens und digitale Medien. In der bibliothekswissenschaftlichen Literatur, aber auch im kulturwissenschaftlichen Kontext wurde in der Darstellung der Entwicklung der letzten Jahre immer wieder ein Bezug zur alexandrinischen Bibliothek hergestellt: Die Bibliothek von Alexandria wird zum Altvordern des Internet, zum Ort, wo alles Wissen versammelt war, genauso, wie es das phantasmatische Internet auch ist.[12] Jacques Lacan folgend, soll hier mit dem Begriff Phantasma eine Phantasie verstanden werden, die nicht nur, wie es Sigmund Freud beschrieben hatte, der Wahrnehmung der Realität im Wege steht, sondern darüber hinaus auf die diskursive Konstruiertheit der Realität als dem der Phantasie zugrundeliegende Entität verweist, das heißt, das Phantasma strukturiert den Zugang zur Realität. Die Bibliothek von Alexandria ist in dieser phantasmatischen Konstruktion Traumfigur und zugleich Ort sowohl des Gedächtnisses als auch des Weltgehirns. Die scheinbare Unendlichkeit des Internet wird zur imaginierten Reinkarnation der verschwundenen antiken Bibliothek und stellt gleichsam das Wunschbild des Weltwissens dar, ja soll den Verlust der Bibliothek wieder wettmachen.[13] In einer essayistischen Darstellung der neuen, 2002 eröffneten Bibliothek von Alexandria, bezeichnete Alexander Stille den Untergang der antiken Bibliothek in Anspielung auf Freud gar als eine „Urszene" der abendländischen Kultur: „In der Gelehrtenwelt hat der Verlust der Antiken Bibliothek von Alexandria die Wirkungsmacht einer Urszene, ähnlich der Vertreibung aus dem Paradies."[14] Auch Jimmy Wales, der Mitbegründer von *Wikipedia* nahm diesen Faden auf: „Wir spielen nicht nur auf einer Website herum, wir schaffen etwas, das neu in der Welt ist, das alle früheren Arbeiten an Enzyklopädien übertrifft. Man wird sich an Wikipedia in 2000 Jahren als die Bibliothek von Alexandrien unserer Zeit erinnern."[15] Was aber war überhaupt der Anspruch der Bibliothek von Alexandria und wie wurde die Sammlung damals verwaltet und zugänglich gemacht?

Die 288 v. u. Z. gegründete Bibliothek war Teil des *Museions*, das eine wissenschaftliche Forschungsstätte war, allerdings im Unterschied zu vielen älteren Einrichtungen nicht mehr ein *freier* Ort der Forschung, sondern das *Museion* war eng an den Königshof gebunden. Zum ersten Bibliothekar wurde Demetrios von Phaleron bestellt, der den Auftrag erhielt, grundsätzlich alle greifbaren Werke in der Bibliothek zu versammeln. Werke in griechischer Sprache sollten im Original gesammelt werden, fremdsprachige, das heißt, „barbarische Texte" wurden hingegen ins Griechische übersetzt. Um verlässliche Übersetzungen erstellen zu können, entwickelten die Gelehrten des *Museions* sehr differenzierte Methoden der philologischen Textkritik. Bei den Werken der griechischen Dichter wurde hingegen Wert darauf gelegt, die Texte in möglichst authentischer Form zu besitzen. Ferner wurde auch auf eine fachlich breite Ausrichtung geachtet, indem alle Wissensbereiche berücksichtigt wurden. Demetrios und dann später auch seine Nachfolger betrieben diese Sammlungspolitik einerseits mit der Hilfe von Agenten, die im ganzen Mittelmeerraum nach Büchern suchten; andererseits wurden Schiffe, die im Hafen von Alexandria einliefen, gezwungen, ihre mitgeführten Bücher abzugeben und gegen Kopien, die in der Bibliothek erstellt wurden, umzutauschen. Diese Sammlungspolitik ließe sich als eine Frühform der modernen Pflichtexemplarregelung bezeichnen, wobei bemerkenswerterweise den Besitzern nicht die Originale, sondern die Abschriften ausgehändigt wurden. Schätzungsweise enthielt die Bibliothek zwischen 400.000 und 700.000 Rollen, was umgerechnet auf den Umfang von modernen Büchern etwa 65.000 bis 115.000 Bänden entspricht. Auf jeden Fall dürfte das so entstandene „Informationszentrum" in Alexandria das größte seiner Zeit gewesen sein.

Speziell an der Sammlung der Bibliothek von Alexandria war, dass die Rollen nicht nur inventarisiert wurden, wie dies damals bereits üblich war, sondern dass der Bestand systematisch erschlossen wurde. Kallimachos von Kyrene, der dritte Bibliothekar von Alexandria, führte eine Neuerung ein, die den Zugriff auf die Bestände wesentlich erleichterte, indem er auf etwa 120 Buchrollen (sog. *Pinakes)* annotierte Bestandsverzeichnisse erstellte, die unter anderem auch Angaben zu den Autoren enthielten. Das alexandrinische *Museion* stellte damit den wohl ersten Versuch dar, das Wissen der Welt nicht nur zu sammeln, sondern auch systematisch zu ordnen: „Kallimachos hat den Bibliothekskatalog sowie die Biobibliographie und damit die Bibliographie überhaupt ‚erfunden'."[16]

„Wenn ich mich nicht täusche, entstanden die ersten Bibliotheken zugleich mit der Erfindung der Schrift. Denn nach dem Wissen und der Einsicht kam bald auch das Schreiben in Gebrauch; Schreiben aber kann nur sinnvoll und nützlich sein, wenn Bücher zum gegenwärtigen und zukünftigen Gebrauch aufbewahrt und geordnet werden."[17] Mit diesen Worten beschrieb der niederländische Humanist und Philosoph Justus Lipsius im 16. Jahrhundert seine Wahrnehmung der Entstehung von Bibliotheken. Buch und Bibliothek definierte er als Orte des Wissens und knüpfte damit an ein bis heute wirkmächtiges Bild einer Wissenstopographie an: „Wissen beginnt mit seiner Einschließung ins Buch und der geordneten Bibliothek, und neues Wissen schreibt sich dieser Ordnung ein."[18] Die Einführung des Buchdruckes veränderte die Topographien des Wissens grundlegend. Mit Gutenberg setzte in der Mitte des 15. Jahrhunderts eine Technisierung schriftlicher Informationen ein. Dabei stellte der Buchdruck unter zweierlei Gesichtspunkten einen Meilenstein in der Medienentwicklung dar: erstens unter dem Aspekt der Vervielfältigung und zweitens unter dem Aspekt der Textgestaltung. Interessant ist, dass mit der neuen Technologie des Buchdrucks nicht nur das gedruckt wurde, was zuvor in den Skriptorien manuell produziert wurde, sondern es wurden auch weitere Informationen „verschriftet" respektive „verschriftlicht".[19] Die neue Technologie fand sehr schnell Verbreitung: Ende des 15. Jahrhunderts wurde in Europa bereits an über 250 Orten in insgesamt etwa 1.100 Druckereien mit zum Teil mehreren Pressen gedruckt. So wurden zum Beispiel Flugschriften ab den zwanziger Jahren des 16. Jahrhunderts zu einem eigentlichen Massenmedium.[20] Die *ars impressoria* [21] wurde als ein System wahrgenommen, das Wissen erzeugen, speichern und verbreiten konnte. Eine zentrale Rolle kam dabei dem Medium Buch zu, weil ihm die Potenz zugeschrieben wurde, alles Wissen der Welt versammeln und ordnen zu können: „Die Vorstellung, die Wissenstotalität in einem einzigen Buch mit Hilfe einer zeitlosen Ordnung der Ordnungen bezwingen zu können, ist so etwas wie die gemeinsame Idee oder Ideologie, an deren Verwirklichung die Verfasser der gewaltigen Wissensapparate der frühen Neuzeit arbeiten [...]."[22]

Einer der bekanntesten Verfasser eines solchen Wissensapparates war der Zürcher Arzt und Polyhistor Konrad Gessner oder Gesner (1516–1565). Er veröffentlichte im Jahr 1545 in Zürich ein Buch, dessen Titel mit den Worten begann: *Bibliotheca universalis sive catalogus omnium scriptorum locupletissimus*.[23] Zwischen der alexandrinischen Bibliothek und Konrad Gessners Publikation lagen nicht nur mehrere Jahrhunderte, sondern vor allem die gewaltige technologische Umwälzung des Buchdruckes.[24] Mit der zunehmenden Buchproduktion wuchs auch das Bedürfnis, dieses Wissen zu verzeichnen und zu strukturieren. Die *Bibliotheca Universalis* aus dem Jahre 1545 umfasste rund 1.260 großformatige Seiten und verzeichnete die Werke in hebräischer, griechischer und lateinischer Sprache von rund 3.000 Autoren. Heute würde man von einer Bibliographie sprechen, aber zu Gessners Zeit war es üblich, Bücherverzeichnisse als *bibliothecae* zu bezeichnen.[25] Damit übertraf Gessner frühere Projekte ähnlicher Art allein schon von der Menge. Zusätzlich reicherte Gessner aber die Angaben mit Informationen über den Erscheinungsort, den Drucker, den Umfang des Werkes und das Format an. In der heutigen bibliothekarischen Terminologie würde man von einer Formalerschließung sprechen. Gessner ging aber noch einen Schritt weiter und führte ein Element ein, das wir heute mit Sacherschließung bezeichnen würden: Er beschrieb nicht nur die formalen Merkmale der einzelnen Bücher, sondern äußerte sich auch zu den inhaltlichen Aspekten. Dazu fügte er seiner *Bibliotheca Universalis* Kommentare, biographische Bemerkungen zu den Autoren oder gar Auszüge aus den Texten bei. Damit schuf Gessner „eine Art universale Literaturgeschichte bzw. gewissermaßen eine Literaturenzyklopädie des literarischen Schaffens seit der Antike bis ins 16. Jahrhundert."[26] Über den Charakter dieser universalen *Bibliothek* herrscht wenig Klarheit: „Man ist sich nicht ganz schlüssig, was die ‚Bibliotheca universalis' eigentlich ist: Bibliographie, Verzeichnis einer imaginären Bibliothek, Anleitung zur Einrichtung von Bibliotheken, Schlüssel und Summe einer Enzyklopädie des Wissens, *methodus* kontrollierten Lernens oder alles dies zugleich."[27] Obwohl Gessner für die Erstellung seiner Bibliographie eine neue Technik des „Verzettelns", wie es Markus Krajewski doppelsinnig bezeichnet,[28] entwickelt hatte, musste er sich für den Druck auf ein einziges Ordnungsprinzip festlegen. Er entschied sich dabei für eine alphabetische Anordnung der Einträge anhand der Autoren, reichte aber drei Jahre später mit den *Pandekten* eine sachliche Erschließung des verzeichneten Materials nach. Gessner knüpfte wie viele Humanisten seiner Zeit an das antike Bild des *Museions* als einer mehr oder weniger öffentlich zugänglichen Stätte des Wissens und der Wissenschaft an.[29]

Mit dem Buchdruck hatte sich im Vergleich zum Manuskriptzeitalter eine neue Stabilität des Wissens etabliert, die Elizabeth Eisenstein die „typographische Persistenz" genannt hat: „Die dem typographischen Verfahren zu dankende Beständigkeit eines Textes, die ‚typographische Persistenz', ist eine grundlegende Voraussetzung für den schnellen Fortschritt der Gelehrsamkeit. [...] Keine Handschrift, wie nützlich sie auch als Nachschlagewerk sein mochte, konnte über eine lange Zeitspanne konserviert werden, ohne dass die Arbeit der Kopisten zu Verfälschungen und Entstellungen führte [...]."[30] Gleichzeitig mit dieser Persistenz veränderte sich auch der öffentliche Umgang mit Wissen. Giesecke hat von einer „Umschichtung überkommener kommunikativer Verhältnisse"[31] gesprochen. Zu dieser Umschichtung gehörte auch, dass im Informationssystem Buchdruck erstmals auch Menschen Informationen veröffentlichen konnten, die auf Grund ihrer gesellschaftlichen Position eigentlich nicht die Berechtigung dazu gehabt hätten. Und noch etwas anderes war neu und wichtig: die grundsätzlich mögliche und häufig auch praktizierte Anonymität der Verfasser. Beide Aspekte – wer darf schreiben und mit welcher Identität darf er schreiben? – sind im Zusammenhang von aktuellen Wissenssystemen wieder aktuell, insbesondere im Zusammenhang mit *Weblogs*, *Online*-Journalismus und *Wikipedia*. Mit der Einspeisung eines Textes in das *Typographeum*, das heißt mit der Drucklegung, wurde ein Text sogleich Teil einer imaginären öffentlichen Meinung, denn das „typographische Zeitalter ist von Anfang an mit dem Anspruch aufgetreten, dass ein jeder Zugang zu den im neuen Medium gespeicherten Informationen haben soll. Jeder, der über nützliche Kenntnisse verfügt, ist auch verpflichtet, diesen Informationsspeicher zu beschicken und sich aus ihm zu bedienen."[32] Ein ähnlicher Mechanismus lässt sich auch im Kontext neuer Wissenssysteme beobachten, denn die Öffentlichkeiten des Netzes sind ebenfalls imaginär: Unzählige private *Homepages* und *Weblogs* verzeichnen mit Ausnahme des Verfassers kaum je einen Leser, werden sie aber aus irgendeinem Grund von den Suchmaschinen erfasst, kann sich dies sehr schnell ändern und eine dem digitalen Kontext eigene Dynamik der Aufmerksamkeit entstehen.

Stabilität und Orientierung sind auch die Grundprinzipien der Enzyklopädie. Als im Jahre 1751 in Paris der erste Band der *Encyclopédie ou Dictionnaire raisonné des sciences, des arts et des métiers* erschien, nahm nicht nur eines der größten Projekte der damaligen Buchgeschichte seinen Anfang, sondern es war der Beginn des wohl einflussreichsten

Enzyklopädie-Projektes der europäischen Neuzeit, das bis heute die Referenzgröße für viele enzyklopädische Projekte und insbesondere für *Wikipedia* ist. Die gesamte Enzyklopädie war erst 1780 – knapp dreißig Jahre nach Erscheinen des ersten Bandes – vollständig. Insgesamt bestand das Gesamtwerk aus 17 Text- und elf Tafelbänden, fünf Ergänzungsbänden und zwei Registern und umfasste auf rund 18.000 Seiten mehr als 70.000 Artikel.[33] Im ersten Band veröffentlichte Jean le Rond d'Alembert seinen als wissenschaftstheoretischen Schlüsseltext berühmt gewordenen *Discours préliminaire*. Darin beschrieb er die Entstehung der Wissenschaften und skizzierte insbesondere die Fortschritte des menschlichen Geistes seit der Renaissance. Für die aktuellen Diskussionen von Bedeutung ist d'Alemberts Intention, mit der *Encyclopédie* nicht einfach eine Materialsammlung zu erstellen und zu publizieren, sondern ein vernetztes System von Wissen und Anwendung zu erarbeiten. Neu war vor allem, dass er auch Wissensbereiche in das Werk aufnahm, die bisher nicht Eingang in enzyklopädische Werke gefunden hatten: handwerkliche und technische Fragen etwa, die in den Tafelbänden zum Teil ausführlich illustriert wurden. D'Alemberts Ziel war, dass die *Encyclopédie* als Ganzes mehr als nur die Summe all ihrer Beiträge darstellen sollte. Um diesem Anspruch Genüge zu leisten und die einzelnen Texte jeweils in den Gesamtzusammenhang des Wissens einordnen zu können, führte er verschiedene neue Elemente ein. So stellte er zum Beispiel jedem Band eine Übersichtstabelle voran. Jeder Artikel wurde zudem mit Hilfe von Siglen einer bestimmten Wissenschaft zugeordnet. Das Wissen der Welt beschrieb er als eine Karte, „auf der die wichtigsten Länder und ihre Abhängigkeit voneinander sowie die Verbindung zwischen ihnen in Luftlinie verzeichnet sind; diese Verbindung wird immer wieder durch unzählige Hindernisse unterbrochen, die nur den Bewohnern oder Reisenden des in Frage kommenden Landes bekannt sind und nur auf bestimmten Spezialkarten verzeichnet werden können."[34] Die einzelnen Artikel der *Encyclopédie* seien die Spezialkarten und der Stammbaum der Wissenschaften im Anhang die Weltkarte. Bei der Navigation auf dieser Weltkarte des Wissens entschied sich d'Alembert für ein Prinzip, das wir heute *Hyperlink* nennen würden, eine „Verkettung" der einzelnen Texte durch Verweise. In seinem Vorwort lobt d'Alembert die Verknüpfungen der einzelnen Artikel in der *Cyclopedia* von Ephraim Chambers, das seinem eigenen Projekt als Vorbild gedient hatte: „Er hat den Vorteil der enzyklopädischen Anordnung bzw. der Verkettung wohl erkannt, mit deren Hilfe man lückenlos von den ersten Prinzipien einer Wissenschaft oder Kunst bis zu ihren weitläufigsten

Konsequenzen vordringen und den umgekehrten Weg von den letzten Folgerungen bis zu den ursprünglichen Prinzipien wieder zurückverfolgen kann; mit deren Hilfe man unmerklich von einer Wissenschaft oder Kunst zur anderen gleitet und so, wenn der Ausdruck gestattet ist, eine literarische Weltreise ohne Verirrungsgefahr machen kann."[35]

Das Archiv als Ort und Metapher

„Enzyklopädien sind Archive des Wissens", schrieb Friedrich Balke „insofern sie nicht nur die Verwaltung des Wissens besorgen, sondern auch seine Herkunft (arché) anzugeben beanspruchen."[36] Diese Definition impliziert zwei zentrale Funktionen, die dem Archiv zugeschrieben werden: die Verwaltung, also die Ordnung, und die Herkunftsangabe oder Authentifizierung des Archivierten. Dieses Verständnis von Archiv geht über die klassische hinaus, das heißt in diesem Zusammenhang: über die archivwissenschaftliche Definition, wie sie auch in den Geschichtswissenschaften heute weitgehend verwendet wird: Dort bezeichnet das Archiv lediglich den Ort und zugleich die zuständige Stelle, die für die Aufbewahrung der Urkunden und sonstiger Schriftstücke zuständig ist, die für die laufenden Aktivitäten nicht mehr gebraucht, aber aus politischen, juristischen oder kulturellen Gründen als aufbewahrungswürdig eingestuft werden. Nebst den Staatsarchiven, die sich um das „Schriftgut" der Behörden kümmern, lassen sich zum Beispiel Firmenarchive, Vereinsarchive, Familienarchive und Privatarchive unterscheiden. In der Tradition der Geschichtswissenschaft besteht die Aufgabe des Archivs also zunächst darin, das zu Archivierende vor dem Verfall und dem Vergessen zu bewahren. Mit der sogenannten Überlieferungsbildung und der langfristigen Dokumentation staatlichen Handelns wird das Archiv zum Ort des Gedächtnisses. Außerdem stellen staatliche Archive durch die „systematische Sicherung der dokumentarischen Spuren staatlicher Tätigkeit" die Nachvollziehbarkeit sicher und werden auf diese Weise zum Garant von Demokratie und Rechtsstaatlichkeit.[37] Gleichzeitig ist der Vorgang des Archivierens immer auch ein Akt der Kontrolle und der Herrschaftsausübung. Der ursprüngliche Zweck von Archiven war die nicht-öffentliche Aufbewahrung von Rechtstiteln zuhanden der Behörden und der Obrigkeit, wenn zum Beispiel verbriefte Rechte belegt werden mussten. Das römische Hauptarchiv, das *Aerarium*, war ein „ruhender Gegenpol der zirkulierenden Schriftstücke",[38] ein Ort, an dem nicht nur Akten, sondern auch Kostbarkeiten, Feldzeichen und wertvolle medizinische Säfte aufbewahrt wurden. Die Schatzkammer des *Aerarium* war Teil des Saturn gewidmeten Tempels, ein sakraler Ort also. Die Akten allerdings wurden nicht in der Schatzkammer gelagert, damit der Zugriff jederzeit möglich war. Einen radikalen Bruch gab es erst mit der Französischen Revolution, als der Zugang zum Archiv – zumindest auf dem Papier – als Bürgerrecht anerkannt wurde. Heute sind zumindest in den westlichen Demokratien Archive öffentlich zugänglich, limitiert lediglich durch die Schranken von Persönlichkeitsschutz und die Interessen des Staatsschutzes sowie neuerdings durch die ökonomischen Nöte der entsprechenden Institutionen, die nicht mehr in der Lage sind, ihre Vermittlungstätigkeit angemessen zu erbringen.[39]

Im Kontext der medialen Umwälzungen der letzten Jahre können wir eine eigentümliche Konjunktur des Archivbegriffes beobachten. Nicht immer scheint dabei Klarheit darüber zu herrschen, was mit dem Begriff Archiv gemeint ist. Diese semantischen Varietäten des Archivbegriffes lassen sich auf ganz unterschiedliche Blickweisen und Fragestellungen zurückführen, die mit dem Archivbegriff in den unterschiedlichen Disziplinen verbunden werden. Die zentrale Referenz eines nicht archivwissenschaftlichen Archivbegriffes stammt dabei von Michel Foucault. Er hat in *Archäologie des Wissens* einen Begriff des Archivs eingeführt, der sich vom archivwissenschaftlichen Gebrauch signifikant unterscheidet, indem Foucault postuliert, das „Archiv ist zunächst das Gesetz dessen, was gesagt werden kann, das System, das das Erscheinen der Aussagen als einzelne Ereignisse beherrscht."[40] Diese wirkungsmächtige Umwertung des Archivbegriffes durch Foucault hat sich in den letzten Jahren intensiv in der medienwissenschaftlichen Diskussion um den Begriff des Archivs bemerkbar gemacht. In den Medienwissenschaften ist das Archiv längst schon als Grundbegriff inkorporiert worden, wie ein Blick in die einschlägige Literatur zeigt.[41] In diesem Kontext ist die archivwissenschaftliche und mithin auch geschichtswissenschaftliche Lesart des Begriffes Archiv nur noch eine periphere Variante. Im hier interessierenden Kontext ist sicherlich ein breites Verständnis des Archivbegriffes sinnvoll, auch wenn dabei gewisse Unsicherheiten aufkommen: „Nichts ist weniger sicher, nichts ist weniger eindeutig heute als das Wort Archiv", schrieb Jacques Derrida in seiner berühmten Schrift über das Archiv, denn es benenne zugleich den Anfang und das Gebot.[42] Mit dem Wort Archiv werde der „Anfangsgrund nach Maßgabe der Natur bzw. der Geschichte" zusammengeführt mit dem Ort der Macht und des Gesetzes. Es war dies nicht der erste Versuch, in den Kulturwissenschaften den Begriff des Archivs neu zu positionieren. Spätestens mit Freud und Aby Warburg sind neue, aber auch unbewusste Formen des Archivs zum Thema der Kulturwissenschaften geworden. Freud interessierte sich dabei für verschiedene theoretische Modelle des Archivs und wollte wissen, wie die Zerstörung der Spuren im Archiv vereinbar ist mit dem unzerstörbaren Gedächtnis, aber auch, wie der idiomatische, das heißt nicht aus sich selbst ableitbare und auch nicht überlieferbare Charakter des Archivs übersetzt oder wenigstens interpretiert werden könne.[43] Gerade *wegen* dieser Uneindeutigkeit und Hypomnesie, das heißt Mangelhaftigkeit, des Archivs und *weil* Archivbilder, wie es Didi-Hubermann formuliert hat, weder zur *arché* noch „zur Ganzheit der in Frage stehenden Geschichte verhelfen"[44] können, gilt es, bei der Arbeit im Archiv ebenso wie bei der Arbeit am Archiv genau hinzuschauen und die Arbeit der Rekonstruktion des Vergangenen nicht als eine „technische Nichtigkeit" zu (dis)qualifizieren. Die Unsicherheit des Archivs wird noch verstärkt durch seine „schwierige Materialität", die mit nichts zu vergleichen sei.[45] Das Archiv, schreibt Arlette Farge, sei kein Lagerbestand, aus dem man nach Lust und Laune schöpfen könne, es zeichne sich vielmehr durch ein beständiges Fehlen aus. Anknüpfend an den erinnerten Verlust der alexandrinischen Bibliothek bedeutet dies, dass wir im Archiv zwar nicht mit dem vollständigen Verlust der Bestände, aber permanent mit Lücken und Leerstellen der Bestände konfrontiert sind.

Michel Foucault und ebenso Michel de Certeau haben mit ihrer Umdeutung des Archivbegriffes eine basale Gewissheit positivistischer Geschichtsschreibung entblößt und auf die Konstruiertheit des Archivs hingewiesen, indem sie gezeigt haben, „wie das Archiv keinesfalls das unmittelbare Spiegelbild des Realen, sondern eine Schrift mit Syntax und Ideologie ist."[46] Konstruktion bedeutet aber nicht Fiktion. Die Quellen im Archiv sind ungeachtet ihrer Metaphorik nicht „reiner Ursprungspunkt, sondern eine bereits geschichtete, eine bereits komplexe Zeit."[47] Angewandt auf die historische Arbeit *im* Archiv und mit Material *aus* dem Archiv bedeutet dies, dass es trotz des Wissens um die Konstruiertheit von Geschichte durch das Archiv die Aufgabe des Historikers sein muss, zwischen Archiv und Fälschung zu unterscheiden. Dem historischen Archiv und seinen Dokumenten werden dabei gemeinhin ein hoher Grad an Authentizität zugeschrieben: „Archivarinnen und Archivare haben die Authentizität der Schriftstücke während der Bearbeitung, Aufbewahrung und Benutzung zu schützen", heißt es daher im *Kodex ethischer Grundsätze für Archivarinnen und Archivare*.[48] Die Zuschreibung von Authentizität hängt aber nicht nur von den institutionellen Rahmenbedingungen, sondern auch von der medialen Verfasstheit der Quellen ab. Als besonders authentische Dokumente galten zum Beispiel lange Zeit Photographien. Mit dem Aufkommen digitaler Bildtechnologien hat sich dies allerdings vor einigen Jahren grundlegend verändert und die einfache Manipulierbarkeit digitaler Photographien gilt heute als Gemeinplatz.[49] Im Hinblick auf die Arbeit mit digitalen Archiven, wo entsprechende Erfahrungen noch weitgehend fehlen, ist es für die Arbeit des Historikers heute unumgänglicher denn je, sich über die Bedingtheiten des Archivs und des Archivmaterials Klarheit zu verschaffen und sich zu vergegenwärtigen, dass „jede historische Interpretation von einem Bezugssystem abhängt"[50] und dass digitale Archive hierbei Bezugssysteme sind, deren Funktionsweisen und Regelhaftigkeiten sich erst noch herausbilden müssen.

Mit dem Internet hat die Diskussion um Funktion und Bedeutung des Archivs neuen Auftrieb erhalten. Dabei lassen sich zumindest zwei verschiedene Fragestellungen unterscheiden: Zum einen geht es darum, dass über das *World Wide Web* immer mehr historische Archive zugänglich werden und dabei Archivmaterial *online* abrufbar wird, dessen Konsultation bisher mit beträchtlichem Aufwand verbunden war. Zweitens stellt sich die Frage, wie die Inhalte des Internet und speziell des *World Wide Web* archiviert werden können und wer dafür zuständig ist. Zu den Archiven im Internet: Diese Entwicklung verändert in der Tat den historischen Informationsraum und die Arbeitsweise des Historikers, stellt aber für das historische Archiv keinen grundlegenden Paradigmenwechsel dar, denn seine Aufgaben und die Funktionsweise bleiben die gleichen. Wenn in Zukunft ohne aufwendige Archivreisen wichtige Materialien *online* zur Verfügung stehen werden, kann dies zu einer Beschleunigung der Forschungstätigkeit führen und den Einbezug einer breiteren Quellenbasis erleichtern. Bereits die heute übliche Praxis, die Findmittel in digitaler Form *online* zur Verfügung zu stellen, zeitigt diese Wirkung. Ob in Zukunft überhaupt Archivbestände in größerem Ausmaß retrodigitalisiert und im Netz frei zugänglich gemacht werden, ist indes fraglich, da die Kosten sehr hoch und die Nachfrage in der Regel eher gering ist. Eine grundlegend neue Situation wird sich aber dann einstellen, wenn bereits digital generierte Dokumente in größerer Zahl nicht mehr den Schutzfristen unterstehen und eventuell übers Netz zugänglich gemacht werden. Dann nämlich wäre plötzlich Archivmaterial in großem Umfang im Volltext durchsuchbar und würde eine ganz andere Quellenarbeit ermöglichen. Gänzlich anders präsentiert sich die Frage der Archivierung des Internet. Aufgrund seiner technischen Struktur gibt es keine Möglichkeit, „das Internet" in seiner Gesamtheit – nach welchem technischen Verfahren auch immer – zu archivieren. Der Umstand, dass das Internet aus der Gesamtheit zahlreicher lose miteinander verknüpfter Netze besteht, deren Topologie technisch und nicht institutionell bedingt ist, macht eine dezentrale Archivierungsstrategie erforderlich. Die Entwicklungsgeschichte des Netzes aber hat dazu geführt, dass sich für diese Aufgabe keine Stelle verantwortlich fühlt oder auch nur die Kompetenzen besitzt, eine solche Strategie zu beschließen und durchzusetzen. Erst in den letzten Jahren haben einzelne nationale oder regionale Gedächtnisinstitutionen – in der Regel Nationalbibliotheken, zum Teil aber auch Staats- oder Landesarchive – angefangen, für ihre Zuständigkeitsbereiche entsprechende Archivierungsstrategien zu entwickeln und umzusetzen. In der Schweiz arbeitet die Nationalbibliothek seit 2001 am Projekt e-Helvetica, dessen Ziel es ist, „die Grundlagen für die Sammlung, Erschließung, Bereitstellung und Langzeiterhaltung elektronischer Helvetica zu schaffen und ein digitales Archiv für elektronische Publikationen aufzubauen."[51] Damit wurde der gesetzliche Sammelauftrag der Nationalbibliothek ausgeweitet und umfasst neu nicht nur gedruckte und elektronische *Offline*-Publikationen, sondern auch Seiten im *World Wide Web*. Weniger weit sind die entsprechenden Vorkehrungen in Deutschland, wo die entsprechenden gesetzlichen Grundlagen erst 2008 in Kraft getreten sind.[52] Weitgehend ungelöst ist aber noch die Frage der Auswahl und der anzuwendenden Technik. Anders als bei gedruckten Materialien ist die Frage der Auswahl im digitalen Kontext wesentlich umfassender. Neben der Frage der Relevanz einer Publikation, bei der grundlegend die gleichen Kriterien angewandt werden können, wie bei einer gedruckten Publikation, muss bei den meisten Angeboten im *World Wide Web* die notwendige Archivierungs-Kadenz beurteilt werden. Am offensichtlichsten stellt sich diese Frage bei den *Web*-Auftritten von Medienunternehmen. Ohne Zweifel erfüllt die *Website* einer national bedeutenden Tageszeitung wie zum Beispiel der *Frankfurter Allgemeinen Zeitung* oder der *Neuen Zürcher Zeitung* die Sammelkriterien einer Nationalbibliothek. Während bei der gedruckten Ausgabe täglich ein Exemplar zu archivieren ist – allenfalls unter Berücksichtigung von regionalen Split-Ausgaben und Sondereditionen – stellt sich bei der Archivierung der digitalen Ausgabe die Frage, wie oft ein *Snapshot* gemacht und archiviert werden soll. Eine gängige Praxis existiert bisher nicht, vielmehr versuchen Bibliotheken, Archive und Forschungsorganisationen gegenwärtig entsprechende Richtlinien zu erarbeiten.[53] Bereits endgültig verloren sind die meisten Seiten aus den Anfangsjahren des *World Wide Web*. Damit ist eine Lücke entstanden, wie es sie bei vielen anderen Medieninnovationen auch gibt, da bei der Einführung neuer Medien die Technologien und Mechanismen der Aufbewahrung in der Regel noch nicht vorhanden sind. Dies trifft auf den Buchdruck zu, wo verhältnismäßig wenige Inkunabeln (sog. „Wiegendrucke") aufbewahrt wurden, aber auch auf die Photographie, den Film oder die Anfänge des Rundfunks, wo erst im Laufe der Zeit Institutionen und Techniken des Sammelns und Aufbahrens entwickelt wurden. Immerhin existiert für die Jahre nach 1996 eine ursprünglich private Initiative, die versucht hat, möglichst viele Seiten des *World Wide Web* in regelmäßigen Abständen einzusammeln und zu archivieren: das von Brewster Kahle ins Leben gerufene *Internet Archive*.[54] Es speichert in regelmäßigen Abständen Momentaufnahmen des *World Wide Web*, die nach einer Sperrfrist von einigen Monaten über die *Wayback Machine* zugänglich gemacht werden. Eine Volltextsuche ist in den geschätzten 85 Milliarden Seiten, die im *Internet Archive* gespeichert wurden, nicht möglich, die Daten werden vielmehr entsprechend der URL und dann chronologisch abgelegt. Obgleich die *Wayback Machine* ein hilfreiches Instrument bei der Suche nach nicht mehr auffindbaren *Web*-Seiten darstellt, ersetzt das *Internet Archiv* kein Archiv im Sinne eines historischen Archivs. Die Bestände sind weder vollständig noch gibt es inhaltlich begründete Kriterien, nach denen archiviert wird. Zudem ist die Langzeitverfügbarkeit nicht gewährleistet und sind die Bestände nicht erschlossen.

Jegliche Tätigkeit im Bereich des Sammelns und Archivierens ist konfrontiert mit der Frage der Klassifikation des zusammengetragenen Materials. Einer der letzten großen Versuche, alles Wissen dieser Welt zu klassifizieren und die Metainformationen dieses Weltwissens in einem Gesamtsystem unterzukriegen, stammt von Melvil Dewey. Sein *Dewey Decimal Classification System (DDC)* ist ein Zahlensystem, mit dem er das gesamte Wissen der Menschheit in zehn Kategorien und jeweils entsprechenden Unterkategorien einteilen und klassifizieren wollte.[55] Die vor über 120 Jahren von Dewey entworfene Klassifizierung wird laufend aktualisiert und neu aufkommenden Themen und Fragestellungen angepasst, wie das Beispiel *Holocaust* zeigt. Unter der Hauptkategorie 900 werden die Themengebiete Geschichte und Geographie subsumiert, unter 940 wird die Geschichte Europas eingereiht. Unter der Nummer 940.5318 schließlich findet sich der Eintrag für den Holocaust. Das Grundkonzept der Dezimalklassifikation bot die Möglichkeit, das System unendlich auszudifferenzieren, da hinter den zehn mal zehn Kategorien der obersten Ebenen hinter dem Punkt weitere Ausdifferenzierungen möglich waren. Das Problem des Systems aber lag darin, dass die von Dewey als Grundlage vorgesehene Dezimalität zwar formal einfach zu erweitern war, inhaltlich aber ein enges Korsett bedeutete. So funktionierte das Konzept nur, wenn es auf der obersten Ebene genau zehn gleichrangige Themengebiete gab, die sich wiederum in jeweils zehn Unterkategorien einteilen ließen, die wiederum zehn Unterunterkategorien aufwiesen. Neben diesem numerischen Problem brachte das System mit sich, dass mit den Nummern immer auch eine eindeutige Reihung und damit eine implizite Wertung einhergingen. Das Grundgerüst des DDC orientiert sich dabei an einem hegelianischen Weltbild: die Philosophie zuerst, gefolgt von der Poesie und die Geschichte zum Schluss. Hegel verweist in seinen Vorlesungen über die Geschichte der Philosophie auf Bacon und dessen enzyklopädisches Konzept, das auch Diderot und d'Alembert als Vorbild gedient hat und in welchem Bacon die Wissenschaften nach dem Gedächtnis, der Phantasie und der Vernunft eingeteilt hat: „So hat er dem Gedächtnis die Geschichte, der Phantasie die Poesie (Kunst) und der Vernunft endlich Philosophie zugeordnet."[56] Hegel allerdings kehrte Bacons Reihenfolge um und setzt die Philosophie an den Anfang. Dewey übernahm diese Ordnung und so folgt auf die Gruppe 000, die mit *Generalities* überschrieben wurde, die Gruppe 100 zum Thema Philosophie. Das Schlusslicht des DDC bildet die Geschichte, die zusammen mit der Geographie in der Hauptgruppe 900 vorkommt. Allen Unzulänglichkeiten und Anachronismen zum Trotz wird Deweys mittlerweile in die Jahre gekommenes Klassifikationssystem auch heute noch in vielen großen Bibliotheken weltweit eingesetzt. Doch was auch Erweiterungen wie diejenige unter der Nummer 940.5318 nicht verbergen können, ist der Umstand, dass die *Dewey Decimal Classification* letztlich ein Weltbild abbildet, wie es in den 1870er Jahren in denjenigen Kreisen, in denen Dewey verkehrte, vorherrschend war. Mit seiner Komplexität und Schwerfälligkeit wirkt das DDC wie ein Gegenmodell zur Utopie des kalabresischen Dominikaners Tommaso Campanella. In seiner 1623 erstmals publizierten utopischen Schrift *Città del Sole* hat Campanella ein Volk beschrieben, das nur ein einziges Buch kennt, „das sie ‚Weisheit' nennen, ein Compendium aller Wissenschaften, die mit wunderbarer Leichtigkeit zusammengefasst sind."[57] Heute verteilt sich diese Weisheit auf rund eine Million Bücher, die jedes Jahr neu erscheinen.[58] Schätzungen gehen davon aus, dass in den letzten zehn Jahren vermutlich gleich viele Buchtitel erschienen sind wie in den ersten 550 Jahren nach der Einführung des Buchdruckes durch Johannes Gutenberg.[59] Andersherum gerechnet bedeutet dies, dass zum Beispiel die Deutsche Nationalbibliothek in Frankfurt knapp 800 neue Monographien jeden Tag erhält. Die größte Bibliothek der Welt, die *Library of Congress* in Washington hat sogar einen Zuwachs von täglich 7.000 Büchern zu bewältigen.[60] Wie kann eine Gesellschaft, wie können die Institutionen, die diese Informationsträger sammeln und der Öffentlichkeit zur Verfügung stellen sollen, mit dieser Menge von Wissen – wenn es sich denn wirklich um Wissen handelt – umgehen? Zwei Aspekte werden die Diskussionen zu diesem Thema in Zukunft prägen: Zum einen werden bei der Informationsbeschaffung und -authentifizierung neue Kompetenzen nötig sein. Zum anderen wird die Wissensgesellschaft neu lernen müssen, zu *vergessen*.

Das Zeitalter der Buchkultur hat von Anfang an, vor allem aber seit Mitte des 19. Jahrhunderts, ein feingewobenes Regelwerk zur Speicherung, Wiederauffindung und Authentifizierung von Informationen entwickelt. Archive und Bibliotheken (und später auch Dokumentationszentren) standardisierten ihre expliziten und impliziten Qualitätskontrollen immer stärker. Neue Medien wie das *World Wide Web* verlangen aber nach neuen Suchkompetenzen und Authentifizierungsmechanismen sowohl in den Wissenschaften als auch in Politik, Kunst und im sozialen Bereich. Diese Kompetenzen zu vermitteln, wird Aufgabe der Bildungseinrichtungen sein. Aber die aktuellen technischen Speichermöglichkeiten stellen für die sozialen Organisationsmechanismen von Erinnerung vermutlich eine weitergehende Herausforderung dar. Ein „digitales Archiv von überhaupt allem"[61] ist zwar noch immer nicht möglich und wird es auch nie sein. Die Vision der *totalen Erinnerung* scheint aber näher gerückt zu sein. In seiner Erzählung *Die Bibliothek von Babel* hat Jorge Luis Borges das Universum als eine Büchersammlung beschrieben: „Das Universum, das andere die Bibliothek nennen, setzt sich aus einer undefinierten, womöglich unendlichen Zahl sechseckiger Galerien zusammen, mit weiteren Entlüftungsschächten in der Mitte, die mit sehr niedrigen Geländern eingefasst sind. Von jedem Sechseck aus kann man die unteren und oberen Stockwerke sehen: grenzenlos."[62] Diese Bibliothek umfasst „alles, was sich irgend ausdrücken lässt: in sämtlichen Sprachen". Sie ist – mit anderen Worten – total, denn „in der ungeheuer weiträumigen Bibliothek gibt es nicht zwei identische Bücher." Borges knüpfte mit dem Titel seiner Erzählung an die biblische Erzählung vom Turmbau zu Babel an: „ER zerstreute sie von dort übers Antlitz aller Erde, dass sie es lassen mussten, die Stadt zu bauen."[63] Die auf diese Weise entstandene babylonische Sprachverwirrung stellt gleichsam das Gegenmodell zur alexandrinischen Einheit des Wissens und der Sprachen dar. Gleichzeitig ist die von Borges beschriebene totale Bibliothek der verzerrte Widerschein all dessen, was durch Bildung und Kultur als Zivilisation konfiguriert wurde: Es ist die nackte Aneinanderreihung „von überhaupt allem" und nicht das Ergebnis eines Prozesses, das unter anderem aus den archivischen Grundoperationen des Aufbewahrens, des Sammelns und der Erschließung besteht.

Lethe und *delete*

Die technischen Möglichkeiten des Computerzeitalters verlocken heute dazu, zu vergessen, wie wichtig das Vergessen ist. Die gesellschaftlichen Regeln des „sozialen Vergessens"[64] müssen unter den Prämissen digitaler Speichermöglichkeiten neu ausgehandelt und eingeübt werden. Dass aber eine Gesellschaft, die nicht vergessen kann, nicht überlebensfähig ist, wussten schon die Autoren des Talmud: Im Traktat Nidda heißt es, dass das Ungeborene im Mutterleib die ganze Tora auswendig kennt. Im Augenblick der Geburt aber kommt ein Engel und gibt dem Neugeborenen einen Klaps – das Kind vergisst alles und muss die Heilige Schrift von Anfang an neu lernen: „Das Kind im Leibe seiner Mutter gleicht einer zusammengeschlagen liegenden Schreibmappe. […] Kommt es in den Weltenraum, so wird geöffnet, was geschlossen war, und geschlossen, was geöffnet war, denn sonst würde es nicht eine Stunde leben. […] Man lehrt ihn die ganze Tora, wie es heißt: *er unterwies mich und sprach zu mir: Dein Herz erfasse meine Worte, wahre meine Gebote und du lebst*. […] Sobald er in den Weltenraum gekommen ist, kommt ein Engel, klapst ihn auf den Mund, und macht ihn die ganze Tora wieder vergessen, denn es heißt: *an der Tür lagert die Sünde.*"[65] So schaut und sieht das Ungeborene die ganze Welt und besitzt, solchermaßen in sich als Schreibmappe eingeschrieben, alles Wissen dieser Welt, dessen Teil es noch nicht ist. Zum Eintritt in den Weltenraum aber gehört die Erfahrung von Verlust: das Vergessen des Wissens und damit einhergehend das Vergessen des Vergessens, denn nicht nur die Tora muss von Grund auf neu gelernt werden, auch die Begegnung mit dem Engel hinterlässt keine Spuren im Gedächtnis. Das Vergessen – genauso wie das Vergessene – wird mit der Geburt ein Teil der *conditio humana*.

Die gleichsam negentropische – also die informationelle Komplexität steigernde – Umkehrung des talmudischen Vergessens ist das moderne Informationsmanagement. Fast jedes Vorhaben zur Ordnung und Strukturierung von Wissen geht einher mit einer Analyse des jeweils aktuellen Zustandes, der indes über die Jahrhunderte hinweg erstaunlich konstant zu sein scheint und der sich, zumindest in der Wahrnehmung der Autoren, so zusammenfassen lässt: Es gibt zu viel (und insbesondere zu viel minderwertige) Information, weshalb es notwendig ist, Ordnung und Struktur in diese anschwellende Menge von Information zu bringen und die Spreu vom Weizen zu trennen.[66] Als Gegenmaßnahme gegen Vergessen und Unordnung gilt es, das Gedächtnis zu erweitern und der Komplexität angemessen zu organisieren. Mitte des 20. Jahrhunderts hoffte der Wissenschaftspolitiker und Ingenieur Vannevar Bush mit einer Maschine namens *Memex* genau dies zu erreichen. *Memex* stand vermutlich – Bush erläuterte diesen Begriff nicht – für *Memory Extender* und mit dieser freilich nie gebauten Maschine wollte Bush ein Gerät konstruieren, in dem ein Mensch alle seine Bücher, Notizen und seine gesamte Kommunikation speichern und mechanisiert abrufen kann. Bush war von 1923 bis 1932 Professor am MIT und bekleidete während des Zweiten Weltkrieges verschiedene zentrale Posten in den Bereichen Militär- und Forschungspolitik; so betreute er auf Regierungsseite das *Manhatten-Project*, in dessen Rahmen das US-Heer die Entwicklung und den Bau einer Atombombe vorangetrieben hatte. Auch Bush beklagte einen „wachsenden Berg von Forschung", stellte aber fest, dass wir „heutzutage in einem Prozess der Spezialisierung stecken bleiben. Der Forscher wird von den Erkenntnissen und Schlussfolgerungen tausender Anderer überwältigt – er findet keine Zeit, diese überhaupt zu begreifen, geschweige denn, sie alle im Gedächtnis zu behalten."[67] In seinem mittlerweile legendären Text ging Bush von den damals aktuellen Möglichkeiten des Informationsmanagements aus, von den ersten Rechenmaschinen, von Lochkarten, der Mikrophotographie, den Versuchen mit Faksimileübertragung sowie den ersten Geräten zur automatischen Sprachverarbeitung.[68] Diese Instrumente, so Bush, bedienten sich aber alle einer konventionellen Technik, benötigt werde eine Möglichkeit der „assoziativen Indizierung, nämlich eine Vorrichtung, die einem ermöglicht, von jeder beliebigen Information automatisch und unmittelbar eine andere auszuwählen." Das grundlegend Neue an Bushs Konzept war, dass im Memex der Leser die Ordnung des Wissens – auch seines Wissens – aktiv mitgestalten konnte, das heißt, Bush hat mit Memex skizziert, was heute mit *User Interface* bezeichnet wird: eine Benutzungsoberfläche, die im Fall von Memex interaktiv und individuell adaptierbar ist und den Zugang zum persönlichen Informationssystem steuert. „Das Verbinden von Informationen ist das Wichtigste. Wenn der Benutzer einen Pfad anlegt, benennt er ihn, trägt den Namen ins Codebuch ein und gibt ihn über die Tastatur ein. Vor ihm befinden sich auf zwei nebeneinander liegenden Flächen die Informationen, die er verbinden will. Am unteren Rand befindet sich eine Zahl leerer Codestellen und für jede Information ist der Zeiger auf eine dieser Stellen gerichtet. Der Benutzer drückt eine einzige Taste und die Informationen werden dauerhaft verbunden."[69] Diese Beschreibung, wie Informationen verknüpft werden können, stellen nicht nur die erste konkrete Beschreibung eines Hypertextsystems *avant la lèttre* vor, sondern sie stehen gleichzeitig auch in der Tradition des enzyklopädischen Verweissystems, das d'Alembert für die *Encyclopédie* skizziert hatte. Was das zum Beispiel für die historische Arbeit bedeuten könnte, beschrieb Bush folgendermaßen: „Historiker nehmen die ausführlichen Chronologien eines Volkes und verbinden diese mit Pfaden, die nur die wichtigsten Punkte auswählen und die einen über andere existierende Pfade durch die gesamte Zivilisation einer bestimmten Epoche führen. Es entsteht ein neuer Berufszweig von ‚Wegbereitern' denen es Freude bereitet, nützliche Pfade für die ungeheuere Menge an Aufzeichnungen und Dokumenten anzulegen."[70] Obwohl Memex nie gebaut wurde, gilt Bush heute als einer der Vordenker der digitalen Netztechnologien. Memex vereinte in seiner Konzeption mehrere Entwicklungen, die in der zweiten Hälfte des 20. Jahrhunderts realisiert wurden: *Hypertext*, *Personal Computer* und das *World Wide Web* sind – zumindest konzeptionell – in Memex enthalten. Dass sich Bush nicht auf digitale Technologien, sondern auf eine Weiterentwicklung und Verknüpfung von analogen Speichermedien konzentrierte, mag erklären, wieso die Ideen und Konzepte von Memex in den ersten Jahren nach der Veröffentlichung erstaunlich wenig Beachtung fanden: Einerseits widmete sich die Forschung nach dem Zweiten Weltkrieg – auch unter dem Einfluss kybernetischer Denkmodelle – verstärkt der Entwicklung digitaler Systeme. Andererseits waren die zur Verfügung stehenden Speichertechnologien noch nicht in der Lage, größere Informationsmengen zu speichern.[71]

Erst Ende der 1950er Jahre tauchten – geprägt auch durch den Sputnik-Schock – neue Visionen zur Zukunft der Wissensorganisation und der Bibliothek der Zukunft auf. Allerdings standen in diesen Jahren nicht dezentrale, personalisierte Systeme wie Bush sie skizziert hatte, im Vordergrund, sondern zentrale Einrichtungen. Der Großcomputer und das Rechenzentrum wurden zu neuen „Leitmedien der Wissensversorgung"[72] und förderten die Zentralisierungstendenzen. Bushs Dekonstruktion von Buch und Bibliothek wurde vorerst noch kaum aufgegriffen, vielmehr dominierten Konzepte, die auf einer National- oder Weltbibliothek basierten, wie sie bereits von Vordenkern wie Paul Otlet, Watson Davis oder Walter Schürmeier im Kontext des Mikrofilmes skizziert wurden.[73] Der dokumentalistische Hintergrund der wortführenden Informationswissenschaftler und die technischen Möglichkeiten jener Zeit schienen zentralistische Ansätze für längere Zeit zu favorisieren. Zu den einflussreichen Fürsprechern einer zentral organisierten Informationsarchitektur zählte damals auch Licklider, der davon ausging, dass in Zukunft zentrale ‚Denkfabriken' die Funktion von Bibliotheken übernehmen werden.[74] Erst Ende 1960er Jahre schien die Zeit reif für die Umsetzung der von Bush skizzierten und später von Licklider zum Teil weitergeführten Konzepte, das wissenschaftliche Wissen nicht ausschließlich zentral, sondern teilweise dezentral zu verwalten. Eine wichtige Rolle spielte dabei das Projekt Intrex, an dem am MIT zwischen 1969 und 1973 gearbeitet wurde. Intrex kombinierte die neuen digitalen Datenbanktechnologien mit den analogen Speichermedien. Während die bibliographischen Angaben in digitalen Speichermedien vorgehalten wurden, sah man für die Speicherung der Volltexte aufgrund fehlender Speichermöglichkeiten von einer Digitalisierung ab und wich auf analoge Speichermedien aus.[75] Die im Rahmen von Intrex durchgeführten Experimente zur Optimierung der wissenschaftlichen Literaturversorgung beflügelten nicht nur die Diskussionen um den praktischen und rechtlichen Stellenwert von Bibliothekskopien, sondern intensivierten auch die Bemühungen um eine Verbesserung der Mensch-Maschinen-Schnittstelle.

Eines der interessantesten von *Memex* angeregten Projekte in diesem Zusammenhang war *Xanadu*. Seit Anfang der 1960er Jahre befasste sich der amerikanische Soziologe und Informatiker Theodor („Ted") Holm Nelson mit der Vision eines umfassenden Informationsraumes. Nelson prägte auch den Begriff Hypertext. Damit ist eine nicht-lineare, assoziative Organisation von Textelementen gemeint, die durch Verbindungen, durch sogenannte *Hyperlinks*, untereinander verbunden sind. Später beschrieb er mit *Xanadu* eine universale elektronische Bibliothek, die durch einen Hypertext entstehen könnte. Die Dokumente, die diese Bibliothek bilden, können dezentral gespeichert werden, sind aber miteinander verbunden. Auf diese Weise entsteht in Form eines Metadokumentes eine virtuelle Bibliothek, die Nelson auch mit *Docuverse* bezeichnete.[76] Dieser Begriff, so Hartmut Winkler in seinem gleichnamigen Werk, „hält die Tatsache fest, dass ein Universum der maschinenlesbaren Dokumente, Programme und Projekte entstanden ist, das technisch, gesellschaftlich und institutionell eigenen Regeln und eigenen medialen Gesetzmäßigkeiten folgt."[77] Die Hypertext-Idee war nicht grundsätzlich neu, schon d'Alembert hatte in seinem *Discours préliminaire* einen verknüpften Wissensraum skizziert. Wissenschaftliche Texte wurden seit dem 17. Jahrhundert mit Fußnoten hypertextuell (mit-)strukturiert und die Intertextualitätsforschung widmet sich den „hypertextuellen" Bezügen unterschiedlicher Texte zueinander. Auch der Talmud ist schließlich mit seinen um den Haupttext angeordneten Anmerkungen und Verweisen ein in höchstem Grade assoziativ verknüpfter, hypertextueller Wissensraum.[78]

Nelson hatte sich in seinen Texten stark von Bush inspirieren lassen, Tim Berners-Lee wiederum bezog sich bei seiner Konzeptionierung des WWW auf Bush und Nelson.[79] Aufbauend auf ein bestehendes Netzwerk – das Internet – gelang es Berners-Lee mit der Definition einer Verknüpfungsstruktur, der *Hypertext Markup Language* (HTML), und dem dazugehörigen Verbindungsprotokoll *Hypertext Transfer Protocol* (HTTP) den Ideen von Bush, Nelson und einiger anderer Hypertext-Vordenker zum Durchbruch zu verhelfen. Mit dem *World Wide Web* erhielten die in den letzten Jahrhunderten entstandenen Ordnungen des Wissens Konkurrenz, denn das Netz produzierte auch eine neue Kultur der Un-Ordnung. Geschichte und Geschichtsbewusstsein aber baut auf Ordnung, wie schon Herder festgestellt hat: „Und doch ist offenbar der Mensch dazu geschaffen, dass er Ordnung suchen, dass er einen Fleck der Zeiten übersehen, dass die Nachwelt auf die Vergangenheit bauen soll: denn dazu hat er Erinnerung und Gedächtnis."[80] Ordnung entsteht dabei nicht zuletzt durch die Zusammenführung von Wissen, durch Aggregierung: Die Bibliothek aggregiert das Wissen der Bücher genauso, wie es der Zettelkasten mit dem gespeicherten Wissen der einzelnen Karteikarten tut. Und auf gleiche Weise scheint das *World Wide Web* das Wissen der Myriaden von Seiten zu aggregieren, die auf schier unendlich vielen Festplatten gespeichert und über die Protokolle des Internet miteinander verbunden sind. Im Vorwort zur *Cyclopaedia* schrieb Ephraim Chambers 1728, dieses Buch sei nützlicher als jedes andere oder sogar alle existierenden Bücher zusammen.[81] Das ganze Wissen aller existierenden Bücher zusammengefasst in einem Buch – dies wäre sozusagen die Materialisierung des höchstmöglichen Aggregatszustandes von Wissen, der Siedepunkt einer informationellen Negentropie. Tick, Trick und Track, die drei Pfadfinder aus Entenhausen in der Phantasiewelt von Walt Disney, sind im Besitz eines solchen Buches. Es enthält alles, was man im Leben wissen muss, ist gerade so groß, dass es in die Hosentasche passt, ist leicht verständlich geschrieben, scheint immer auf dem neuesten Stand zu sein und – die perfekte Ordnung des Wissens – man findet das Gesuchte jeweils innerhalb von Sekundenbruchteilen. Sie nennen es das *Schlaue Buch* und es verkörpert den perfekten Wissensapparat schlechthin. Das *Schlaue Buch* folgt dem Phantasma der Allwissenheit auf eine wunderbare Weise und bezieht sich – wie könnte es auch anders sein – auf die verschwundenen Bibliothek von Alexandria: Der Gründer von Entenhausen, Emil Erpel (respektive im englischsprachigen Original Cornelius Coot), soll das Buch nämlich entdeckt und aufbewahrt haben. Einer seiner Nachfahren gründete die Pfadfindergruppe *Fähnlein Fieselschweif* „in Gedenken an die Wächter der antiken Bibliothek und jedes Mitglied der Pfadfindergruppe erhielt eine Kopie des *Schlauen Buches*, welches in der Folgezeit immer wieder aktualisiert wurde." So zumindest lässt es sich in der *Online*-Enzyklopädie *Wikipedia* unter dem Lemma *Das Schlaue Buch* nachlesen, das sich notabene selbst in der Tradition des *Schlauen Buches* sieht: „Die wahrhaft enzyklopädische Informationsfülle des schmächtigen *Schlauen Buches* erscheint magisch und erinnert [...] an eine vorweggenomme[ne] universell verfügbare Wikipedia."[82]

Anmerkungen

[1] Fornet-Betancourt: Begegnung der Wissenskulturen (2007), S. 9f.
[2] Mittelstraß: Wissen (2004), S. 717f.
[3] Bell: The coming of post-industrial society (1973).
[4] Siehe: Kübler: Mythos Wissensgesellschaft (2005), S. 26; mehr historisch orientiert: Burke: Papier und Marktgeschrei (2001); weiterführend: Weingart et al.: Nachrichten aus der Wissensgesellschaft (2007); Tänzler: Zur Kritik der Wissensgesellschaft (2006); Stehr: Wissenspolitik (2003).
[5] dtv-Lexikon in 24 Bänden (2006), Bd. 10, S. 190.

6 Kuhlen: Information (2004), S. 3.
7 Trüper: Das Klein-Klein der Arbeit (2008).
8 Zit. nach: Heuer: Ordnung durch Unordnung (2007), S. 88.
9 Weinberger: Das Ende der Schublade (2008), S. 7.
10 Weinberger: Das Ende der Schublade (2008), S. 11f.
11 Siehe Schulze: Computer-Enzyklopädie (1989), Bd. 1, S. 563, klassisch: Shannon/Weaver: Mathematische Grundlagen der Informationstheorie (1976); ferner: Geoghegan: The Historiographic Conceptualization of Information (2008).
12 Mahrt-Thomsen: Von Alexandria bis zum Internet (1996); weiterführend: Hellige: Weltbibliothek (2000).
13 Evans: Wörterbuch (2002), S. 228ff.; Kammer: Der Traum von der Bibliothek von Alexandria (1997); Becht: Die neuen Bibliotheken von Alexandria (2005).
14 Stille: Reisen an das Ende der Geschichte (2001), S. 320 f.
15 Zit. nach Krempl: Die Internet-Bibliothek von Alexandrien (2004).
16 Blum: Kallimachos (1977), Sp. 325; siehe auch: Glock: Museion (2007);
17 Lipsius: De bibliothecis syntagma (1619), zit. nach: Zedelmaier: Buch (2002), S. 38.
18 Zedelmaier: Buch (2002), S. 39.
19 Giesecke: Der Buchdruck in der frühen Neuzeit (1991).
20 Adam: Theorien des Flugblatts (1999ff.).
21 Shaw: „Ars formularia' (1989), S. 222.
22 Zedelmaier: Buch (2002), S. 40.
23 Gesner: Bibliotheca Universalis (1545); siehe: Serrai: Conrad Gessner (1990); Braun: Conrad Gessner (1990) sowie speziell zum Enzyklopädieaspekt Mayerhöfer: Conrad Gessner (1965).
24 Klassisch: Eisenstein: Die Druckerpresse (1997); Giesecke: Der Buchdruck in der frühen Neuzeit (1991).
25 Werle: Die Bibliothek als Gattung (2008).
26 Leu: Die Loci-Methode (2007), S. 346.
27 Müller: Das Gedächtnis der Universalbibliothek (1996), S. 83; siehe auch: Zedelmaier: Bibliotheca universalis (1992).
28 Krajewski: Zettelwirtschaft (2002).
29 Gesner: Pandectarum (1548–1549).
30 Eisenstein: Die Druckerpresse (1997), S. 72.
31 Giesecke: Der Buchdruck in der frühen Neuzeit (1991), S. 22.
32 Giesecke: Der Buchdruck in der frühen Neuzeit (1991), S. 284.
33 Siehe: Michel/Herren: Allgemeinwissen und Gesellschaft (2007); Wegmann: Bücherlabyrinthe (2000). Für die folgenden Ausführungen vor allem: Mensching: Einleitung (1997).
34 D'Alembert: Einleitung (1997), S. 42.
35 D'Alembert: Einleitung (1997), S. 943f.
36 Balke: Die Enzyklopädie als Archiv (2002), S. 155.
37 Graf: Archive und Demokratie (2004), S. 228.
38 Vismann: Akten (2000), S. 91.
39 Maissen: Archive (2003), S. 294; siehe auch: Franz: Archive (2002); Franz: Einführung (1993).
40 Foucault, Michel: Archäologie des Wissens, Frankfurt am Main 1981, S. 187f.
41 Raulff: Ein so leidenschaftliches Wissen (2002); Roesler/Stiegler: Grundbegriffe der Medientheorie (2005).
42 Derrida: Dem Archiv verschrieben (1997), S. 159.

43 Didi-Hubermann: Das Archiv brennt (2008), S. 19; Porath: Gedächtnis des Unerinnerbaren (2005).
44 Didi-Hubermann: Das Archiv brennt (2008), S. 12.
45 Farge: Le goût de l'archive (1997), S. 10.
46 Didi-Hubermann: Das Archiv brennt (2008), S. 21.
47 Didi-Hubermann: Das Archiv brennt (2008), S. 21f.
48 Kodex ethischer Grundsätze für Archivarinnen und Archivare (2005).
49 Siehe: Sencar/Memon: Overview (2007); Farid: Digital Image Forensics (2008).
50 De Certeau: Das Schreiben der Geschichte (1991), S. 74.
51 Zit. nach der Web-Seite, siehe: Balzardi: e-Helvetica (2009).
52 Schwens/Wiechmann: Netzpublikationen (2009).
53 Haber: Noch einmal: «Dynamische Publikationen» (2008).
54 Kahle: Preserving the Internet (1997); Kahle: A free digital library (2007).
55 Mitchell: Dewey-Dezimalklassifikation (2005); Wiegand: The "Amherst Method" (1998).
56 Hegel: Werke (1969–1971), Bd. 20, S. 88.
57 Campanella: Civitas solis poetica (1643).
58 Siehe: Volpers: Der internationale Buchmarkt (2002).
59 Wegmann: Bücherlabyrinthe (2000), S. 51.
60 Weinberger: Das Ende der Schublade (2008), S. 18.
61 Warnke: Digitale Archive (2002), S. 270.
62 Borges: Die Bibliothek von Babel (1996), S. 47, siehe auch: Caetano da Rosa: Bibliotheken von Babel (2007), S. 480.
63 Gen. 11,8, zit. nach: Die Schrift (1997), Bd. 1, S. 34.
64 Esposito: Soziales Vergessen (2002); Mayer-Schönberger: Delete (2010); Weber/Tholen: Das Vergessen(e) (2001).
65 Zit. nach: Der babylonische Talmud (1996), Bd. 12, S. 440f.
66 Scholz: Die Industria des Buchdrucks (2004), S. 11–15; Blair: Reading Strategies (2003).
67 Bush: As We May Think (1945), im Folgenden jeweils zit. nach Bush: Wie wir denken werden (2006), hier S. 107.
68 Weiterführend: Fein: Das Lochkarten-Verfahren (1950); Buckland: Emanuel Goldberg (1992); Buckland: Emanuel Goldberg (2006); Urbons: Copy Art (1991); Dommann: Papierstau und Informationsfluss (2008); Bode: History of Electronic Sound Modification (1984).
69 Bush: Wie wir denken werden (2006), S. 121f.
70 Bush: Wie wir denken werden (2006), S. 123.
71 Simpson et al.: 50 Years After (1995); Filman: A Retrospective (2005).
72 Hellige: Library of the Future-Visionen (2007), S. 491.
73 Zu Otlet: Levie: L'homme qui voulait classer le monde (2006); Rayward: The universe of information (1975); Rieusset-Lemarié: P. Otlet's Mundaneum (1997); Hartmann: Von Karteikarten zum vernetzten Hypertext-System (2006); ferner: Buckland: Emanuel Goldberg (1992), S. 290.
74 Licklider: Man-Computer Symbiosis (1960), S. 7; auch: Licklider: Libraries of the Future (1965).
75 Overhage: Plans for Project Intrex (1966); Overhage: Science Libraries (1967); Overhage: Project Intrex (1971).
76 Nelson: Complex information processing (1965), S. 96; ferner: Rayward: Visions of Xanadu (1994); Landow: Hypertext 3.0 (2006); Krameritsch: Geschichte(n) im

Netzwerk (2007); Rehm: Hypertextsorten (2006); Forrai: The Epistemology of the Hypertext (2003).
[77] Winkler: Docuverse (1997), S. 9.
[78] Börner-Klein: Assoziation mit System (2002); Linke/Nussbaumer: Intertextualität (1997).
[79] Nelson: As We Will Think (1972); Berners-Lee: Der Web-Report (1999).
[80] Herder: Ideen zur Philosophie der Geschichte der Menschheit (1989), S. 15f.
[81] Chambers: Cyclopædia (1728), zit. nach: Yeo: A Solution to the Multitude of Books (2003), S. 64.
[82] Wikipedia: Das Schlaue Buch; die exakte hier zitierte Version ist in der Literaturliste jeweils mit einem persistenten Wikipedia-Link angegeben.

Das Google-Syndrom und die Heuristik des Suchens

An Tick, Trick und Track wird heute erinnert, wer die Debatten der letzten Jahre um das Potential des *World Wide Web* verfolgt hat. Das Netz hat ein Phantasma wiederbelebt, das sich wie ein roter Faden durch die Wissensgeschichte der letzten Jahrhunderte zieht: das Phantasma des universell verfügbaren Wissens. Dabei versuchen sich Dienste wie *Yahoo*, *Wikipedia* und *Google* in eine Tradition von Wissensvermittlung und Wissensstrukturierung einzuschreiben, die weit zurückgreift. Doch zwischen Anspruch und Realität klafft eine große Lücke. Diese Phänomene werden im Folgenden unter dem Begriff *Google*-Syndrom zusammengefasst, da *Google* fast schon als Synonym für Suchmaschinen, kombiniert mit einem eher unbedarften Umgang mit dem Netz, verwendet wird.[1]

Mit dem Datennetz scheint der alte Traum der Menschheit nun endlich erfüllt: Alles Wissen dieser Welt steht uns auf Knopfdruck zur Verfügung. Die Popularisierung dieser Idee von der schnellen Information auf Knopfdruck geht nicht zuletzt auf *Microsoft*-Gründer Bill Gates zurück. Er sprach erstmals 1990 davon, dass der knapp zehn Jahre zuvor eingeführte *Personal Computer* den Zugang zu Informationen revolutionieren werde und „information at your fingertips" ermögliche; vier Jahre später prognostizierte er, dass sich bis 2005 der Umgang der Menschheit mit Information grundlegend verändert haben werde.[2] In der Tat scheint die Wunschmaschine *World Wide Web* es nun möglich zu machen, aus der unvorstellbaren Menge von Informationen, die plötzlich zugänglich geworden ist, nach Belieben Wissen generieren zu können. Die größte Leerstelle dieses phantasmatischen Allwissens ist freilich der Umstand, dass trotz der gigantischen und schnell wachsenden Datenmenge im *World Wide Web* historisch gesehen weitaus mehr Daten analog generiert wurden und dass diese Daten vermutlich auch niemals retrodigitalisiert werden. Aber die „Rhetorik des Internet" ist eine Rhetorik der Inklusion: „[D]as Netz will alle Texte digitalisiert sehen und sie miteinander verbinden. Die Enthusiasten des Hypertext und des Internet sprechen von diesem Prozess der Inklusion, als wäre er unvermeidbar – als wäre es lediglich eine Frage der Zeit, bis das *World Wide Web* zur universalen Enzyklopädie und Bibliothek wird."[3] Auch Winkler kommt zu einem ähnlichen Schluss und diagnostiziert eine inkludierende Tendenz des

World Wide Web: „Letztlich also, und dies ist die Pointe, drängt die Technologie darauf hin, dass überhaupt *alle* Informationen im Netz verfügbar gemacht werden."[4] Dabei suggerieren die *Online-*Suchhilfen, nicht nur umfassend über die Ressourcen im Netz zu informieren, sondern zugleich auch die bestehenden Hilfsmittel zu ersetzen. Mit vergleichbaren Substitutionsansprüchen waren bezeichnenderweise auch der Buchdruck gegenüber dem Manuskript und die Photographie gegenüber der Malerei angetreten.[5] Der umfassende Anspruch des *World Wide Web* generiert aber eine weitere, irritierende Leerstelle: Mit den schier endlosen Mengen von ungeordnetem Wissen, die uns im Netz zur Verfügung stehen, wird es immer wichtiger, zu wissen, wie man sich die ‚richtigen' Informationen beschaffen kann. Gefragt ist der Orientierungssinn in den neuen (und *de facto* auch in den alten) Räumen des Wissens. Die Informationswissenschaft hat für diese Art von Wissen den Begriff ‚Wissen zweiter Ordnung' geprägt und es stellt sich die Frage, ob dieses informierte Wissen, wie es auch genannt wird, nicht bereits wichtiger geworden ist als die eigentlichen Wissens*inhalte*.[6] In der Tat gehören Dienste, welche die Inhalte des WWW zu strukturieren versuchen, zu den beliebtesten Adressen im Netz. Zwei Prinzipien haben sich dabei etablieren können: von Menschen erstellte Verzeichnisdienste und von speziellen Computerprogrammen erstellte Volltextdatenbanken, sogenannte Suchmaschinen. In den letzten Jahren haben Verzeichnisse zunehmend an Bedeutung verloren, zudem hatten sich die Funktionalitäten dieser beiden Typen zu Beginn der Nullerjahre immer mehr vermischt. Ideengeschichtlich (und in der Praxis des Recherchierens) unterscheiden sich die beiden Modelle aber grundlegend. Zumindest die intellektuell erstellten Verzeichnisdienste blicken mit den *Pinakes* des Kallimachos auf eine lange zurückgehende Traditionslinie zurück. Zu den Netz-Klassikern in diesem Bereich gehört *Yahoo*, das bereits 1995 gegründet wurde und somit zu den ältesten noch existierenden Diensten zählt. Heute ist *Yahoo* kein Verzeichnisdienst mehr, sondern ein Portal mit *E-Mail*, Photodiensten und einem schlecht gepflegten Verzeichnis unter dir.yahoo.com. Verzeichnisse sind das Ergebnis intellektueller Arbeit, während bei Suchmaschinen spezialisierte Programme, sogenannte *Webcrawler oder Robots*, möglichst viele Seiten absuchen, indizieren und in einer Datenbank abspeichern. Während in einem Verzeichnis eine ganze Website mit vielleicht Hunderten von einzelnen Seiten normalerweise nur einen einzigen Eintrag erhält, werden bei einer Suchmaschine (fast) alle Seiten verzeichnet.

Zum *Google*-Syndrom gehört auch die diskursive Gleichsetzung von Information und Wissen, das heißt, die Ausblendung jedweder Genealogie von Wissen. Dies wiederum setzt voraus, dass Wissen als wertfrei und frei von ökonomischen, politischen oder kulturellen Einflüssen imaginiert und diskursive Ordnungen des Wissens und der Darstellung von Wissen negiert werden. Die Geschichtswissenschaft hat dagegen, wie alle anderen wissenschaftlichen Disziplinen auch, in den vergangenen Jahrzehnten ein ausdifferenziertes Geflecht von Konventionen und Kontrollmechanismen der Generierung, Authentifizierung und Distribution von Wissen entwickelt.[7] Im Kontext des *World Wide Web* drohen diese Regeln in vielen Punkten außer Kraft gesetzt zu werden. Authentifizierung und Kontextualisierung – mithin die zentralen Operationen jedwelcher Quellenkritik – müssen, wie noch zu zeigen sein wird, neu eingeübt werden. Das *Google*-Syndrom umfasst nicht nur gesellschaftliche Veränderungen im Umgang mit Wissen, sondern lässt sich auch auf der individuelle Erfahrungsebene festmachen. Auf der einen Seite steht die Beobachtung, dass sich mit *Google* zu praktisch jedem Thema *irgendetwas* finden lässt. Auf diese Weise stellt sich beim Arbeiten mit *Google* ein schleichendes, aber phantasmatisches Gefühl von Allwissenheit ein. *Google* wird zum Sinnbild der Unendlichen Bibliothek, wie Borges sie beschrieben hat. Auf der anderen Seite bleiben nach jeder *Google*-Recherche das schale Gefühl und der dräuende Verdacht, nicht *alles* gefunden zu haben, was man eigentlich hätte finden können (und sollen). So sind die angezeigten Ergebnisse immer nur ein endlicher Ausschnitt aus dem unendlichen Allwissen, das *Google* uns zu erschließen scheint. Es ist also dies nichts weniger als die Erfahrung einer permanenten, nicht hintergehbaren *Abwesenheit* von Wissen.

Wikipedia und „das Wissen der Menschheit"

In einem gewissem Sinn das Gegenstück, zugleich aber auch eine Ergänzung zu *Google* ist *Wikipedia*. Die freie *Online*-Enzyklopädie wurde anfangs 2001 gegründet, hat aber einige Vorläufer-Projekte, die bereits kurze Zeit nach der Verbreitung des WWW aufgetaucht sind; eine der ersten Skizzen für eine *Online*-Enzyklopädie wurde 1993 in einer *Newsgroup* gepostet und löste eine intensive Diskussion aus. Als Name wurde *Interpedia* vorgeschlagen und interessanterweise spielte bereits damals die Frage der Qualitätsprüfung eine zentrale Rolle, allerdings wurde das Projekt nie realisiert.[8] Ein erster direkter Vorläufer von *Wikipedia* – zumindest was die technische Konzeption betrifft – war dann *WikiWikiWeb*, das der amerikanische Programmierer Ward Cunningham 1994 *online* stellte. *WikiWikiWeb* war keine Enzyklopädie, sondern eine Art *Online*-Journal für Programmierer. Mit seiner Software *WikiWikiWeb* legte aber Cunningham den Grundstein für zahlreiche weitere Entwicklungen dieser Art. Das Wort *Wikiwiki* kommt aus dem Hawaiischen und bedeutet „sich beeilen", „schnell machen". Die Software ermöglicht es, sehr schnell Texte *online* zu veröffentlichen und mit hypertextuellen Elementen zu versehen.[9] Nach mehreren Experimenten und kurzlebigen Projekten startete im Januar 2000 *Nupedia*. Diese „Open Content Encyclopedia" oder „Free Encyclopedia" wurde vom Finanzwissenschaftler Jimmy Wales und vom Philosophen Larry Sanger gegründet und stand unter einer Lizenz, welche die freie Weiternutzung der Inhalte ermöglichte. Die Texte wurden von einem kleinen Kreis von Fachautoren geschrieben und anschließend einer fachlichen Prüfung unterzogen. Aufgrund der komplizierten Arbeitsabläufe kam das Projekt jedoch nicht recht in Gang und es entstanden lediglich wenige Artikel. Als Vorstufe für die Artikel in *Nupedia* wurde ein zweites System konzipiert, das den Namen *Wikipedia* erhielt. Da hier keine Qualitätskontrolle vorgesehen war, konnten die Texte sofort veröffentlicht werden. Das zog sehr viele Aktivisten an und *Wikipedia* erlebte eine ungeahnte und ungeplante Dynamik. Nachdem sich die Sponsoren von *Nupedia* zurückgezogen hatten und Larry Sanger aus dem Projekt ausgestiegen war, wurde *Nupedia* im September 2003 beendet.[10] Als Geburtsstunde von *Wikipedia* gilt der 15. Januar 2001; fast zeitgleich kündete der amerikanische Informatiker und einer der bekanntesten Protagonisten freier Software, Richard Stallmann, die *GNUPedia* an, eine „Free Universal Encyclopedia and Learning Resource". Die Erwartungen waren hoch: „Es hört sich an wie ein Jahrhundertprojekt: Eine für jeden Erdenbürger frei zugängliche, rein Internet-basierte Enzyklopädie des Wissens dieser Welt. Was das GNU-Projekt da ins Leben zu rufen sich vorgenommen hat, könnte der Anfang eines Geschichte machenden Projektes sein."[11] Da Wikipedia das Projekt quasi in allem überflügelte, kam GNUpedia nicht über einige Anfangsbemühungen hinaus; Stallmann unterstützte später die *Wikipedia*. Bei *Wikipedia* war von Anfang an eine enorme Dynamik zu beobachten. Bereits Mitte Februar, einen Monat nach dem Start, umfasste die englischsprachige *Wikipedia* rund 1.000 Seiten. *Wikipedia*-Mitbegründer Wales schätzte, dass das Ziel, 100.000 Seiten in der *Wikipedia* zu haben, in acht Jahren, das heißt 2009, erreicht werden könnte. Wales' Erwartungen wurden bei weitem übertroffen: Alleine in der englischsprachigen Version waren Ende 2010 über 3,5 Millionen Artikel enthalten, die zweitgrößte Sprachversion, die deutschsprachige, enthielt rund 1,2 Millionen Artikel.[12] Das Prinzip von *Wikipedia* ist, dass jede Benutzerin, jeder Benutzer ohne Anmeldung Beiträge in *Wikipedia* anlegen und verändern kann. Man braucht dazu lediglich einen internetfähigen Rechner, einen Netzanschluss und einen beliebigen Browser. Zu den Besonderheiten des Systems gehört, dass immer automatisch sämtliche Versionen eines Textes gespeichert werden. Das heißt, dass eine vollständige Versionierung vorgenommen wird, und dass die verschiedenen Versionen sich jederzeit vergleichen lassen. Die Texte werden sofort freigeschaltet, eine Kontrolle stilistischer oder inhaltlicher Art findet *ex ante* nicht statt. Die Machtverhältnisse innerhalb der *Wikipedia* sind sehr schwer durchschaubar und werden von *Wikipedia* selbst so beschrieben: „Die Einflussstruktur der Wikipedia ist komplex und erschließt sich in der Regel erst nach längerer aktiver Teilnahme. Sie vereint Züge von Anarchie, Meritokratie, Demokratie, Autokratie und Technokratie."[13] Zwei Grundsätze sind bei der Erstellung und Überarbeitung von Lemmata in *Wikipedia* entscheidend: die Forderung nach einem neutralen Standpunkt *(Neutral Point Of View)* sowie die notwendige enzyklopädischen Relevanz.[14] Was mit dem zweiten Kriterium gemeint ist, wird *ex negativo* definiert: *Wikipedia* sei weder ein Wörterbuch und diene nicht der Theoriefindung und der Etablierung neuer Begriffe. *Wikipedia* war in den letzten Jahren unzählige Mal in den Schlagzeilen, sei es wegen aufgedeckter Manipulationsversuche, schöngeschriebener Biographien oder wegen der dauernd schwelenden Qualitätsfrage. Fast immer erwies sich die bei *Wikipedia* zulässige Anonymität der Autoren als das Hauptproblem. Damit verbietet sich im Normalfall die Verwendung von Wikipedia als Referenz in wissenschaftlichen Arbeiten, es sei denn, die Einträge werden – wie zum Beispiel hier – als Quelle untersucht. Wikipedia ist unterdessen auch zu einem stark diskutierten Objekt der Soziologie und der Netzforschung geworden („Wikipedistik") und 2010 hat sich mit dem Namen *Critical Point of View* ein internationales Forschungsnetzwerk zu diesem Thema gebildet.[15]

Das Projekt *Wikipedia* versuchte sich von Anfang an in eine Traditionslinie abendländischer Wissensgeschichte einzuschreiben. Die bereits zitierte Einschätzung von Jimmy Wales, in 2000 Jahren werde man sich an *Wikipedia* als die Bibliothek von Alexandrien unserer Zeit erinnern, scheint durchaus das Selbstverständnis vieler aktiver

Mitarbeiter von *Wikipedia* – den sogenannten Wikipedianern – zu widerspiegeln. So reiht sich auch der entsprechende Unterstützungsverein in diese historische Entwicklung ein und lässt die Präambel seiner Statuen mit einem Zitat von Denis Diderot beginnen: „… damit die Arbeit der vergangenen Jahrhunderte nicht nutzlos für die kommenden Jahrhunderte gewesen sei; damit unsere Enkel nicht nur gebildeter, sondern gleichzeitig auch tugendhafter und glücklicher werden, und damit wir nicht sterben, ohne uns um die Menschheit verdient gemacht zu haben."[16] Der Vergleich mit der *Encyclopédie* und den Enzyklopädisten des vorrevolutionären Frankreich drängt sich in der Tat auf. Sind die Wikipedianer also „Diderots legitime Erben?"[17] Die wichtigste Parallele ist, dass beide Projekte die Grenzen dessen, was in einer Enzyklopädie zu verzeichnen ist, intensiv diskutiert und ausgeweitet haben: Waren es bei Diderot und d'Alembert vor allem die Lemmata über Handwerk und Technik, die bis anhin in Enzyklopädien nicht vorhanden waren, so sind es bei *Wikipedia* Beiträge aus der Popularkultur und dem Alltagsleben. Einen neutralen Standpunkt aber kannten die Enzyklopädisten nicht: Holbach etwa äußerte Zweifel am biblischen Bericht über die Sintflut und d'Alembert kritisierte das in Genf damals geltende Theaterverbot.[18] Der umfassende, dem alten Allwissenheitsphantasma verpflichtete Anspruch von *Wikipedia* scheint den Nerv sehr gut zu treffen; vielleicht umschreibt folgendes Motto den Spannungsbogen, in dem sich Idee und Wirklichkeit von *Wikipedia* befinden, am besten: „Wir sammeln das Wissen der Menschheit – auch Deines …"[19] Der alte Traum der Menschheit nach einer Sammlung, die alles Wissen der Welt vereint, lebt in *Wikipedia* wieder auf und macht ohne Zweifel einen Teil der Attraktivität aus, von der das Projekt lebt. Der Schrecken der „Urszene" von Alexandria verliert an Wirkungsmacht, an seine Stelle tritt der Glaube an die Allwissenheit der Maschine und an die Möglichkeit, per Knopfdruck jegliches Wissen schnell (*Wiki-Wiki*) und kostenlos (*Open Access*) konsumieren zu können.[20] Das Versprechen, dass das Wissen der Menschheit – und auch eines jeden einzelnen Menschen – gesammelt wird, schafft Vertrauen. „Wir sammeln" heißt es im Werbebanner, aber es scheint nicht wichtig zu sein, wen dieses „wir" meint. Entscheidend ist, *dass* gesammelt wird und dass *alles* gesammelt wird – auch *mein* Wissen. *Wikipedia* ist heute zu einem festen Bestandteil unserer Wissensgesellschaft geworden. Allerdings erfordert *Wikipedia* einen anderen Umgang als ein von Fachleuten verfasstes Nachschlagewerk. So weist *Wikipedia* mittlerweile in den meisten Fachbereichen zwar mehr und zum Teil auch längere Einträge auf, als eine gedruckte Allgemeinenzyklopädie, anders aber als etwa beim Brockhaus korreliert die Relevanz eines Themas nicht mit der Länge des Eintrages. Zugleich befördert der Anspruch, die Texte müssten einem neutralen Standpunkt verpflichtet sein, gerade bei historischen Lemmata die Konzentration auf oftmals isoliert dargestellte Fakten und Ereignisse. Diese Atomisierung des Wissens erforderte von den Nutzerinnen und Nutzern der *Wikipedia* eigentlich eine Syntheseleistung, die allerdings zumeist kaum geleistet werden kann. Die Bedenken, eine Enzyklopädie fragmentiere das Wissen, wurden übrigens bereits im 18. Jahrhundert geäußert.[21]

Die Anordnung des Wissens geschieht in der *Wikipedia* auf den ersten Blick ähnlich wie in einer gedruckten Enzyklopädie entsprechend den Stichworten, denen Texte zugeordnet sind. Zusätzlich aber verfügt *Wikipedia* über zahlreiche weitere Navigationsmöglichkeiten, deren Nutzung sich nicht immer auf den ersten Blick erschließt; dazu gehören etwa die zahlreichen *Hyperlinks* in den Texten, aber auch weiterführende *Links*, die Zuordnung der Lemmata zu Kategorien und Portalen sowie die Möglichkeit, zwischen einzelnen Sprachversionen der *Wikipedia* zu wechseln. Alle diese Arbeitsinstrumente verlangen nach einer Arbeitsweise, die sich signifikant vom Nachschlagen eines Stichwortes im Brockhaus unterscheidet und im Grunde eine intensive Einarbeitungszeit erforderlich macht. Letztlich aber liegt der Reiz von *Wikipedia* weniger in den Inhalten, sondern in der Art und Weise, wie die Inhalte entstehen und wie sich dabei der Umgang mit Wissen und der Relevanz von Wissen geändert hat. Schließlich bietet *Wikipedia* eine ideale Quellenbasis, um den Wandel von Geschichtsbildern zu untersuchen; mit Hilfe der Änderungsprotokolle und den Diskussionsseiten lassen sich dabei diskursive Verläufe einzelner Themenfelder erarbeiten und – dank den verschiedenen Sprachversionen – interkulturell vergleichen. So wie die *Encyclopédie* die Medialität des gedruckten Buches benötigt hat, ist *Wikipedia* auf das Medium Computer angewiesen. Zu den zentralen Neuerungen, die das Medium Computer gebracht hat, gehört die Tatsache, dass „[…] mit ihm Informationen nicht mehr nur gespeichert und verbreitet, sondern auch *intelligent verknüpft* werden; der Computer übernimmt damit spezifische Leistungen des menschlichen Gehirns. Dies hat den Computer als mythisches Medium zur Erlangung von Allwissenheit geradezu prädestiniert."[22]

Gibt es ein jenseits von Google?

Wie aber wirken sich diese Veränderungen auf die Logiken des Suchens, insbesondere in den historischen Wissenschaften, aus? Fernand Braudel erinnerte sich an seinen Forschungsaufenthalt 1927 in Simancas, als er Material für sein großes Werk *Das Mittelmeer und die mediterrane Welt in der Epoche Philipps II* suchte: „Ich musste also die Sommerferien 1927 abwarten, um meine ausführlichen Recherchen in den Archiven von Simancas durchführen zu können. Doch hatte ich ungewöhnliches Glück; als ich einen ganz gewöhnlichen Photoapparat kaufen wollte (die Mikroverfilmung ist eine Erfindung der Nachkriegszeit), bot mir ein amerikanischer Kameramann einen altertümlichen Apparat an, der eigentlich dazu gedacht war, Filme zu drehen, und beteuerte mir, er sei imstande, bei der Aufnahme von Dokumenten wahre Wunder zu leisten. Bei den Archivaren und Buscodores von Simancas erregte ich Neid und Bewunderung, weil ich mit ihm zwei- bis dreitausend Bilder am Tag aufnehmen konnte, wobei ich um die dreißig Meter Film verbrauchte. Ich machte in Spanien und Italien ausgiebig — und manches Mal im Übermaß — von diesem Apparat Gebrauch. Dank jenes erfinderischen Kameramanns wurde ich zum fraglos ersten Nutzer echter Mikrofilme, die ich selbst entwickelte und später mit Hilfe einer simplen Laterna magica in langen Tagen und Nächten las."[23] Braudel sammelte also im Archiv ein, was er konnte nutzte dazu auf innovative Art technische Apparaturen (auch wenn anzumerken bleibt, dass die Mikrofilm-Technik damals schon sehr wohl bekannt war). Die heutige Arbeitsweise im Archiv mit Digitalkameras unterscheidet sich dabei nicht grundsätzlich von der Praxis, wie Braudel sie vor gut achtzig Jahren für sich entdeckt hatte. Die Schilderung von Braudel gehört zu den eher seltenen Zeugnissen, in denen die Arbeitspraxis im Archiv von Forschenden selbst thematisiert wird. In der Regel verlieren Historiker über die Art und Weise, wie sie im Archiv arbeiten, kaum ein Wort. Wenn überhaupt, dann ist die Arbeitsweise im Archiv Thema von Handreichungen und Leitfaden, wie sie von archivischer Seite den Historikern zur Verfügung gestellt werden.[24]

Wenn die Annahme stimmt, dass im digitalen Kontext bei der Informationssuche die Quellenkritik immer wichtiger wird, dann gilt es die Praktiken und Theorien des Suchens genauer in den Blick zu nehmen. Dieser Frage widmet sich das in den Informationswissenschaften als eigenständiges Fach anerkannte *Information Retrieval*.[25] Dabei geht es um das Wiederauffinden gespeicherter Informationen, sei es in Bibliotheken, in Archiven oder seit einigen Jahren vornehmlich im Internet. Die Frage der Wiederauffindbarkeit von Information ist letztlich der andere Blickwinkel auf die Frage nach der Ordnung des Wissens oder der Informationen. Obgleich diese Fragen eine lange Tradition kennen, lässt sich der Beginn des *Information Retrieval* als wissenschaftliche Teildisziplin auf die Jahre nach dem Zweiten Weltkrieg datieren, der Begriff taucht erstmals 1950 im Kontext einer Mathematikkonferenz auf.[26] Dieser Zeitpunkt lässt sich mit der Entwicklung von EDV-gestützten Dokumentationssystemen erklären.

Die Relevanz des Themas illustriert folgende Anekdote aus der Zeit des Sputnik-Schocks: „Amerikanische Wissenschaftler benötigten etwa ein halbes Jahr, bis sie die Signale des Sputniks entschlüsseln konnten. Das wäre noch nicht so schlimm gewesen, wenn nicht kurz darauf bekannt geworden wäre, dass die Bedeutung der verwendeten Signale und ihre Verschlüsselung bereits zwei Jahre vorher in einer sowjetischen physikalischen Zeitschrift veröffentlicht worden waren. Noch dazu in einer Zeitschrift, deren Beiträge laufend von einer amerikanischen Übersetzungsstelle ins Englische übersetzt werden. Der entsprechende Zeitschriftenartikel war in vielen amerikanischen Bibliotheken in englischer Sprache schon lange vor dem Start der Sputniks verfügbar gewesen. So deutlich war noch nie offenbar geworden, dass das wissenschaftliche Informationssystem längst aufgehört hatte, ordnungsgemäß zu funktionieren; dass immer mehr Informationen in Bibliotheken, Archiven und Aktenordnern von Betrieben keineswegs zu mehr Informiertheit geführt haben – ganz im Gegenteil."[27] Eine der Folgen dieser Informationspanne war die Publikation des sogenannten Weinberg-Berichts, der die Grundlage für den nachfolgenden Ausbau der Dienstleistungen im Bereich des Informations- und Dokumentationswesens (I+D) in den USA bildete: „Wir werden auf die Dauer mit der Informations-Explosion nur dann fertig werden, wenn einige Wissenschaftler und Ingenieure bereit sind, sich voll und ganz dieser Aufgabe zu unterziehen: dem Sichten, Aufbereiten, dem Zusammenführen nach vorgegebenen Gesichtspunkten; d.h. die Fähigkeit haben, mit Informationen umsichtig und sinnvoll – nicht mechanisch – umzugehen."[28] In der Tat wurden in den USA wie auch in anderen Ländern seit den 1960er Jahren die Einrichtungen zur wissenschaftlichen Informationsversorgung massiv ausgebaut, wobei insbesondere die Bereiche *Science, Technology and Medicine*, der sogenannte STM-Bereich, von diesem Ausbau profitieren konnten. Ähnlich wie in den USA wurde auch in

Deutschland der Schwerpunkt auf den STM-Bereich gelegt. Diskussionen über den Aufbau eines Fachinformationszentrums (FIZ) für die Geschichtswissenschaft, das geplante FIZ 14, blieben ohne Ergebnis.[29]

Mit der technischen Entwicklung der letzten Jahre zeichnet sich indes ab, dass die im Weinberg-Bericht 1963 geforderten Informationsspezialisten immer mehr von Maschinen abgelöst werden. In der Folge müssen diejenigen, die diese Maschinen bedienen, nämlich die Informationssuchenden, neue Kompetenzen erwerben. Derzeit wird in der öffentlichen Wahrnehmung allerdings die Praxis des Suchens dominiert von den Diskussionen um die Suchmaschinen im Internet, die zu einem unumgänglichen Bestandteil fast jeglicher Suche geworden sind und auch bei wissenschaftlichen Recherchen von Bedeutung sind. Suchmaschinen wie *Google, Yahoo* oder *Bing* (ehemals *Live Search*) von *Microsoft* gelten heute als *Gatekeeper* des *World Wide Web* und entsprechend zentral sind die Fragen nach der Macht und dem Einfluss von Suchmaschinen auf die Informationsflüsse in Wissenschaft, Politik und Kultur.[30] Im wissenschaftlichen Kontext steht dabei insbesondere die Qualitätsfrage im Vordergrund: „Wissenschaftliche Recherche kommt im digitalen Zeitalter nicht um *Google* herum, sie geht über *Google* hinaus."[31] Was bei jeder wissenschaftlichen Recherche grundsätzlich gilt, gilt bei der Verwendung von Suchhilfen im digitalen Zeitalter in verstärktem Maß: Jede Suche wird geprägt vom Vorwissen, das der Suchende mitbringt, von der Kenntnis der entsprechenden Zusammenhänge und Fachbegriffe, von der Erfahrung und der Routine im Umgang mit den Hilfsmitteln. Bei komplexen Recherchen sind Untersuchungen zufolge fehlende inhaltliche Kenntnisse und fehlendes Vorwissen alleine durch die Hilfsmittel des *Information Retrieval* nicht mehr zu kompensieren. Zu den entscheidenden Faktoren, die vom individuellen Vorwissen beeinflusst werden, zählen die Wahl der Suchbegriffe, die Kenntnis der einschlägigen Suchmöglichkeiten, aber auch die Berücksichtigung relevanter Homonyme und Paronyme.[32]

Der Vorgang des Suchens lässt sich idealtypisch in einzelne Schritte zerlegen: Übersicht schaffen, Materialauswertung, Präzisierung der Fragestellung, erneute Recherche etc.[33] Eine solche Abfolge entspricht allerdings eben nur einer idealtypischen Darstellung, während in der Praxis immer wieder Schlaufen eingebaut oder einzelne Schritte übersprungen werden müssen. Ob *online* in digitalen Beständen oder *offline* mit herkömmlichen Hilfsmitteln: Suchprozesse sind immer iterativ und lassen sich nur in seltenen Fällen in allen Schritten im Voraus planen.

Geschichtswissenschaftliche Suchprozesse müssen unterdessen in fast allen Fällen einen Medienbruch analog/digital gewärtigen, auch wenn immer mehr Literatur und Quellen in digitaler oder retrodigitalisierter Form vorliegen. Doch nicht alles, was digital vorhanden ist, ist auch direkt digital zugänglich. Dies trifft in immer stärkerem Ausmaß auch für wissenschaftliches Material zu – auch wenn die sogenannte *Open Access*-Bewegung dem entgegenzuwirken versucht. Mehr und mehr dominieren kommerzielle Datenbankanbieter nicht nur den STM-Markt, sondern werden auch in den Geistes- und Sozialwissenschaften aktiv. Dies hat zur Folge, dass der Zugang zu wichtigen Materialien zunehmend finanzkräftigen Hochschulen vorbehalten bleibt.[34]

Die wissenschaftliche Arbeitsweise der Geschichtswissenschaft baut auf methodische und institutionelle Traditionen auf, die sich in den letzten rund anderthalb Jahrhunderten herausgebildet und verfeinert haben.[35] Eine wichtige Stütze in diesem System sind die qualitätssichernden Kontrollen bei der Produktion von Publikationen und die fachgerechte Erschließung der Informationsmaterialien in den Archiven und Bibliotheken. Dadurch entsteht ein „kohärenter Informationsraum"[36]. Dieser Raum zeichnet sich dadurch aus, dass er nur Publikationen enthält, denen von Fachpersonen eine geschichtswissenschaftlich Relevanz zugestanden wurde. Mit dem durch die Digitalisierung ausgelösten Wandel im Bereich des wissenschaftlichen Informationswesens verändern sich die Art und Weise der Erschließung relevanter Informationen und beginnt sich insbesondere die Kohärenz des geschichtswissenschaftlichen Informationsraumes aufzulösen. Dabei muss allerdings die Annahme einer solchen Kohärenz kritisch hinterfragt werden: Zwar publizieren Historiker für einen kohärenten Informationsraum, für die eigenen Forschungen aber wurde schon immer aus einem sehr inkohärenten Informationsraum geschöpft. Mit anderen Worten: Der historische Informationsraum und der entsprechende ‚Suchraum' waren nie kongruent; mit der zunehmenden Digitalisierung und Vernetzung der Informationsträger lässt sich aber eine Annäherung dieser beiden Bezugsgrößen beobachten.

Die wichtigsten kohärenzschaffenden Instrumente waren im Vor-*Google*-Zeitalter die von Bibliotheken gepflegten Kataloge und Nationalbibliographien sowie die von den historischen Fachgesellschaften verantworteten gedruckten Fachbibliographien und die qualitätssichernde Arbeit der wissenschaftlichen Verlage.[37] Die verschiedenen Instrumente weisen unterschiedliche Granularitäten auf: Während Bibliothekskataloge eine Erschließung auf monographischer Ebene vornahmen, wiesen Fachbibliographien vor allem Aufsätze und Beiträge in Sammelbänden und Festschriften nach. Diese Art von Erschließung ist sehr aufwendig und kostenintensiv, da sie von Fachkräften geleistet werden muss. Zudem ist dieses Prozedere nur umständlich in der Lage, auf neue Anforderungen zu reagieren, da sich einmal festgelegte Ordnungssysteme, Thesauri und sonstige Metadatierungssysteme nicht mehr ohne großen Aufwand verändern lassen. Die Digitalisierung großer Bestände und die neuen Volltext-Suchmöglichkeiten verändern und dynamisieren den geschichtswissenschaftlichen Informationsraum spürbar: So lassen sich aufgrund der einheitlichen technischen Standards und oftmals zugänglicher Schnittstellen zum Beispiel unterschiedliche und auch sehr große Datenbestände miteinander verknüpfen oder die Inhalte können mit Zusatzmaterialien wie etwa Inhaltsverzeichnissen, Rezensionen oder Auszügen aus den referenzierten Publikationen angereichert werden. Viele Bibliothekskataloge im deutsche Sprachraum machen das und verknüpfen zum Beispiel die Einträge mit entsprechenden Digitalisaten aus *Google Books*. Damit aber bricht der Katalog, der bisher Teil des gesicherten historischen Informationsraums war, die Grenzen zum ungesicherten Bereich auf, da die von *Google* eingescannten Buchseiten aufgrund der Vorgaben des Urheberrechts unvollständig sind und die Zusatzinformationen wie Erscheinungsjahr oder Autorenangaben von *Google* zumeist nicht auf Fehler hin korrigiert wurden. Mit *Googles* Kaufangeboten wird der historische Informationsraum zudem mit einem völlig anderen Kontext verknüpft. Diese Veränderungen verlangen von den Katalogbenutzern neue Kompetenzen, da sie nun selbst entscheiden müssen, welcher Seite sie wieviel Vertrauen schenken. Gleichzeitig mit der Durchlässigkeit des Informationsraums lässt sich auch eine Ausweitung der zur Verfügung stehenden Ressourcen beobachten. So ist die Bedeutung der sogenannten Grauen Literatur in den letzten Jahren durch die Verfügbarkeit im Netz enorm gestiegen. Der Begriff Graue Literatur umfasst wissenschaftliche oder wissenschaftlich relevante Publikationen, die nicht über den Buchhandel vertrieben werden, in der Regel bibliographisch – zumindest bisher – nicht erfasst wurden und die zum Teil nur informatorischen Charakter haben. Unter diese breite Definition fallen viele Konferenzberichte, Preprints, Forschungs- und Entwicklungsberichte, nicht in einem Verlag veröffentlichte Dissertationen und Habilitationsschriften, Diplomarbeiten, Ausstellungskataloge, aber auch Amtsschriften, Jahresberichte und Patente.[38] Da solche Schriften nur in Ausnahmefällen in den herkömmlichen Bibliographien erfasst wurden, spezielle Datenbanken in diesem Bereich jedoch unvollständig und nur schwer zugänglich waren, hatte Graue Literatur in den geisteswissenschaftlichen Disziplinen bislang keine große Bedeutung. Das *World Wide Web* machte es den Produzenten von Grauer Literatur möglich, solche Dokumente mit wenig Aufwand zu veröffentlichen und allgemein zugänglich zu machen. Mit der Verfügbarkeit von Volltextsuchen lassen sich solche Schriften grundsätzlich einfach finden – vorausgesetzt, die entsprechenden Methoden des *Information Retrieval* sind bekannt und werden angewandt. Diese Kompetenz wird wiederum an die Benutzer dieser Systeme, das heißt im konkreten Fall an die Historikerinnen und Historiker delegiert, die in der Regel über keine entsprechende Ausbildung verfügen. Mit dem Strukturwandel des wissenschaftlichen Informationsraumes stellt sich zudem die Frage, ob die bisherige Kategorisierung in regulär veröffentlichte Literatur auf der einen und Graue Literatur auf der anderen Seite noch sinnvoll ist.[39] Während es sich bei der vereinfachten Verfügbarkeit von Grauer Literatur dank der Digitalisierung nicht grundsätzlich um neue Dokumententypen handelt, sind zusammen mit dem WWW auch historiographisch relevante Literatur- und Quellengattungen entstanden, die kein Pendant im vor-digitalen Zeitalter haben. Zu nennen sind hier in erster Linie WWW-Seiten, die nur zum Teil bestehende gedruckte Informationen ergänzt oder ersetzt haben.

In den letzten Jahren haben Bibliotheken und andere Informationseinrichtungen unterschiedliche Strukturierungsansätze entwickelt und erprobt, um sowohl die altbewährten Angebote wie auch die neu entstandenen Dienstleistungen zu erschließen und interessierten Fachleute ebenso wie Laien *online* vorzuhalten. Im populären Segment der Suchdienste dominierten Ende der 1990er Jahre die beiden bereits erwähnten Ansätze der Volltextsuche und des Verzeichnisdienstes. In den letzten Jahren zeichnete sich dabei ab, dass die Bedeutung der Verzeichnisdienste zurückging, während Suchdienste wie *Google* ihre Position massiv ausbauen konnten. Diese Entwicklung lässt sich mit der Einfachheit einer Volltextsuche erklären, aber auch damit, dass Suchmaschinenbetreiber wie *Google* oder *Microsoft* sehr große Investitionen getätigt haben, um die Qualität der Volltextsuche zu optimieren und mit Zusatzdiensten anzureichern, während bei den Verzeichnisdiensten, die vor allem auch vom intellektuellen Input der Bearbeiter leben, seit dem ‚Platzen' der sogenannten *Dotcom*-Blase im Frühjahr 2000 eine gewisse Stagnation zu beobachten ist.[40] Die Volltextsuche kennt kein Pendant aus dem analogen Informationsraum, da kein Index eines Buches sämtliche Begriffe auflistet. Die Spezialität der Volltextsuche liegt denn auch darin, schnell nach besonders markanten Buchstabenfolgen wie etwa Namen oder Fachbegriffen suchen zu können. Obgleich das Prinzip einer Volltextsuche relativ simpel ist, sind die in der Praxis ablaufenden Prozesse komplex. Die Datenerfassung seitens der Suchmaschine geschieht, indem sogenannte Suchroboter, auch als *Bot, Harvester* oder *Crawler* bezeichnet, alle Seiten, die sie finden können, aufrufen, den darin gefundenen Text einlesen, analysieren und in eine Datenbank schreiben. Wird später vom Benutzer etwa bei *Google* eine Abfrage gestartet, so wird nicht mehr in den Datenbeständen des *World Wide Web* gesucht, sondern in den lokal bei *Google* gespeicherten Datenbanken. Aus den dort vorhandenen Informationen generiert *Google* eine Trefferliste, die unter anderem auch den Fundort der Treffer enthält, der in Form eines Linkes angezeigt wird.[41] Die Auswertung der abgesuchten Seiten sowie die Berechnung der Trefferlisten geschehen mit Hilfe von Algorithmen. Ein Algorithmus bezeichnet eine Rechenanweisung und besteht aus einer endlichen „Menge von eindeutig festgelegten Regeln zur Lösung eines Problems durch eine endliche Menge von Einzelschritten. Ein A[lgorithmus] ist demnach eine Beschreibung der Methode, ein Problem oder eine Aufgabe zu lösen."[42] Suchmaschinen können nur erfassen, was für sie ‚sichtbar' ist. Das bedeutet, dass die Seite entweder verlinkt sein muss oder dass der Suchroboter der Suchmaschine anhand der Adresse, des *Uniform Resource Locator (URL)*, davon ausgehen kann, dass eine solche Seite existiert. Das bedeutet umgekehrt, dass es auch einen Bereich des *World Wide Web* gibt, der für Suchmaschinen nicht sichtbar ist, das sogenannte *Invisible Web*. Damit werden Bereiche des WWW bezeichnet, die entweder durch Passwörter geschützt sind oder aus anderen Gründen von Suchmaschinen nicht indiziert werden können. Die Schätzungen, wie groß dieser Teil des *World Wide Web* ist, divergieren stark. Es stellt sich dabei auch die Frage, ob zum Beispiel firmeninterne respektive campusweite Netzwerke, sogenannte Intranets, ebenfalls dazu gezählt werden sollen, da sie die exakt gleiche, auf TCP/IP basierende Technologien verwenden. Völlig unklar ist auch, wie groß dieser unsichtbare Teil des Netzes im Bereich von wissenschaftlichen Informationsangeboten ist.[43] Anders als eine intellektuelle, von Menschen durchgeführte Erschließung beschränkt sich eine algorithmisierte Erschließung auf die Auswertung von strukturellen und statistischen Merkmalen von Informationsressourcen, also zum Beispiel auf die Häufigkeit bestimmter Begriffe, auf die Linkstruktur und zum Beispiel die Häufigkeit, mit der von anderen Ressourcen auf diese Ressource verlinkt wird. Auf diese Weise wird eine Relevanz errechnet, welche die Grundlage bildet für das sogenannte *Ranking*, das heißt die Reihenfolge, mit der die Treffer einer Suche angezeigt werden. Das *Ranking* ist insofern entscheidend, als die algorithmisierte Suche in Volltextbeständen, das heißt die normale Suche mit Suchmaschinen wie zum Beispiel *Google*, in aller Regel eine viel zu große Treffermenge liefert, um alle Treffer auf ihre Relevanz hin zu beurteilen. So werden in der Regel von den meisten Benutzern nur die ersten Treffer ausgewertet. Die Frage, welchen Treffern von der Suchmaschine die größte Relevanz zugesprochen wird, ist jedoch eine Frage des entsprechenden Algorithmus. Messungen der Augenbewegungen von Suchenden (sog. *Eye-Tracking*) im Jahre 2005 haben gezeigt, dass bei Suchmaschinenanfragen die drei ersten Treffer einer Ergebnisliste von 100 Prozent der Suchenden angeschaut werden, der Treffer auf Platz vier noch von 85 Prozent und bereits der zehntplatzierte Treffer nur noch von 20 Prozent der Suchenden überhaupt wahrgenommen wird. Ein Vergleichstest 2008 ergab, dass sich das Benutzerverhalten zwischenzeitlich dahin gehend verändert hat, dass sich die Aufmerksamkeit noch weiter auf die ersten Treffer konzentriert hat.[44] Durch die Präsentationsweise der Suchmaschinen und durch die Art der Nutzung durch die Mehrheit der Suchenden entsteht eine Ökonomie der Aufmerksamkeit, die über das Suchen respektive das Gefundenwerden entscheidet, wobei letztlich die Suchmaschine oder vielmehr diejenigen, welche die Suchmaschinen programmiert haben, darüber entscheiden, was wir finden und was nicht.[45] Um zu verhindern, dass das *Ranking* manipuliert werden kann (indem die Inhalte der WWW-Seiten entsprechend präpariert werden), geben die Suchmaschinenbetreiber ihre Algorithmen, mit denen sie die Relevanz berechnen und somit ihre Trefferlisten generieren, nicht bekannt. Schon kurz nach dem Aufkommen der großen Suchmaschinen Ende der 1990er Jahre hat sich aber ein eigener Wirtschaftszweig entwickelt, der Betreibern von *Web*-Seiten verspricht, das *Ranking* ihrer WWW-Angebote zu optimieren. Dabei versucht man in der Regel mit automatisierten Abfragen den Algorithmus wichtiger Suchmaschinen zu entschlüsseln und die *Web*-Seiten entsprechend anzupassen. Die algorithmisierte (aber für die Benutzerinnen und Benutzer verschleierte) Relevanzbewertung der Suchmaschinen könnte als der Versuch interpretiert werden, ein Äquivalent zur intellektuellen Qualitätssicherung der Bibliotheken zu schaffen.[46] Bei genauerem Hinsehen wird indes offensichtlich, dass die Qualitätskontrolle im herkömmlichen wissenschaftlichen Publikationsprozess eine komplexe

Kette von verschiedenen Stufen darstellt, die durch eine automatisierte Relevanzbewertung in keiner Weise substituiert werden kann.

Die Entwicklung im Bereich der wissenschaftlichen Suchdienste ist vergleichbar mit den Trends im Segment der populären Suchhilfen; die Szenerie ist jedoch komplexer. Ende der 1990er Jahre setzte im Umfeld verschiedener Bibliotheken eine Diskussion darüber ein, in welcher Form sich die eigenen Kompetenzen im Bereich der Auswahl und der Erschließung wissenschaftlicher Ressourcen in die aktuellen Diskussionen um das *World Wide Web* einbringen ließen. Einen wichtigen Impuls für diese Debatten gab der bereits 1993 erschienene *Follett Report*. Darin analysierte eine Expertengruppe das britische Bibliothekswesen und forderte einen Paradigmenwechsel, mit dem nicht mehr die Bestandspflege in den Mittelpunkt gestellt werden sollte, sondern die Schaffung von Zugang zu den relevanten Materialien (*from holdings to access*). In der Folge entstanden in Großbritannien mehrere wegweisende Projekte, um genau dieser Idee Rechnung zu tragen.[47] Im gleichen Kontext ist schließlich das Konzept von *Subject Gateways* entstanden, bei denen ein Thema nicht in die Breite, sondern vielmehr in die Tiefe erschlossen wird: „Subject Gateways sollten als Fachinformationsführer zu wissenschaftlich relevanten Internetressourcen fungieren und damit diese im Netz verteilt vorgehaltene, neue Quellengattung nach bibliothekarisch-dokumentarischen Prinzipien erschließen und zugänglich machen."[48] Terminologisch herrschte wenig Klarheit, auch der Begriff *Information Gateway* war gebräuchlich und in den USA sprach man von *Clearinghouses*. In Deutschland verhalf vor allem das Sondersammelgebiets-Fachinformationsprojekt (SSG-FI) der Niedersächsischen Staats- und Universitätsbibliothek Göttingen Konzept und Begriff des *Subject Gateway* zum Durchbruch, in dessen Rahmen auch der *History Guide* entwickelt wurde. Noch einen Schritt weiter als *Subject Gateways* gehen Virtuelle Fachbibliotheken, wie sie von der Deutschen Forschungsgemeinschaft 1998 in einem Memorandum definiert wurden und die als hybride Bibliotheken sowohl für Ressourcen aus dem Internet als auch für gedruckte Informationen geplant waren. Virtuelle Fachbibliotheken sollten also unabhängig vom Medium, von der Speicherform und vom Speicherort den Forschenden Zugriff auf die relevanten Quellen eines Faches bieten. Blickt man auf die Entwicklung der letzten Jahre zurück, so stellt man fest, dass *Subject Gateways* aus den Fachdiskussionen weitgehend verschwunden sind. Dies bestätigen auch empirische Untersuchungen, die zeigen, dass Suchmaschinen wie *Google* von Studierenden als weitaus nützlicher eingeschätzt werden als fachspezifische Informationsdienste. Damit bestätigten sich Befunde, welche bereits vor zehn Jahren festgestellt haben, dass die Vermittlung von Informationskompetenz bei den Studierenden vorwiegend autodidaktisch und unsystematisch erfolgt und dass von Studierenden selbstständig recherchierte Informationen oftmals von geringer Qualität seien.[49]

Der historiographisch relevante Informationsraum wird demnach nicht, wie noch vor wenigen Jahren erhofft und von den Informationsspezialisten empfohlen, vertikal, das heißt differenziert und in die Tiefe gehend erschlossen, sondern das von *Google* bekannte Prinzip der Ein-Feld-Suche in möglichst großen, aber unstrukturierten Datenbeständen, scheint sich auch in der Arbeitsweise zumindest vieler Studierender als die überwiegend angewandte Suchmethode durchgesetzt zu haben. Speziell für den wissenschaftlichen Kontext geschaffene Suchmaschinenangebote wie zum Beispiel *Google Scholar* oder *Scirus* dürften diesen Trend noch verstärkt haben und werden ihn weiter verstärken. Das von den Bibliotheken in den 1990er Jahren lancierte Prinzip der manuellen intellektuellen Erschließung wissenschaftlicher Ressourcen im Internet konnte sich als Leitkonzept nicht durchsetzen. Stattdessen dominiert auch bei den wissenschaftlichen Suchvorgängen die algorithmisierte Suche, wie sie von den populären Suchmaschinen praktiziert wird.[50]

Im Zusammenhang mit den Logiken des Suchens stellt sich insbesondere bei der Verwendung von algorithmisierten Suchverfahren die Frage der Zugänglichkeit von wissenschaftlichen Informationen. Dabei geht es einerseits um die Frage, welche Informationen aus kommerziellen Interessen nicht oder nur für bestimmte Nutzerkreise zugänglich gehalten werden, und auf der anderen Seite um die subjektive Wahrnehmung von Zugänglichkeit. Dass Zugänglichkeit eine Mischung aus effektiver, das heißt rechtlicher oder technischer Zugänglichkeit, und pragmatischer Erreichbarkeit darstellt, ist kein grundsätzlich neues Phänomen. Bei jeder historischer Recherche, ob in Bibliotheken oder erst recht in Archiven, muss der Aufwand mit dem zu erwartenden Ertrag in ein sinnvolles Verhältnis gebracht werden. Bislang waren Faktoren wie geographische Erreichbarkeit, zu erwartender Erschließungsgrad bei Archivmaterialien sowie die eigene sprachliche Kompetenz zur Rezeption des Materials ausschlaggebende Kriterien. Im digitalen Zeitalter zeichnet sich ab, dass die *Online*-Verfügbarkeit als weiterer, vielleicht sogar für viele als zentraler Faktor hinzukommt. Um die *Online*-Verfügbarkeit abwägen zu können, reicht aber eine einfache Recherche mit einer Suchmaschine wie *Google* nicht aus. Vielmehr sind recht tiefgehende Kenntnisse des wissenschaftlichen Informationsmarktes, der zur Verfügung stehenden Dienste sowie der technischen Abfragemöglichkeiten notwendig. Als Besonderheit des digitalen Informationsmarktes ist in diesem Zusammenhang die immer mehr zu beobachtende und teilweise über mehrere Kaskadierungsschritte gehende Syndizierung der Inhalte durch verschiedene Informationsanbieter zu nennen. Syndizierung *(Content Syndication)* bezeichnet die Zusammenführung und Neuaufbereitung von Informationen aus verschiedenen Quellen zum gleichen Thema. Als Beispiel ließe sich die Einbindung von eingescannten Inhaltsverzeichnissen in einen Bibliothekskatalog nennen oder die Zusammenführung von verschiedenen biographischen Datenbanken zu einer umfassenden Biographiedatenbank. Syndizierung verlangt von den Informationssuchenden die Kompetenz, den Inhalt weitgehend von der Präsentationsform zu abstrahieren, um multiple Verbreitungskanäle der gleichen Inhalte zu erkennen und entsprechend zu berücksichtigen. Mit *Really Simple Syndication* (RSS) ist bereits 1999 ein Format entwickelt worden, um das Konzept der *Content Syndication* auch in einem nicht-wissenschaftlichen Umfeld anzuwenden. RSS hat sich seither als Methode durchgesetzt, um von neuen Inhalten auf WWW-Angeboten eine maschinenlesbare Zusammenfassung zu erstellen. Diese können von Interessenten in regelmäßigen Abständen bezogen und bei Bedarf weiter verarbeitet werden. Diese sogenannten *Feeds* können entweder als spezielle (sogenannte dynamische) Lesezeichen im Browser verwaltet oder passwortgeschützt bei spezialisierten Diensten *online* gelesen werden. Auf diese Weise kann man sich bequem zum Beispiel über Inhaltsverzeichnisse ausgewählter Zeitschriften, Neuzugänge einer Bibliothek in einem bestimmten Fachgebiet oder Kommentare von Kollegen zu einem eigenen Beitrag informieren lassen. RSS hat vor allem mit dem Aufkommen von *Weblogs* Verbreitung gefunden, da einzelne *Weblogs* mit dieser Technik untereinander neue Nachrichten abgleichen und anzeigen können. Heute gehört RSS bei den meisten *News*-Portalen zum Standardprogramm. RSS kehrt das Prinzip des per *E-Mail* verschickten *Newsletters* um; statt einer Bringschuld des Informationsanbieters besteht eine Holschuld derjenigen, die sich über bestimmten Themen informieren wollen. Anders als bei einem Rundbrief kann man sich auf diese Weise ein sehr spezifisches, auf die persönlichen Bedürfnisse und die eigenen Forschungsschwerpunkte zugeschnittenes Angebot zusammenstellen.[51]

Der hybride Raum des Suchens

Eine wissenschaftliche Informationsrecherche gestaltet sich heute in fast allen Fällen hybrid, das heißt, sie erstreckt sich sowohl über den analogen (gedruckten) als auch über den digitalen Informationsraum. Zur Erschließung des analogen Informationsraumes werden durchaus auch digitale Suchinstrumente verwendet, die jedoch wiederum der Logik des analogen Suchraumes folgen. Bibliothekskataloge zum Beispiel funktionieren von der grundsätzlichen Suchlogik her eher wie ein Zettelkatalog oder eine gedruckte Bibliographie und weniger wie eine Volltextsuchmaschine. Die Ausnahme aber bilden große digitale Bestände, die heute im Volltext zugänglich sind, etwa Bücher bei *Google Books* oder *Hathitrust Digital Library* oder Zeitschriften bei *Journal Storage (JSTOR)*. Auch wenn die Metadatierung zum Beispiel bei *Google Books* ungenügend ist, sind die Treffer, nämlich die gefundenen Bücher, inhaltlich erschlossen und mit Metadaten versehen – allerdings nicht bei *Google Books* selbst, sondern in – ebenfalls zugänglichen – Bibliothekskatalogen. Das gleiche gilt auch für große retrodigitalisierte Zeitschriftenbestände, die mittlerweile die Ein-Feld-Suche über die gesamten Bestände anbieten. *JSTOR* ist das am weitesten entwickelte geisteswissenschaftliche Projekt in diesem Segment und kann hier als Beispiel dienen. Als gemeinnützige Organisation gegründet, ist *JSTOR* einerseits ein verlässliches digitales Archiv für wichtige wissenschaftliche Zeitschriften, andererseits bietet *JSTOR* den Zugang zu diesen digitalen Zeitschriften in Form von Campus-Lizenzen Universitäten weltweit an. *JSTOR* ermöglicht es, hochauflösende digitale Bilder *(Scans)* von Zeitschriftenausgaben genau so abzurufen, wie sie ursprünglich entworfen, gedruckt und illustriert wurden. Der Dienst umfasst zahlreiche Fachgebiete, hat allerdings einen klaren Schwerpunkt in den Geistes- und Sozialwissenschaften. Ursprünglich als ein Projekt von *The Andrew W. Mellon Foundation* ins Leben gerufen, hatte *JSTOR* zum Ziel, die zunehmenden Platzprobleme in Bibliotheken zu mildern. In *JSTOR* werden keine aktuellen Ausgaben angeboten, sondern es besteht eine sogenannte *Moving Wall*, das heißt, die neuesten Ausgaben unterliegen einer Sperrfrist von je nach Titel eins bis fünf Jahren.[52] Sowohl *Google Books* als auch *JSTOR* ermöglichen eine unstrukturierte Volltextsuche in großen Datenbeständen. Während *Google Books* keinen nach fachlichen Kriterien strukturierten Zugriff ermöglicht, lässt sich bei *JSTOR* aber auch strukturiert nach Themenbereichen und Zeitschriftentiteln suchen. Die Kenntnis dieser verschiedenen, jeweils anwendbaren Methoden erfordert neben einer hohen Suchkompetenz auch eine gewisse Routine im Umgang mit den entsprechenden Diensten. Neuere Entwicklungen im Bereich der Bibliothekskataloge weisen darauf hin, dass sich noch weitere Überlappungen zwischen der unstrukturierten Suche, dem sogenannten *Browsing*, und der strukturierten Suche abzeichnen und sich die Grenzen zu verwischen beginnen. Zu diesen Entwicklungen gehört das *Faceted Browsing*. Damit ist eine spezielle Form des *Browsings* gemeint, bei der die Treffermenge durch den Suchenden mit der Auswahl von bestimmten Facetten gesteuert werden kann. Zu diesen Facetten können zum Beispiel Erscheinungsort, Epoche, Medientyp oder je nach Themenbereich auch beliebige andere Eigenschaften der verzeichneten Bestände zählen. Jedes Mal, wenn der Benutzer eine Facette auswählt, werden die übrigen Facetten neu berechnet. Dabei verringert sich die Auswahl an Facetten laufend, bereits ausgewählte Facetten werden entsprechend markiert. Bei jeder Facette wird die Zahl der Treffer angezeigt, Facetten ohne Treffen werden ausgeblendet, um die Übersichtlichkeit der Anzeige zu erhöhen. Das *Faceted Browsing* ist eine informationswissenschaftliche Konzeption, die auf die Unzulänglichkeiten der herkömmlichen Klassifikation in der Tradition von Melwil Dewey reagiert. Zugleich versucht sie das Paradox zu lösen, dass man bei einer klassifizierten Suche etwas benennen muss, das man noch gar nicht kennt. Obwohl die meisten Informationsressourcen – Bücher, Aufsätze, *Web*-Seiten etc. – unter verschiedenen Aspekten betrachtet werden können, kann eine herkömmliche Klassifikation normalerweise nur einen Aspekt erfassen. Das Konzept des *Faceted Browsing* geht auf den indischen Mathematiker und Bibliothekswissenschaftler Shiyali Ramamrita Ranganathan in der Mitte des 20. Jahrhunderts zurück, erste Ideen stammen aber schon aus dem 18. Jahrhundert, als der Mathematiker und Geschichtsphilosoph Condorcet ein entsprechendes Klassifikationssystem skizziert hatte, das wesentlich elaborierter war, als das rund Hundert Jahre später entwickelte Dezimalklassifikationssystem von Melvil Dewey.[53]

Als ein weiteres neues Phänomen im Bereich der Klassifikation zeichnet sich in den letzten Jahren die offene, gemeinschaftliche Erschließung durch *Tagging* ab. Mit *Tagging* wird die Vergabe von freien, nicht kontrollierten Stichworten, sogenannten *Tags*, bezeichnet. Während der Suche ordnen die Nutzenden/Suchenden den Informationsressourcen beliebige Begriffe zu. Für diesen Vorgang werden auch die Begriffe *Social Tagging* und *Collaborative Tagging* verwendet. Das Ergebnis dieses

Vorgangs heißt dann – ein Zusammenzug aus *Folks* und *Taxonomy* – *Folksonomy*. Da beim *Social Tagging* enorme Mengen von *Tags* entstehen, können diese statistisch ausgewertet und von algorithmisierten Suchprozessen wiederum zur Beurteilung der Relevanz eines bestimmten Eintrages (bezogen auf die Suchanfrage) herangezogen werden. Die Verteilung der *Tags* innerhalb einer Datensammlung, zum Beispiel einem Bibliothekskatalog oder einer Fachdatenbank lässt sich mit sogenannten *Tag Clouds* (‚Schlagwortwolken' oder ‚Stichwortwolken') visualisieren, bei denen die Größe des Schriftzuges die Häufigkeit eines *Tags* angibt und die Begriffe in der Wolke jeweils als *Links* funktionieren. *Folksonomien* sind im Unterschied zu herkömmlichen Taxonomien, wie sie von Bibliotheken verwendet werden, dynamisch und in ihrer Terminologie unkontrolliert. Sie passen sich dadurch aber viel schneller den sprachlichen Bedürfnissen der Benutzer an, da die Begrifflichkeit nicht abstrakt gebildet wird, sondern aus dem Verwendungskontext der ‚getaggten' Ressourcen heraus entsteht. *Folksonomien* funktionieren assoziativer und sind auf Grund ihrer begrifflichen Instabilität für die Erschließung von wissenschaftlichen Informationsräumen weniger geeignet, als für den Alltagsgebrauch. Denkbar aber sind Kombinationen der beiden Erschließungsansätze, wie sie auch bereits diskutiert werden: Elemente der sozialen Beschlagwortung ergänzen herkömmliche hierarchische Erschließungsmethoden. In Anlehnung an den Begriff *Web 2.0*, der für soziale Netzphänomene im WWW generell verwendet wird, ist dabei von Bibliothek 2.0 oder *Library 2.0* die Rede.[54]

Parallel zu dieser bisher noch wenig realisierten Variante der Verknüpfung von freien Tags mit bibliothekarischen Praktiken entstanden im *World Wide Web* in den letzten Jahren einige große Plattformen, auf denen große Mengen wissenschaftlicher Literatur mit Hilfe von *Tags* gemeinschaftlich erschlossen wurden. Dabei speichern die Benutzer ihre Literaturfundstellen *online* ab und versehen sie dort mit *Tags*. Entsprechende Zusatzprogramme automatisieren diese Arbeitsschritte weitgehend, so dass sehr schnell große bibliographische Datenbasen generiert werden können. Zu den bekanntesten dieser bibliographischen Plattformen zählen *Delicious*, *Bibsonomy*, *Connotea* und *CiteULike*. *Bibsonomy*, das als einziger Dienst direkt im universitären Umfeld entwickelt wurde, verwaltet zum Beispiel sowohl Verweise auf Internetressourcen als auch allgemeine bibliographische Angaben *online*. Alle Einträge lassen sich mit *Tags* versehen und können – müssen aber nicht – anderen Benutzern zur Verfügung gestellt werden. Zudem gibt es die Option, Einträge nur für ausgewählte Benutzer sichtbar zu machen, was die Arbeit in Forschungsgruppen oder auch Seminarien erleichtert. Die Suchfunktionen beziehen sich sowohl auf die eigentlichen bibliographischen Angaben als auch auf die *Tags*. Die Funktion *myBibSonomy* speichert individuelle Einträge ab und macht sie von überallher abrufbar. Bei der Eingabe neuer Einträge prüft das System, ob diese Information bereits von einem anderen Benutzer eingegeben wurde und zeigt die entsprechenden Tags an, die übernommen oder auch geändert werden können. Als Ablageformat verwendet *Bibsonomy* das nicht sehr differenzierte, aber weit verbreitete Format *BibTeX*.[55] Mit dem Aufkommen der hier erwähnten sozialen Plattformen, die nicht nur das *Tagging* von bibliographischen Informationen ermöglichen, sondern dabei auch die bibliographische Informationen selbst in strukturierter Form *online* speichern, verändert sich – eher nebenbei – einer der zentralen historiographischen Arbeitsschritte grundlegend, nämlich das Bibliographieren und die lokale Pflege eines Verzeichnisses mit für die eigene Forschung relevanten Literaturnachweisen. In der einschlägigen Ratgeberliteratur wird für diesen Zweck noch immer die Verwendung eines entsprechenden lokal installierten Literaturverwaltungsprogramms empfohlen. Der Markt bietet dabei eine große Auswahl und immer mehr Programme sind mittlerweile auch in der Lage, die in den Geschichtswissenschaften üblichen komplexen Zitierformate zu generieren. Mit Diensten wie *Bibsonomy* und *Zotero* dürfte sich die individuelle bibliographische Datenpflege aber zum Teil ins Netz verlagern. Ob diese Daten, wie von den Apologeten des *Web 2.0* prognostiziert, jeweils auch für die Öffentlichkeit freigegeben werden, lässt sich zur Zeit noch kaum beurteilen. Zu vermuten ist, dass sich in den verschiedenen Wissenschaftsdisziplinen unterschiedliche Gepflogenheiten herausbilden werden und sich in der Geschichtswissenschaft eine eher geringe Bereitschaft, diese Daten zu teilen, etablieren wird. Darauf dürfte zumindest die Beobachtung hindeuten, dass in den erwähnten Plattformen verhältnismäßig wenig historisch relevantes Material im öffentlichen Bereich finden lässt. Gleichzeitig verändert sich mit diesen Möglichkeiten erneut der historiographisch relevante Informationsraum. Bei einer größeren Akzeptanz könnten solche Bibliographierplattformen künftig bei der Recherche eine zunehmend große Rolle spielen. Die Bereitstellung bibliographischer Informationen, bislang eine der Kernaufgaben von Bibliotheken und Fachgesellschaften, würde sich demnach in eine gemeinschaftlich zu lösende Aufgabe verwandeln. Ob der Umstand, dass ein solcher Wandel zumindest von den technischen Rahmenbedingungen her machbar geworden ist, auch tatsächlich zu einem Umbruch führen wird, wird sich in den nächsten Jahren noch zeigen müssen.[56]

Anmerkungen

[1] Siehe: Lehmann/Schetsche: Die Google-Gesellschaft (2005); Röhle: Der Google-Komplex (2010).
[2] Gates: Keynote Speech at Fall COMDEX (1994).
[3] Bolter: Das Internet in der Geschichte (1997), S. 45.
[4] Winkler: Docuverse (1997), S. 55.
[5] Scholz: Die Industria des Buchdrucks (2004), S. 14f.; Löffler: Bilderindustrie (2004), S. 96.
[6] Degele: Informiertes Wissen (2000).
[7] Weingart et al.: Nachrichten aus der Wissensgesellschaft (2007); zu einzelnen Bereichen der hist. Fachkommunikation: Middell: Vom allgemeinhistorischen Journal (1999); Schulze: Zur Geschichte der Fachzeitschriften (2003); Stieg: The Origin and Development (1986); Blaschke/Schulze: Geschichtswissenschaft und Buchhandel in der Krisenspirale? (2006); allg.: Fohrmann: Gelehrte Kommunikation (2005).
[8] Wikipedia: Geschichte der Wikipedia; Wikipedia: Interpedia; Foust: Welcome to the Interpedia! (1994).
[9] Computer History Museum: An Evening with Wiki Inventor Ward Cunningham (2006); Cunningham: Correspondence (2003).
[10] Wikipedia: Nupedia.
[11] pmo: Unabhängige Internet-Enzyklopädie (2001).
[12] Wikipedia: Wikipedia:Statistik.
[13] Wikipedia: Wikipedia; in der aktuellen Version des Textes (April 2011) ist diese Passage nicht mehr enthalten; kritisch: Lorenz: Wikipedia (2006).
[14] Wikipedia: Wikipedia:Grundprinzipien.
[15] URL: <http://networkcultures.org/wpmu/cpov>; ferner: Brandt: Postmoderne Wissensorganisation (2009); Fallis: Toward an Epistemology of Wikipedia (2008); Hammwöhner: Qualitätsaspekte (2007); Jones: Patterns of Revision (2008); König/Nentwich: Wissenschaft in Wikipedia (2009); Kostakis: Identifying and understanding (2010); Lindsey: Evaluating quality control (2010); Liu/Ram: Who Does What (2010); Lorenz: Repräsentation von Geschichte (2009); Lorenz: Wikipedia als „Wissensspeicher" (2009); Lorenz: Wikipedia – ein Modell für die Zukunft? (2008); Magnus: Epistemology and the Wikipedia (2006); Ortega Soto: Wikipedia (2009); Pentzold: Wikipedia (2007); Schmalz: Zwischen Kooperation und Kollaboration (2007); Schneider: Enzyklopädien im 21. Jahrhundert (2008); Stegbauer: Wikipedia (2009); Voss: Infometrische Untersuchungen (2005); Wannemacher: Articles as Assignments (2009).
[16] URL: <http://www.wikimedia.de/satzung>.
[17] Geismann: Diderots legitime Erben? (2005).
[18] Mensching: Einleitung (1997), S. XIV.
[19] Wikipedia: Wikipedia:Banner und Logos.
[20] Siehe: Künzel/Bexte: Allwissen und Absturz (1993).
[21] Müller: Die Aufklärung (2002), S. 30.

[22] Debatin: Allwissenheit und Grenzenlosigkeit (1999); zum Computer als Medium: Schelhowe: Das Medium aus der Maschine (1997); Bolz et al.: Computer als Medium (1999); Robben: Der Computer als Medium (2006) und als Gegenposition: Hillgärtner: Das Medium als Werkzeug (2006).
[23] Braudel: Die Suche nach einer Sprache der Geschichte (1990), S. 11.
[24] Etwa: Burkhardt: Arbeiten im Archiv (2006).
[25] Stock: Information Retrieval (2007), S. 9ff.; ferner: Lesk: The Seven Ages of Information Retrieval (1996).
[26] Mooers: Information retrieval (1950).
[27] Rauch: Was ist Informationswissenschaft? (1988).
[28] Weinberg: Science, Government, and Information (1963); zit. nach: Weinberg: Wissenschaft, Regierung und Information (1964), S. 3.
[29] Hapke: Ein Baustein zur Geschichte (1998); Hahn/Buckland: Historical Studies (1998); McCrank: Historical Information Science (2002); Seeger: Der Weinberg-Bericht (2003); Schmitz: Der gegenwärtige Forschungsstand zur Dokumentationsgeschichte (1988); Hobohm: Das Verhältnis zur Dokumentation (2004); Thomas: Geschichte und Entwicklung (2002/2005); Rieck: Die Geschichte der wissenschaftlichen Information (2004); Samulowitz: Zur Gründungsgeschichte (2006); Horvath: Fachinformationspolitik ohne Geschichtswissenschaft (1997); Horvath: Geschichte Online (1997), Kap. 4.
[30] Becker/Stalder: Deep Search (2009); Machill/Beiler: Die Macht der Suchmaschinen (2007).
[31] Hodel: Recherche (2010), S. 25; siehe auch: Krüger: Die Erschliessung digitaler und analoger Suchräume (2005).
[32] Hölscher: Die Rolle des Wissens (2002); Hölscher: Informationssuche (2000); siehe auch: Zillien: Digitale Ungleichheit (2006); Griffiths/Brophy: Student searching behavior (2005); Lines Andersen: Academic Historians (2001).
[33] So etwa bei Kuhlthau: Information Search Process (2008); siehe auch: Kuhlthau: Seeking meaning (2004).
[34] European Commission: Study on the economic and technical evolution (2006), Kap. 7; Arbeitsgruppe Open Access: Open Access (2009); Internet & Gesellschaft Co:llaboratory: Regelungssysteme für informationelle Güter. Urheberrecht in der digitalen Zukunft, Berlin 2011, Kap. 4.1.
[35] Heimpel: Über Organisationsformen historischer Forschung (1959); Schulze: Deutsche Geschichtswissenschaft (1993); Weber: Priester der Klio (1984); Eichhorn: Geschichtswissenschaft zwischen Tradition und Innovation (2006); Lingelbach: Klio macht Karriere (2003).
[36] Enderle: Der Historiker, die Spreu und der Weizen (2002), S. 49.
[37] Siehe: Parent: The Importance of National Bibliographies (2008).
[38] Hansemann: Graue Literatur (1986); Schmidmaier: Zeitschriften und ‚graue Literatur' (1983).
[39] Banks: Towards a Continuum of Scholarship (2005).
[40] Siehe: DeLong/Magin: A Short Note on the Size of the Dot-Com Bubble (2006).
[41] Lewandowski: Web Information Retrieval (2005).
[42] Schulze: Computer-Enzyklopädie (1989), Bd. 1. S. 111.
[43] Lewandowski/Mayr: Exploring the Academic Invisible Web (2006).
[44] Maughan et al.: Video Replay of Eye Tracking (2007); Has Google gotten better? (2008).
[45] Siehe: Franck: Ökonomie der Aufmerksamkeit (2001).
[46] Hodel: Recherche (2010), S. 29.

⁴⁷ Joint Funding Council's Libraries Review Group: Report (1993); siehe auch: Ratcliffe.: The Follett Report (1996); Enderle: Der Historiker, die Spreu und der Weizen (2002), S. 56; ESYS Limited: Summative Evaluation (2000); ESYS plc: Summative evaluation (2001); A history of the Humbul Humanities Hub (2008).
⁴⁸ Rösch/Weisbrod: Linklisten, Subject Gateways (2004); siehe auch: Dempsey: The subject gateway (2000); Koch: Quality-controlled Subject Gateways (2000); Niedersächsische Staats- und Universitätsbibliothek: Das SSG-FI (1999).
⁴⁹ Griesbaum: Zur Rolle von Websuchdiensten und Fachinformation (2006); Klatt et al.: Nutzung elektronischer wissenschaftlicher Information in der Hochschulausbildung (2001); Schröter: Fünf Jahre nach SteFi (2006).
⁵⁰ Felter: The better mousetrap (2005); Gardner/Eng: Gaga over Google? (2005); Aharoni et al.: Finding information (2005); Brophy/Bawden: Is Google enough? (2005); Lewandowski: Google Scholar (2005).
⁵¹ Wittenbrink: Newsfeeds mit RSS und Atom (2005).
⁵² Schonfeld: JSTOR. A history (2003); Guthrie: JSTOR (1997).
⁵³ Gaus: Dokumentations- und Ordnungslehre (2005); Imhof: RSWK/SWD und Faceted Browsing (2006); Hunt: Faceted Browsing (2006); Ranganathan: Classification and Communication (1951); Baker: An unpublished essay of Condorcet (1962); Whitrow: Condorcet: A pioneer in Information Retrieval? (1982).
⁵⁴ Golder/Huberman: The Structure of Collaborative Tagging Systems (2005); Macgregor/McCulloch: Collaborative Tagging (2006); Brübach: Entwicklung von Internationalen Erschließungsstandards (2008); Guy/Tonkin: Folksonomies (2006); Mathes: Folksonomies (2004); Miller: Web 2.0 (205); Danowski/Heller: Bibliothek 2.0 (2006);. Bergmann/Danowski: Handbuch Bibliothek 2.0 (2010).
⁵⁵ Hotho et al.: BibSonomy (2006); Regulski: Aufwand und Nutzen (2007).
⁵⁶ Kerschis: Literaturverwaltung und Wissensorganisation (2007); Wiegand: Gut zitiert ist halb geschrieben (2006); Eberhardt: Über Literaturverwaltungsprogramme (2005); Hobohm: Persönliche Literaturverwaltung im Umbruch (2005); weiterführend: Wissen: Eine Mediographie oder Wikigraphie (2008); Tobin: The future of reference (2003).

Die Historische Methode im 21. Jahrhundert

Von analog zu digital

Wie selbstverständlich steht im Titel dieses Buches das Wort digital, ohne dass bisher geklärt worden wäre, was das Wort bedeutet. In der populären Handbuch-Reihe „Wie funktioniert das?" des Duden-Verlages erschien 1969 ein Band zum Thema „Informatik", wo sich zwar drei Doppelseiten dem Thema „Analogrechentechnik" widmen, ein entsprechender Eintrag zur „Digitalrechentechnik" indes fehlt. Die Analogtechnik jedoch wird interessanterweise im Kontext des Digitalen beschrieben: „Zweifellos gehört der Digitaltechnik die Zukunft. Das soll uns aber nicht davon abhalten, auf das Verfahren der Analogrechentechnik einzugehen, die anstrebt, funktionale Verläufe in ihrer Gesamtheit darzustellen, anstatt in digitaler Weise in Einzelschritte aufzulösen." Unter dem Stichwort „Das Dualsystem" wiederum steht: „Eine besondere Stellung unter allen Zahlensystemen nimmt das Dualsystem (Zweiersystem, Binärsystem) ein. Die beiden Zahlen (Binär- oder Dualzahlen) des Dualsystems, die jeweils eine Binärentscheidung (1 bit [...]) verkörpern, bezeichnet man mit 0 und L. Der Buchstabe L wird für die Ziffer 1 gesetzt, um den Unterschied zu anderen Zahlensystemen zu verdeutlichen."[1] Das Wort „digital" ist aber zunächst einmal nicht auf das binäre Zahlensystem und die damit zusammenhängenden Technologien – zum Beispiel des Computers – beschränkt. Ganz allgemein formuliert, bedeutet „digital" lediglich „auf Ziffern beruhend, durch Ziffern ausgedrückt."[2] Noch weiter gefasst sind die Bedeutungen von analog und digital, wenn man der Begriffsgeschichte nachgeht: „Von den Wörtern her wie in der jeweiligen Sache ist der Unterschied zwischen dem, was ‚analog', und dem, was ‚digital' heißt, eine nicht immer einfache, aber doch klare Angelegenheit. Analogische Künste sind etwa die Photographie und das Kino [...]. Denn das von griech. und lat. *analogia* abgeleitete Adjektiv bedeutet schlicht, wie schon Adelungs *Grammatisch-kritisches Wörterbuch* übersetzt, ‚ähnlich, übereinstimmig'. Lat. *digitus* dagegen bezeichnet Finger und Zehe, und so heißt ursprünglich auch das von lat. *digitalis* durch Apokopierung abgeleitete Adjektiv ‚digital' nichts anderes, als ‚die Finger oder Zehen betreffend'. Ausgehend von den sogenannten ‚Fingerzahlen' [...] hat sich *digitus* dann aber auch als Vokabel für die Einer, also die Ziffern 1 bis 9 der indisch-arabischen Zahlzeichen etabliert."³ Schwieriger zu fassen ist der Begriff „analog". Der Philosoph John Haugeland näherte sich 1981 dem Konzept wie folgt: „‚Analog' kann im weiteren oder engeren Sinn verstanden werden; aber selbst eine analoge Vorrichtung letzterer Art beinhaltet ein buntscheckiges Durcheinander. Ich bin mir keineswegs sicher, ob eine befriedigende allgemeine Definition überhaupt möglich ist; dies läuft meines Erachtens darauf hinaus, zu bezweifeln, ob analoge Vorrichtungen wirklich eine gut definierte eigene Klasse darstellen. Standardbeispiele analoger Vorrichtungen sind Schieblehren, maßstäbliche Modelle, Regelwiderstände, Fotografien, lineare Verstärker, Fadenmodelle von Schienennetzen, Lautsprecher und elektronische Analogrechner." Er nennt drei Merkmale, die allen analogen Phänomenen gemeinsam seien: Veränderungen seien „sanft und stetig", „innerhalb der relevanten Veränderungen bedeutet jeder Unterschied auch einen Unterschied" und schließlich seien „nur bestimmte ‚Dimensionen' von Varianten relevant. [...] Die Dicke des Papiers und selbst die chemische Zusammensetzung der lichtempfindlichen Schicht sind für eine Fotografie irrelevant – vorausgesetzt die Verteilung der Graustufen wird nicht beeinflusst. Wir nennen diese Merkmale *Glätte, Empfindlichkeit* bzw. Dimensionalität."⁴ Jens Schröter hat darauf hingewiesen, dass trotz der langen und sehr unterschiedlichen Geschichte der beiden Begriffe „analog" und „digital" das Auftauchen des antagonistischen Begriffspaares „analog/digital" sich relativ genau datieren lässt auf das Aufkommen der Kybernetik. Dort etablierte sich die Unterscheidung zwischen analog und digital im Zusammenhang mit Problemen der Informationsverarbeitung. Diese „genealogische Herkunft" des Begriffspaares hatte nach Schröter drei weiterreichende Folgen: „[...] Analog/digital mauserte sich bald zu einer universellen, aber schließlich auch asymmetrischen [...] Zentraldifferenz, welche auf alle natürlichen und kulturellen Phänomene applizierbar zu sein schien. *Zweitens* setzte John von Neumann in Zusammenhang mit seinen Arbeiten an der später so genannten Von-Neumann-Architektur endgültig die (schon bei Turing) angelegte *binäre* Konzeption des Digitalen durch [...]. *Drittens* verfestige sich im Anschluss an die ersten beiden Punkte eine *konnotative Aufladung* der Unterscheidung. Das Binär-Digitale erschien zwar als eine – etwa durch Prozeduren einer ‚Isolation' – aus dem analogen künstlich abgeleitete Symbolisierung auf der Basis minimalster Differenz, der aber dennoch oder *gerade deswegen* zugesprochen wurde, überaus effektiv zu sein, ja universal alles analoge simulieren zu können."[5] Dass sich bei der Entwicklung von Computern der binäre Modus durchgesetzt hat, war übrigens nicht zwingend. In den 1950er Jahren wurde in der Sowjetunion während einiger Jahre an einem ternären Rechensystem mit dem Namen SETUN gearbeitet, das statt mit den beiden Werten 0 und 1 mit den *drei* Werten -1, 0 und 1 gerechnet hat.[6]

Heute wird digital im Sinn von binär verwendet und die Unterscheidung von analog und digital ist, wie von Schröter bemerkt, zur medienhistorischen und medientheoretischen Zentraldifferenz avanciert. Zugleich hat das Wort eine hohe metaphorische Bedeutung erhalten und steht nicht selten als Chiffre für ‚computerisiert', ‚vernetzt' oder schlicht ‚modern'. Der russisch-amerikanische Medientheoretiker Lev Manovich hat fünf Merkmale neuer, das heißt in diesem Kontext digitaler Medien herausgearbeitet: Erstens die numerische Repräsentation, die bei Manovich die Tatsache bezeichnet, dass in digitalen Medien alle Objekte mathematisch beschreibbar und damit quantifizierbar werden. Ein digitales Photo zum Beispiel wird durch seine Auflösung, das heißt die Anzahl der Bildpunkte („Pixel") pro Fläche bestimmt, ein Film durch die Anzahl Bilder pro Sekunde. Bei der Photographie konfiguriert die Auflösung den photorealistischen Effekt, da mit einer zu geringen Auflösung das Bild vom menschlichen Auge als „pixelig", das heißt als nicht-realistisch wahrgenommen wird. Beim Film konfiguriert die Dichte der Bildsequenzen die Illusion von Bewegung – besteht ein Film aus zu wenigen Bildern pro Sekunde, wird Bewegung als ruckartig und mithin als unrealistisch wahrgenommen. Zweitens die Modularität: Digitale Medien basieren auf einzelnen Modulen, die voneinander unabhängig sind und alle einen identischen Aufbau aufweisen und dadurch beliebig re-kombinierbar sind. Es ist für digitale Medien konstitutiv, dass die einzelnen Module oder Einheiten bei der Neukombination zu neuen Einheiten ihre Autonomie nicht verlieren. Diese Einheiten umfassen Einzelmedien bis hin zu Bildpunkten, eine Internetseite zum Beispiel besteht aus zahlreichen Elementen, Texten, Bildern, Ornamenten, die wiederum aus Bildpunkten oder Buchstaben bestehen können. Die gleichen Bilder und Ornamente lassen sich auch zu neuen Internetseiten zusammensetzen, ohne dass dabei die einzelnen Elemente beeinflusst werden. Daraus leitet sich, drittens, die Automation ab: Durch die modulare Struktur digitaler Medien ist es möglich, neue Medieninhalte automatisch zu generieren. Eine dynamische Internetseite wird automatisch aus Datenbankinhalten und aufgrund von entsprechenden Formatierungsregeln generiert. Ein Benachrichtigungsdienst wie zum Beispiel *Google Alert* generiert regelgestützt aus Datenbankinhalten Nachrichten, die als *E-Mail* verschickt werden. Auch das Inhaltsverzeichnis eines Word-Dokumentes ist zum Beispiel ein automatisch generiertes Medienelement, das bestimmten Regeln folgend (Nummerierung, Formatierung u.ä.) aufgebaut wird. Als vierten Punkt nennt Manovich die Variabilität, womit beschrieben wird, dass digitale Medien nie endgültig fixiert sind und immer veränderbar bleiben. Dies unterscheidet digitale Medien von analogen Medien: Ein Buch, eine Photographie, ein Film oder ein Video lassen sich nicht mehr verändern, ohne das Medium zu zerstören, denn die Inhalte sind mit dem Trägermedium – Papier, Film, Magnetband – verbunden. Digitale Medien lassen sich aber beliebig variieren; so kann zum Beispiel die Darstellung einer Internetseite individuellen Bedürfnissen angepasst werden, lässt sich die Schriftgröße verändern, können die Farben angepasst werden oder es lassen sich gar die Inhalte personalisieren. Es lassen sich aber auch individuell ausgewählte Werbebotschaften einblenden, was den Kern des Geschäftsmodells des Suchmaschinenbetreibers *Google* bildet. Für Manovich bedeutet diese Variabilität eine postindustrielle Individualisierung von kulturellen Werten, die sich von der auf Konformität ausgerichteten (analogen) Massenkultur unterscheidet. Fünftens schließlich nennt Manovich die Transcodierung, was ursprünglich in der Videotechnik ein Verfahren der verlustfreien Farbcodierung bezeichnet hat. Manovich definiert den Begriff weiter und schließt auch (verlustbehaftete) Umwandlungen eines Medienobjektes in ein anderes Format mit ein. Zum Beispiel lassen sich Audiodateien einer Audio-CD in das platzsparende MP3-Format transcodieren. Manovich bezeichnet den Übergang von alten zu neuen, mithin den Übergang von analogen zu digitalen Medien als einen Prozess der Transcodierung zwischen Computer und Kultur. Digitalität – so lässt sich die Essenz formulieren – umfasst also ein Bündel von Merkmalen, die in ihrer Summe dazu führen, dass der Umgang mit Information flexibel, punktgenau und immer wieder neu adaptierbar, gleichzeitig aber auch abstrakt und nur durch die Vermittlung von Maschinen rezipierbar wird.[7]

Im alltagssprachlichen Umgang wird mit dem Begriff Digitalisierung die Umwandlung von Ton, Bild und Text in Zahlenwerte bezeichnet, mithin immer auch die Auflösung eines Kontinuums in möglichst kleine Schritte.[8] Das farbliche und formenmäßige Kontinuum eines Bildes etwa wird in Bildpunkte zerlegt und jedem Punkt werden ein Farbwert und eine definierte Helligkeit zugeordnet. Digitalisierung ist die Voraussetzung für die digitale Speicherung von Inhalten. Im Kontext einer Geschichtswissenschaft im digitalen Zeitalter lassen sich folgende Begrifflichkeiten und Verwendungen des Begriffes Digitalisierung unterscheiden: Mit dem Begriff der nachträglichen Digitalisierung oder Retrodigitalisierung wird der Vorgang bezeichnet, bei dem gedruckte Datenträger eingescannt und die Daten entweder als Bilddatei archiviert oder zusätzlich mit einer Texterkennungssoftware behandelt werden, so dass das digitale Abbild und zusätzlich der Volltext zur Verfügung gestellt werden können. Bei der nichtdestruktiven Retrodigitalisierung können die Originale nach der Digitalisierung weiter verwendet werden, bei der destruktiven Retrodigitalisierung mit bestimmten automatisierten Buchscannern werden die Originale zerstört, indem in der Regel der Buchrücken abgetrennt wird, um die Qualität der *Scans* zu verbessern.

Von retrodigitalisierten Dokumenten lassen sich sogenannte hybrid hergestellte Materialien unterschieden. In diese Kategorie fallen digitale Dokumente, die bereits digital produziert wurden, aber aus rechtlichen, wirtschaftlichen oder Praktikabilitäts-Gründen vor allem in gedruckter Form vertrieben und verwendet werden. Hierzu zählen die meisten Bücher, die in den letzten Jahren produziert wurden, ebenso Zeitschriften oder Zeitungen, aber auch viele Forschungsberichte und amtliche Publikationen. Je nach Umfeld und Notwendigkeit entsprechen die digitalen Daten einer reinen Druckvorlage oder wurden bereits mit Metadaten oder Schutzmechanismen für eine Weiternutzung in hybriden Systemen aufbereitet. Bei digitalen Sonderdrucken oder Leseproben von Büchern, die im Netz zur Verfügung gestellt werden, werden nicht die gedruckten Seiten eingescannt, sondern aus den digitalen Satzdaten entsprechende digitale Dokumente hergestellt. Schließlich wird unter Digitalisierung in einem weiteren Sinn gelegentlich auch die Bereitstellung, Sammlung oder Erschließung von nur digital vorliegenden Materialien verstanden. Hierzu zählen *Web*-Seiten, Geschäftsunterlagen von Firmen und Verwaltung (Records Management) sowie zahlreiche Datensammlungen, die in den verschiedensten Kontexten anfallen; für die wissenschaftliche Nutzung besonders wichtig sind elektronische Zeitschriften, die nicht auch in gedruckter Form erscheinen. Bei den Materialien der letzten beiden Modelle spricht man in Abgrenzung von retrodigitalisierten Materialien von genuin digitalen Materialien oder von *digital born*.

Eine Quellenkritik des Digitalen

Für die historische Arbeit stellen diese Merkmale der Digitalität eine große Herausforderung dar. Es gilt, die bisherigen historischen Methoden kritisch auf ihre Eignung im digitalen Kontext zu befragen und nötigenfalls den neuen Gegebenheiten anzupassen. Wie bei jedem größeren Umbruch stellt sich die Frage, wieviel von den Neuerungen wirklich notwendig ist *(must have)*, und was lediglich eine Verbesserung bedeutet *(nice to have)*. Letztlich geht es dabei auch um den Kanon an Kompetenzen, über den (zukünftige) Historikerinnen und Historiker verfügen sollten und um allfällige Adaptationen an die Anfordernisse des digitalen Zeitalters. Im bildungspolitischen Kontext werden diese Fragen mit den Etiketten Medienkompetenz und Informationskompetenz diskutiert, doch bleiben diese Debatten meist an der Oberfläche, da sie lediglich handlungsorientiert geführt werden. Insbesondere die Geschichtsdidaktik hat sich in den letzten Jahren auf eine feinziselierte Kompetenzendebatte kapriziert, die mittlerweile weder für den Geschichtsunterricht noch für die Geschichtswissenschaft von größerer Relevanz ist.[9] Dabei geht der Begriff Medienkompetenz auf eine konzeptionelle Ausweitung des wesentlich älteren Begriffs der Lesekompetenz zurück, einem Thema, dem seit dem 18. Jahrhundert in der europäischen Gesellschaftsgeschichte eine wichtige Rolle zukommt. Während die einschlägigen Kompetenzmodelle der Geschichtsdidaktik die Vermittlung einer Informationskompetenz als Teil eines geschichtsdidaktischen Gesamtmodells in den Mittelpunkt stellen, soll hier vielmehr an die historische Tradition der Quellenkritik angeknüpft und diese nach der Tauglichkeit im digitalen Umfeldes befragt werden. Medienkompetenz wird dabei als ein „Bündel von verschiedenen Teilkompetenzen" verstanden: „Zu nennen wären hier neben rein technischen Kompetenzen und intellektuellen Kompetenzen wie das Aussuchen der jeweils problemrelevanten Medien vor allem die wichtige Fähigkeit zur Medien- und Informationskritik."[10] Dieser Ansatz lässt einen direkteren Zugriff auf die geschichtswissenschaftliche Terminologie der Quellenkritik zu, die in ihrem Kern auf das 19. Jahrhundert zurückgeht. Zurückgreifend auf die Maxime *Ad fontes* des Humanismus stellte der Positivismus die Quellen in den Mittelpunkt der geschichtswissenschaftlichen Arbeit. Bei der Definition, was im Kontext der Geschichtswissenschaft Quellen sind, wird zumeist auf Paul Kirn (1890–1965) zurückgegriffen: „Quellen nennen wir alle Texte, Gegenstände oder Tatsachen, aus denen Kenntnis der Vergangenheit gewonnen werden kann."[11] Bereits Gustav Droysen (1838–1908) unterschied zwischen Quellen, die unbewusst-unabsichtlich oder aber absichtlich entstanden sind. Ernst Bernheim (1850–1942) explizierte diese Aufteilung und stellte in seinem *Lehrbuch der historischen Methode* fest, dass die Frage, was überhaupt eine Quelle sei, vom jeweiligen Forschungsobjekt abhänge und unterschied Quellen „in die zwei großen Gruppen der Tradition und der Überreste."[12] Mit Überresten bezeichnete Bernheim dabei alles, was unmittelbar von den Gegebenheiten übriggeblieben ist, Tradition hingegen ist, was mittelbar von den Gegebenheiten überliefert wurde. Angewandt auf das digitale Zeitalter könnte dies bedeuten: Zu den Überresten sind wohl die meisten historisch relevanten digitalen Dokumente im Netz zu zählen, während auf der anderen Seite Bilderdienste wie *Flickr*, viele *Podcasts* und *Weblogs*, aber auch *Wikipedia* oder institutionelle *Websites* eher zu den Traditionen zu zählen sind, da sie historisches Wissen in den meisten Fällen nur mittelbar vermitteln.

In seinem *Grundriss der Historik* formulierte Droysen einige Grundsätze und Fragen, die noch heute gültig sind und das Fundament jeglicher Quellenkritik bilden. So schrieb er, Aufgabe der Kritik sei es, das Verhältnis des vorliegenden historischen Materials zu den „Willensakten" zu bestimmen, von denen es ein Zeugnis abzugeben scheint (§ 29). Die „Kritik der Aechtheit" habe sich der Frage zu widmen, ob das historische Material wirklich „das ist, wofür es gehalten wird oder gehalten werden will" (§ 30). Ferner müsse die Quellenkritik mit Hilfe des „diakritischen Verfahren[s]" prüfen, ob das Material noch unverändert sei und welche Veränderungen allenfalls erkennbar sind (§ 31). Die „Kritik des Richtigen" hingegen bildet den eigentlichen Kern seiner Überlegungen, denn es untersucht, „ob das Material, da es wurde, das gab und geben konnte, wofür es als Beleg gehalten wird oder gehalten werden will, oder ob es gleich, da es wurde, nur theilweise, nur relativ richtig sein konnte oder wollte." (§ 32): „Die Anwendung dieser Kritik des Richtigen auf die Quellen ist die Quellenkritik." Droysen unterschied drei Bereiche der Quellenkritik: Zum einen gehe es um die in der Quelle festgehaltenen „und darstellend reproducirt[en]" Fakten, zum zweiten um die Beeinflussung dieser Darstellung durch zum Zeitpunkt des Entstehens der Quelle vorherrschende Ideen und Vorstellungen und drittens schließlich um Beeinflussungen der Darstellung durch denjenigen, der den Sachverhalt in der Quelle dargestellt habe. (§ 33)[13]

Die Schwierigkeit, die sich beim Versuch stellt, Droysens Grundsätze im Kontext digitaler Quellen anzuwenden, liegt offensichtlich in der veränderten Medialität der Quellen. Die mit der Formierung einer modernen Geschichtswissenschaft entstandenen historischen Hilfswissenschaften wie die Paläographie, die Heraldik, die Diplomatik, die Sphragistik oder die Numismatik, die alle ihre Legitimation aus der Anwendung der Quellenkritik auf die einzelnen Quellengattungen beziehen, haben sich auf ihre je eigenen Medialitäten konzentriert.[14] Im Hinblick auf das digitale Zeitalter stellt sich die Frage, ob eine neue, den digitalen Medialitäten angepasste Hilfswissenschaft gefordert ist, in deren Zentrum die Quellenkritik des Digitalen stehen müsste. Oder betrifft der digitale Wandel nicht vielmehr den epistemologischen Kern der geschichtswissenschaftlichen Arbeitsweise und müsste demzufolge nicht als eine Hilfswissenschaft, sondern aufgrund der methodischen Veränderungen, die der Wandel nach sich zieht, als ein Kernbestand des Faches konzeptionalisiert werden? Vieles spricht für diesen Ansatz, nicht zuletzt auch die gescheiterten bisherigen Versuche, das Thema als eigenständige historische Hilfswissenschaft zu etablieren, etwa von Lückerath in den 1960er Jahren und von Arnold 1974.[15] Eine neu zu etablierende Quellenkritik des Digitalen muss sich der Kenntnisse der verschiedensten Disziplinen bedienen, namentlich der Informationswissenschaft, der Archivwissenschaft, der Bibliothekswissenschaft und der Informatik. Hinzu kommen je nach Anwendungsgebiet Disziplinen wie etwa die Bildwissenschaft, die Kunstgeschichte, die Sprachwissenschaften und andere mehr. Im Kern, das zeigen die von Droysen formulierten Fragen, kann eine Quellenkritik des Digitalen auf den etablierten Grundsätzen aufbauen, ja, muss diese sogar als Richtschnur bei der Adaptation an die digitalen Gegebenheiten nehmen. Nur so lässt sich verhindern, dass dieses neue Feld von der *Community* der Geschichtsforschenden ignoriert und marginalisiert wird.

Ausgehend von dieser Prämisse lassen sich einige der von Droysen formulierten Fragen verhältnismäßig einfach in einen digitalen Kontext übertragen. Bei anderen Aspekten können Besonderheiten des Digitalen zu grundlegend neuen Prinzipien führen. Das diakritische Verfahren etwa ist eng an die Materialität der Quelle gebunden, denn es geht davon aus, dass es sich beim zu untersuchenden Gegenstand um ein Original und nicht um eine Kopie dessen, was die Quelle zu sein vorgibt, handelt. Gerade dieser Punkt stellt aber im digitalen Kontext eine besondere heuristische Herausforderung dar. In einer „Welt im Zeitalter ihrer tatsächlichen Reproduzierbarkeit"[16] gibt es kein technisch erkennbares Original mehr, Original und Kopie sind identisch. Das fängt schon bei der Erstellung einer digitalen Datei an: Wenn ein Dokument vom Rechner, auf dem es geschrieben wurde, auf den Server übertragen wird, um es zum Beispiel im Netz zu speichern, dann wird bei diesem Vorgang jeweils eine Kopie hergestellt, die vom ‚Original' auf dem lokalen Rechner nicht zu unterscheiden ist. Es ist sogar anzunehmen, dass das ‚Original' auf der eigenen Festplatte technisch gesehen kein Original darstellt, denn beim Prozess des Erstellens des Dokuments wurden vom Textsystem und/oder vom Betriebssystem automatisch mehrere Zwischenkopien erstellt. Welche Segmente der Festplatte schlussendlich als Speicherort des ‚Originals' definiert werden, entzieht sich der Kenntnis, aber auch dem Einfluss des Benutzers. So scheint es auf den ersten Blick sinnvoll zu sein, eine neue Begrifflichkeit im Umgang mit Original und Kopie zu suchen. Von Seiten der Medienwissenschaften wurde dies mit dem Begriff der Originalkopie versucht, mit dessen Verwendung die Differenz von Original und Kopie „als variable medienabhängige Größe immer wieder neu situiert werden kann und muss." Mit dem Begriff Originalkopie lassen sich zwei Punkte der aktuellen Diskussion ansprechen: „[...] einerseits die Annahme, das Original sei der Kopie zeitlich und qualitativ vorgängig (eine Annahme, die sich auch in Zuschreibungen von Authentizität und Originalität niederschlägt), andererseits die Tatsache, dass auch vermeintlich sekundäre Artefakte oder Praktiken des Sekundären in den Status eines Originals rücken können oder diesen für sich beanspruchen."[17] Mit den Möglichkeiten der Digitalisierung werde die Unterscheidung von Original und Kopie zwar nicht obsolet, aber sie „führen nur noch anschaulicher als ältere Verfahren vor Augen, dass die Grenzziehung und Relationierung zwischen den beiden Seiten der Unterscheidung das Ergebnis eines Transkriptionsprozesses ist, dass der Status von Original und Kopie nie einfach gegeben, sondern immer auf Zuschreibungen und Konventionen zurückzuführen ist." Wenn aber der Status eines historischen Dokumentes tatsächlich auf Zuschreibungen und auf Konventionen beruhen sollte, sieht sich die Geschichtsschreibung vor ein unlösbares Problem gestellt, denn damit führt die im analogen Kontext entwickelte Konzeption von Original und Kopie und mithin von Authentizität und Unversehrtheit ins Leere. Zudem greift das Konzept der Originalkopie einen speziellen Aspekt des diakritischen Verfahrens von Droysen auf, der dies nämlich insbesondere auf die „Kritik des Früheren und Späteren" (§ 31) bezogen hat. Wenn es also bei digitalen Quellen medial bedingt keine dateninhärente chronologische Unterscheidungsmöglichkeit von ‚früher' und ‚später' gibt, müssen andere, an die medialen Gegebenheiten angepasst Kriterien entwickelt werden.

Im Rahmen einer Quellenkritik des Digitalen bedeutet dies eine Modifizierung und Erweiterung der entsprechenden Begrifflichkeiten und der dahinterstehenden Konzepte. Unversehrtheit, hier verstanden in einer semantischen Nähe zur umgangssprachlich verwendeten ‚Echtheit', muss im digitalen Kontext von Singularität entkoppelt und für die Praxis der Geschichtswissenschaft neu operationalisierbar gemacht werden. Da die Frage der Unversehrtheit von digitalen Dokumenten längst nicht nur im geschichtswissenschaftlichen Kontext relevant ist, lassen sich Ansätze aus entsprechenden anderen Bereichen für eine Quellenkritik des Digitalen fruchtbar machen. Zwei unterschiedliche, sich durchaus ergänzende Ansätze ließen sich zum jetzigen Zeitpunkt möglicherweise heranziehen: Zum einen stehen in den aktuellen juristischen Diskussion um die Zulässigkeit von digitalen Dokumenten – beispielsweise bei Zivilrechtsprozessen – die Kriterien Authentizität und Integrität im Vordergrund. Bereits heute werden für die Zulassung in zivilprozessualen Verfahren an digitale Dokumente bestimmte Anforderungen an die garantierte Unversehrtheit gestellt.[18] Für die Gewährleistung der geforderten Authentizität und Integrität werden in erster Linie sogenannte elektronische Signaturen verwendet, die dank kryptographischer Verfahren Verfälschungen und Manipulationen an den Originaldaten für den Empfänger sichtbar machen. Zudem kann mit Hilfe von elektronischen Signaturen der Urheber eindeutig festgestellt und eine exakte Datierung der Erstellung und Signierung vorgenommen werden[19] Entscheidend bei diesem Verfahren ist, dass die Authentifizierung auf Ebene der einzelnen Dokumente geregelt wird. Ein grundsätzlich anderes Vorgehen der Authentifizierung wird im Bereich des *Records Management* angewandt. *Records Management* bezeichnet die systematische Verwaltung von Dokumenten, die bei Geschäftsprozessen entstehen und ist der endgültigen Archivierung vorgelagert, gehört also zum vorarchivischen Bereich; im deutschen Sprachraum waren früher dafür die Begriffe Aktenführung und Schriftgutverwaltung gebräuchlich. Mit der zunehmenden Digitalisierung des Geschäftsverkehrs haben die Archive angefangen, den gesamten Lebenszyklus von der Entstehung bis zu endgültigen Archivierung zu betrachten und das *Records Management* in den archivalischen Aufgabenbereich zu integrieren. Dabei steht weniger die Unversehrtheit des einzelnen Dokumentes im Vordergrund, als vielmehr der Kontext eines Schriftstücks im Zusammenhang seiner Entstehung und seiner Veränderungen. Während in einem sogenannten *Document Management System* (DMS) abgelegte Dokumente verändert und bearbeitet werden können, ist dies in einem *Records Management System* (RMS) nicht oder nur eingeschränkt möglich. Bei einem RMS wird der gesamte Lebenszyklus eines Dokumentes kontrolliert und protokolliert, um seinen Beweiswert zu bewahren. Auch die Klassifikation und die Dossierbildung werden in einem RMS zentral geregelt, um die Unversehrtheit nicht nur einzelner Dokumente, sondern von ganzen Dossiers zu gewährleisten. In Branchen mit besonders hohen Anforderungen an die Einhaltung von Regeln und Vorschriften (*Compliance*) gehört der Einsatz von RMS heute zum Normalfall und immer öfter werden auch historische Archive mit der Ablieferung von RMS konfrontiert.[20] Beide Zugangsweisen, die Authentizitätskontrolle des einzelnen Dokumentes durch digitale Signaturen, als auch die Kontrolle des gesamten Lebenszyklus eines Schriftstückes in einem RMS, sind für eine Quellenkritik des Digitalen im Rahmen der Geschichtswissenschaft probate Ansätze, um die Authentizität von historisch relevanten digitalen Dokumenten zu beurteilen. Unter dem Stichwort Langzeitarchivierung wird zudem seit Jahren eine für die Geschichtswissenschaft ebenfalls relevante, allerdings vornehmlich die technischen Aspekte berücksichtigende Diskussion geführt. Dabei lässt sich seit dem Ende der Nullerjahre eine Ausweitung von der Archivierung elektronischer Publikationen auf den langfristigen Erhalt digitaler Forschungsdaten beobachten.[21]

Neben diesen grundlegenden Fragen einer Quellenkritik des Digitalen lässt sich die Problematik aber auch auf die tägliche Arbeitsweise in einem digitalen Umfeld herunterbrechen. Dabei geht es um die Frage, wie man die Authentizität und Integrität von im Netz gefundenen Materialien beurteilen kann. Im Netz finden sich dazu viele Kurzanleitungen und entsprechend angereicherte Recherchierhilfen, die zum Teil von geschichtswissenschaftlichen Instituten, zum Teil von Bibliotheken herausgegeben wurden. So stellt sich bei Suchprozessen im Internet meist das Problem, dass innerhalb einer Menge „inhaltsleeren Datenmülls"[22] sehr schnell relevante Dokumente identifiziert werden müssen. Da die aus dem analogen Kontext der Bücher und Fachzeitschriften vertrauten qualitätssichernden Instanzen und Paratexte wie Impressum, Danksagung und Verlagsreputation bei einer Suche über eine Volltextsuchmaschine fehlen, steht im Mittelpunkt die Rekonstruktion respektive Substitution dieser paratextuellen Elemente, um auf diese

Weise auf die Authentizität und Relevanz des Gefundenen schließen zu können.

Authentizität und Relevanz im wissenschaftlichen Kontext bauen sehr stark auf die nicht zuletzt durch paratextuelle Elemente eines Textes vermittelten Reputationssymbole auf. Ein Buch besteht nicht nur aus dem eigentlichen Text, sondern der Text wird umrahmt von einem Klappentext, Vorwort, Danksagungen, einem Inhaltsverzeichnis und bei umfassenden Werken von einem Register. Zur wissenschaftlichen Sozialisierung von Geisteswissenschaftlern gehört es, diese Paratexte lesen und interpretieren zu lernen. Die wissenschaftlichen Paratexte unterliegen strengen Ritualen und die Fähigkeit, ihren Code entschlüsseln zu können, ist Teil des akademischen Initialisierungsrituals.[23] So wie die Danksagung nichts anderes als den Versuch des Autors darstellt, sich öffentlich in eine bestimmte Tradition, eine Schule oder in ein Netzwerk einzuschreiben, erfüllt heute die Netzadresse einer Publikation eine ähnlich Funktion. Eine Publikation, die auf den Seiten der Harvard University liegt und demnach in der Adresse „harvard.edu" enthält, vermittelt eine andere Reputation, als ein Aufsatz, der auf einer privaten Seite, womöglich noch bei einem billigen *Webspace*-Anbieter, liegt. Der *Uniform Resource Locator* (URL), der ursprünglich ausschließlich den technischen Erfordernissen von TCP/IP geschuldet war, hat sich zu einer symbolischen Währung für Reputation und Vernetzung gewandelt: Die Adresse unser-geschichtsverein.gratisweb.de besitzt nicht die gleiche Aura wie history.fas.harvard.edu oder www.princeton.edu/history.

Da aber die meisten aus dem *Typographeum* (Giesecke) bekannten Paratexte im Netz kein Pendant haben, müssen andere Verfahren zur Qualitätsbeurteilung herangezogen werden.[24] Eine der einfachsten Methoden ist die konsequente Verwendung von Fach- und Themenportalen, wie sie auch für die Geschichtswissenschaft in großer Zahl existieren. Dabei ist auch eine rekursive Recherche *ex post* sinnvoll, indem Fundstellen, die zum Beispiel mit *Google* gefunden wurden, nachträglich mit Einträgen in solchen Portalen abgeglichen werden. Zu beachten ist dabei allerdings, dass Portale die Ressourcen auf einer anderen Ebene nachweisen als Suchmaschinen, nämlich nicht als Einzeldokument, sondern als ganze *Site*, als logische Einheit also von mehreren zusammenhängenden Seiten. Wesentlich aufwendiger sind Herangehensweisen, bei denen die Dokumente nicht gleichsam extrinsisch nur auf ihre Verlinkung in anerkannten Fachportalen hin überprüft werden, sondern das Gefundene intrinsisch untersucht wird.

Abgeleitet von der Unterscheidung von einer „äußeren Quellenkritik" und einer „inneren Quellenkritik", wie sie von Bernheim eingeführt worden sind, lassen sich diese beiden Aspekte auch bei digitalen Ressourcen anwenden.[25] Als erstes gilt es, die Art der Quelle zu bestimmen: Handelt es sich um ein Fachportal oder um eine private Seite? Wie ist das Angebot strukturiert? Stehen entsprechende Hilfsmittel wie eine lokale Suche oder eine *Sitemap* zur Verfügung? Dann gilt es, den Archivierungszustand der *Website* zu eruieren: Wann wurden die Seiten erstellt? Welche Aktualisierungen sind nachvollziehbar? Sind einzelne Teile des Angebotes zugangsbeschränkt? Ist die permanente Zugänglichkeit der Inhalte gewährleistet, etwa mit einer persistenten Adressierung? Schließlich zählen zur äußeren Kritik ebenfalls die Stilistik, die orthographische Korrektheit, aber auch das Vorhandensein von Werbebannern und anderen Vernetzungselementen. Ergänzend zu diesen eher formalen Kriterien zielt die innere Kritik auf die Frage nach der wissenschaftlichen Verwendbarkeit des Gefundenen. Es geht also zum Beispiel um Angaben zu den Autoren: Weist die *Website* ein Impressum auf? Erfährt man etwas über die institutionellen Affiliationen und die einschlägigen Publikationen der Autoren? Halten sich die Texte an Konventionen des wissenschaftlichen Publizierens? Was lässt sich über die Intention der Verfasser in Erfahrung bringen? Stellen die Netzpublikationen Zweitverwertungen publizierter Texte dar? Oder handelt es sich vielmehr um Forschungsberichte, die in eine Publikation münden sollen? Oder werden hier Texte ‚parkiert', die keinen Abnehmer in den traditionellen Vertriebswegen gefunden haben? Da die hier genannten Kriterien letztlich nur Indizien geben können, die, wie Stuart Jenks mit einem Fallbeispiel bereits 2001 gezeigt hat, recht einfach zu hintergehen sind,[26] ist es ratsam, das zu tun, was auch in der klassischen Quellenkritik als Grundregel gilt: das gefundene Material mit weiteren Ressourcen zu vergleichen und zu recherchieren, was andere, als autoritativ bekannte Quellen, über das Gefundene schreiben. Insbesondere beim letzten Punkt stellt das Netz verschiedene genuin digitale Möglichkeiten zu Verfügung. So bieten alle großen Suchmaschinen die Suche nach *Backlinks* an; dabei werden Seiten gesucht, die auf eine bestimmte Ressource verlinken. Bei den meisten *Weblogs* geschieht dies sogar automatisch mit einer Technik, die als *Trackback* bezeichnet wird. Da die hier geschilderten Verfahren zeitintensiv sind, haben sich in der Praxis ein pragmatischer Umgang mit diesen Fragen sowie die Verwendung von Checklisten bewährt. Solche einfachen Listen erleichtern Anfängern den Einstieg in die Materie und eignen sich insbesondere für den Einsatz im Unterricht sehr gut. Entsprechende Kurse – seien sie von den Bibliotheken angeboten oder Teil des propädeutischen Geschichtscurriculums – sind eine wichtige Voraussetzung, um die heute für einen Historiker notwendigen Informationskompetenzen zu vermitteln.

Data Driven History: Geschichte schreiben mit Zahlen

Seit dem *linguistic turn* in den 1980er Jahren konzentriert sich die Geschichtswissenschaft mit Vorliebe auf textuelle, neuerdings auch auf bildliche Quellen (*pictorial turn*). Die quantitativ orientierten, sozialgeschichtlichen Ansätze der 1970er und 1980er Jahren, die auch die Einführung der Computer in die Geschichtswissenschaft beflügelt hatten, gerieten während einiger Jahre eher an den Rand des historiographischen Feldes.[27] Das könnte sich in Zukunft wieder ändern. Einer der Gründe für ein mögliches Erstarken von datenorientierter Geschichtsschreibung ist die schlichte Tatsache, dass heute mit dem digitalen Wandel ungleich mehr computerisiert auswertbare Daten zur Verfügung stehen als noch vor ein paar Jahren. Eine solche Entwicklung in den Geisteswissenschaften würde sich gut einpassen in einen generellen Trend hin zu einer verstärkten Datenorientierung in ganz unterschiedlichen Bereichen. Unter dem Stichwort *Data Driven Journalism* (oder *Data Journalism*) zum Beispiel wird seit dem Ende der Nullerjahre die Verwendung und Visualisierung von Daten in den Medien diskutiert und vor allem im angelsächsischen Raum auch mit Erfolg praktiziert. Dabei steht die Visualisierung von großen Datenmengen und komplexen Zusammenhängen im Vordergrund; im Bereich des *Online*-Journalismus werden zudem häufig interaktive Datenvisualisierungstools erstellt, die Abfragen von Lesern verarbeiten können.[28] Ein weiterer, mit dem journalistischen Feld in enger Verbindung stehender Bereich, ist die seit 2009 zu beobachtende *Open Government Data*-Bewegung, die ebenfalls im angelsächsischen Raum stark verankert ist und auf eine entsprechende Ankündigung von Barack Obama am Tag seiner Amtseinführung zurückgeht, als er im Memorandum *Transparency and Open Government* bekannt gab, mit offenem Zugang zu Daten mehr Transparenz in der Verwaltung schaffen zu wollen. Hauptanliegen von *Open Government Data* ist nicht nur die freie, sondern insbesondere maschinenverwertbare Zugänglichkeit von allen nicht personenbezogenen oder sonstwie speziell schützenswerten Daten des Staates. Dies bedeutet eine Weiterentwicklung des Öffentlichkeitsprinzips, wie es in Deutschland seit 2005 im Informationsfreiheitsgesetz (IFG) verankert ist. Konkret könnte dies bedeuten, dass Sammlungsbestände von staatlichen Museen nicht in Form von PDF-Dateien zur Verfügung gestellt werden sollten, sondern in Form einer XML-Datei, damit sie von interessierten Bürgerinnen und Bürgern, aber auch von Forschenden, einfach weiterverwendet werden können. Ähnlich wie beim *Open Access*-Gedanken, der bei wissenschaftlichen Publikationen diskutiert wird, geht es also um die Grundidee, dass von den Steuerzahlenden finanzierte Daten auch allen Interessierten frei zugänglich sein sollten.[29]

Bei der Nutzung von großen Datenmengen in der Geschichtswissenschaft steht weniger die Forderung nach Zugänglichkeit der Daten im Zentrum. Zu fragen ist aber nach den methodischen Herangehensweisen und den Schlussfolgerungen, die sich aus solchen Datenanalysen ziehen lassen. Auch bei dieser *Data Driven History* spielt die Quellenkritik eine zentrale Rolle. Angesichts der neuartigen Quellentypen stellen sich aber gänzlich neue methodische Fragen. Das bisher aufsehenerregendste Projekt im Kontext einer *Data Driven History* mag dies illustrieren: Im Dezember 2010 veröffentlichte eine internationale Forschergruppe einen Vorabdruck eines *Science*-Artikels und schaltete gleichzeitig ein *Online-Tools* namens Ngram frei. N-Gramme bezeichnen in der Lingusitik beliebig lange Folgen von Buchstaben oder anderen sprachlichen Einheiten, die entstehen, wenn Texte in Fragmente zerlegt werden; N steht dabei für die jeweilige Anzahl der Buchstaben. Hinter dem Projekt *Ngram* steht ein gemeinsames Forschungsvorhaben der Universität Harvard, der *Encyclopaedia Britannica*, des *American Heritage Dictionary*, des *Cultural Observatory* und der Firma *Google*. Von *Google* stammen auch die für das Projekt verwendeten Daten: Bis Ende 2010 hatte *Google* im Rahmen von *Google Books* rund 15 Millionen Bücher digitalisiert. Das entspricht nach groben Schätzungen rund 12 Prozent aller bisher publizierten Bücher – weltweit. Aus den dadurch generierten Daten wurde ein Auszug von rund 5,2 Millionen Büchern gezogen, das heißt, es wurden (zumindest rein rechnerisch und falls die Annahmen korrekt sind) rund 4 Prozent aller gedruckten Bücher ausgewertet. Berücksichtigt wurden Bücher in den Sprachen Englisch (unterschieden in britisches und amerikanisches Englisch), Französisch, Deutsch, Spanisch, Russisch, Hebräisch und Chinesisch. Aus den rund zwei Milliarden Wörtern und Phrasen dieses Textkonvolutes wurden N-Gramme gebildet, die auf einer Zeitachse abgebildet und mit Hilfe eines einfachen *Interface* für eigene Analysen ausgewertet werden können. So lässt sich das Aufkommen und die quantitative Verbreitung einzelner Begriffe visualisieren und zum Beispiel mit anderen Begriffen auch sprachübergreifend vergleichen.

Die Datenqualität, das wurde von allen Beteiligten eingeräumt, ist noch sehr bescheiden, *Ngram* versteht sich als ein Versuchslabor für den geistes- und geschichtswissenschaftlichen Umgang mit großen Textbasen. Der verwendete Textkorpus reicht bis in die Anfänge des Buchdruckes zurück, die besten Ergebnisse indes lassen sich bisher für englische Texte aus den Jahren 1800 bis 2000 erzielen. Für die historische Methoden könnte *Ngram* (oder ähnliche, elaboriertere Projekte) durchaus von großer Bedeutung sein. Insbesondere die bisher kaum quantitativ arbeitende historische Diskursanalyse könnte sich mit lexikalischen Zeitreihenanalysen ein ergänzendes, algorithmisch fundiertes methodisches Standbein geben. Neben der Geschichtswissenschaft dürfte *Ngram* auch Forschungsfelder wie die Lexikographie, die Grammatikgeschichte, die Erinnerungsforschung und viele andere, mit historischen Texten arbeitende Disziplinen zu methodischen Debatten anregen. Als Oberbegriff für diese Art von Analysen wurde von den *Ngram*-Forschern der Begriff *Culturomics* lanciert, offenbar in Anlehnung an *Genomics*.[30] Die Federführung bei *Ngram* hatte ein Mathematiker, praktisch alle Mitarbeiter haben einen naturwissenschaftlich-technischen Hintergrund. Weder Historiker noch Sprachwissenschaftler waren im Team vertreten. Dies erschwert eine kritische Analyse der Datenauswahl, der Analysemethoden und der getroffenen Grundannahmen, die bei der Verarbeitung jeder Datensammlung notwendig sind. Wo kann dann aber eine historische Quellenkritik überhaupt noch ansetzen? Bei aller Faszination, welche das simple *Interface* des Projektes ausstrahlen mag, ist es unumgänglich, die Ergebnisse und insbesondere allfällige Schlüsse, die aus den Analyseergebnissen gezogen werden, kritisch zu hinterfragen. Noch sind die Erfahrungen mit dieser Art von *Data Driven History* zu vereinzelt, um schon jetzt methodische Schlüsse ziehen zu können. Doch es zeichnet sich ab, dass in absehbarer Zeit wesentlich mehr digitale Daten in großen Dimensionen zur Verfügung stehen werden. Einerseits, weil die großflächige retrospektive Digitalisierung qualitativ immer besser und zugleich immer günstiger wird, andererseits, weil immer mehr zeitgeschichtliche Quellen zugänglich werden, die seit den 1970er Jahren bereits genuin digital erstellt wurden.

In der Folge der Lancierung von *Ngrame* wurden bereits erste weiterführende und zum Teil präzisere Analysen zur Diskussion gestellt. Das PERSEUS-Projekt etwa präsentierte einen Ansatz, der aus einem Textcorpus mit rund 390 Millionen Wörtern aus der Antike den Bedeutungswandel einzelner Begriffe nachzuzeichnen versucht. Die an der *Tufts University* angesiedelte PERSEUS-Datenbank wurde bereits 1985 lanciert und gehört heute zu den führenden digitalen Angeboten im Bereich der Altertumswissenschaften. Anders als bei *Ngrame* wird die algorithmisierte Auswertung stärker noch von manuellen Auszeichnungsverfahren begleitet und mit einer geringeren Stichprobe gearbeitet.[31] Mit einer gänzlich anderen Fragestellung beschäftigt sich ein Vorschlag aus Stanford. Anspruchsvolle statistische Verfahren sollen digitalisierte Dokumente anhand der Wortvorkommnisse und Wortverwendungen in großen Textcorpora datieren – womit eines der häufigsten Situationen historischer Quellenkritik unterstützt werden könnte, nämlich die möglichst exakte Datierung von Dokumenten und Texten.[32] Und einen noch breiteren methodischen Bogen schließlich schlagen die Forschungsansätze, die im *Geographies of the Holocaust Project* am *United States Holocaust Memorial Museum* durchgeführt wird. Verschiedene Einzelprojekte versuchen die Geschichte der Shoa räumlich zu fassen, indem sie Methoden der historischen Analyse mit geographischen Informationssystemen kombinieren und visualisieren.[33]

Vom historischen Narrativ zum digitalen Hypertext

Im *Grundriss der Historik* skizziert Droysen eine grundlegende Topik der Geschichtswissenschaft, indem er vier grundsätzliche Darstellungsformen unterscheidet:[34] Die erste Form nennt Droysen die „untersuchende Darstellung", die „die Form der Forschung [braucht], um das erforschte Ergebnis darzulegen." Diese Form der Darstellung verfährt, als „sei das in der Untersuchung endlich Gefundene noch erst zu finden oder zu suchen. Sie ist eine Mimesis des Suchens oder Findens [...]" (§ 90). Die zweite Form ist die erzählende Darstellung. Diese „stellt das Erforschte als einen Sachverlauf in der Mimesis seines Werdens dar; sie gestaltet aus dem Erforschten ein Bild der Genesis dessen, worauf sich die Forschung gerichtet hat." In der erzählenden

Form sprächen die Tatsachen scheinbar selbst, als wären sie objektiv; aber sie brauchten den Erzähler, der sie zum Sprechen bringt und ohne den sie stumm wären. Nicht die Objektivität sei das oberste Gebot des Historikers, sondern der Versuch, zu verstehen (§ 91). Droysen unterscheidet bei der erzählenden Darstellung vier Ausprägungen: die pragmatische, die monographische, die biographische und die katastrophische Form. Die dritte grundsätzliche Darstellungsform bezeichnet Droysen als didaktische, die das Erforschte in einer für die Gegenwart lehrhaften Bedeutung präsentiert (§ 92). Viertens schließlich nennt er die „diskussive Darstellung", die das Erforschte „auf einen bestimmten Punkt der Gegenwart, den sie so beleuchtet, um ihn ‚klar zu stellen' [...]" konzentriert (§ 37).[35] Diese von Droysen skizzierte Topik hat mit dem Aufkommen digitaler Medien an Aktualität gewonnen. Denn die Medien der Geschichte konfigurieren mit ihren Modalitäten auch das „Schreiben der Geschichte" und somit die Formen des Erzählens von Geschichte.[36]

Mit dem *narrativist turn* der Geschichtsschreibung in den 1990er Jahren und dem seither in den Diskussionen präsenten „narrativistischen Paradigma" stellt sich insbesondere die Frage nach den medialen Implikationen des hypertextuellen *World Wide Web* auf die Narrativität der Geschichtsschreibung.[37] Der narrative Modus der Geschichtsschreibung – die „erzählende Darstellung" bei Droysen – gründet auf der Absicht, Kenntnis über die Vergangenheit zu erlangen und sie „im Rekonstruieren und Erklären zu verstehen. Neben der ‚histoire' (dem *Was* des Erzählten) wird Aufmerksamkeit auch auf den ‚récit' (das *Wie* des Erzählens), das ‚emplotment' (H. White) gelenkt."[38] Der mediale Wandel hat, so die These, den Blickwechsel hin zum *récit* verstärkt. Als einer der zentralen Referenzpunkt kann der Aufsatz von Lawrence Stone aus dem Jahre 1979 mit dem programmatischen Titel *The Revival of Narrative: Reflections on a New Old History*, angesehen werden.[39] Folgt man Stone haben Historiker eigentlich immer schon Geschichten erzählt und es gehörte immer schon zu den höchsten Bestrebungen eines Historikers, eine Narration in lebendiger und eleganter Sprache zu formulieren. Erst in den Jahrzehnten nach dem Zweiten Weltkrieg sei es im Zuge einer neuen Geschichtsschreibung in Verruf geraten, Geschichten erzählen zu wollen. In Frankreich zum Beispiel sei *Storytelling* in den Ruch einer *histoire événementionelle* geraten. Mit ‚Narrativ' meint Stone die Tatsache, dass Material sequentiell und in einer chronologischen Ordnung dargestellt und dass der Inhalt auf eine einzige kohärente Geschichte fokussiert wird. Als Beispiel für eine anti-narrative Historiographie nennt er die Texte der ersten Generation der französischen *Annales*-Schule. Insbesondere in den Texten der zweiten und dritten Generation der *Annales* „überkreuzt und überlagert [sich] die lineare Erzählung mit einer Vielzahl von Erzählungen mit verschiedenen Subjekten und Geschwindigkeiten."[40] Damit wird in einem gewissen Sinne eine Praxis vorweg genommen, die mit der Hypertextualität digitaler Netze Realität geworden ist: der Bruch mit dem historischen Narrativ im Sinne einer stringenten, bindenden Ordnung des Schreibens und damit auch des Lesens. Ähnliches gilt für Teile der kulturgeschichtlich orientierten Geschichtsschreibung im deutschen Sprachraum. Mit dem Fokus auf den Alltag und die Lebenswelt historischer Subjekte ging bei vielen Autorinnen und Autoren auch eine neue Lust an der narrativen Strukturierung des Geschriebenen einher. Teile der Geschichts*wissenschaft* definierten ihre Arbeit, durchaus an Ranke'sche Traditionen anknüpfend, wieder vermehrt als Geschichts*schreibung*.[41] Für die ‚Bielefelder Schule', welche Geschichtswissenschaft als historische Sozialwissenschaft definierte und sich in Nähe zur Soziologie, Demographie und Wirtschaftswissenschaft positionierte, stand das narrative Moment dagegen weniger im Vordergrund. So kann von unterschiedlichen Affinitäten zu den neuen medialen Situationen ausgegangen werden, die sich mit der Hypertextualität des Netzes in den letzten Jahren ergeben haben. Was aber sind Hypertexte? „Hypertexte sind netzwerkartig angeordnete, nichtlineare Texte."[42] Sie haben keinen definierten Anfang und keinen Hauptteil und entsprechend fehlt auch ein zusammenfassender Schluss. In einer hypertextuellen Struktur sind zudem alle Textelemente gleichwertig, das heißt, es gibt keine über- und untergeordneten Ebenen. Nichtlinearität ist im Kontext wissenschaftlicher Texte allerdings kein Phänomen, das erst mit dem Aufkommen von hypertextuellen Medien aktuell geworden ist. Die selektive, nicht lineare Lektüre zum Beispiel gehört zu den gängigen Lesetechniken wissenschaftlicher Texte. Fußnoten, Verzeichnisse, Register oder Bibliographien sind Hilfsmittel beim nichtlinearen Lesen und fester Bestandteil wissenschaftlicher Textapparate.[43] Im Unterschied etwa zu einer Filmrolle ist das Medium Buch ein zwar linear angelegter, aber nicht zwingend linear zu rezipierender Informationsträger. Seitenzahlen, Vorwort und Nachwort sind Signale dafür, dass den meisten Bücher der Imperativ der linearen Lektüre eingeschrieben ist, textuelle Einsprengsel in der Art von „wie bereits oben ausgeführt" verstärken diese Aufforderung. Viele Bücher sind zudem so angelegt, dass eine nichtlineare Lektüre wenig Sinn macht, Romane oder Krimis gehören ohne

Zweifel dazu, ebenso die meisten geschichtlichen Einführungsbücher und viele wissenschaftliche Monographien. Sie bauen konzeptionell auf Linearität auf, können aber von ihrer Medialität her eine nicht-lineare Rezeption nicht verhindern. Krameritsch und Gasteiner bezeichnen diesen Texttyp als „monosequenziert", da sich die Textsegmente „nicht ohne Risiko für das Verständnis umstrukturieren oder austauschen" lassen.[44] Davon lassen sich mehrfachsequenzierte Texte unterscheiden, die nicht mehr für eine eindeutig definierte Lektüre konzipiert sind, sondern die den Anforderungen des Lesers entsprechend mehrere Lesepfade anbieten. Typischerweise sind wissenschaftliche Handbücher auf diese Weise aufgebaut, ebenso Reiseführer oder Lexika. Auch Sammelbände können dieser Kategorie zugeschlagen werden. Zu den Merkmalen mehrfachsequenzierter Texte gehört, dass sie den unterschiedlichen Lektüreoptionen zum Trotz eine lineare, umfassende Lektüre vom Anfang bis zum Schluss ermöglichen. Dies unterscheidet mehrfachsequenzierte Texte von unsequenzierten Texten. Sie können ohne Verlust von Verständnis in einer beliebigen Art und Weise gelesen werden, es gibt weder einen definierten Anfang noch vorbestimmte Lesepfade, sondern jeder Leser erstellt sich seinen Interessen gemäß eine eigene Abfolge von Textelementen (sogenannten informationellen Einheiten), die mit *Links* untereinander verbunden sind.

Hypertexte sind grundsätzlich unsequenzierte Texte. Das Schreiben von Hypertexten erfordert deshalb eine fundamental andere Technik, als dies vom Schreiben eines linearen Textes bekannt ist. Dabei geht es um die Zerlegung der Inhalte in einzelne Inhaltselemente und die Definition von möglichen Verbindungen zwischen den einzelnen Einheiten. Da für das Verständnis der Texte keine bestimmte Abfolge vorausgesetzt werden kann, muss jeder Textbaustein „kohäsiv geschlossen" sein, was bedeutet, dass die einzelnen informationellen Einheiten autonom und auch autonom rezipierbar sein müssen; nur dadurch ist gewährleistet, dass andere Einheiten sie referenzieren können.[45] Diese kohäsive Geschlossenheit bedingt einen entsprechenden Schreibstil: Bezüge, die in herkömmlichen linearen Texten anaphorisch oder kataphorisch hergestellt werden können, sind in Hypertexten nur dann möglich, wenn sie sich auf Inhalte in der gleichen informationellen Einheit beziehen. Diese Einheiten müssen zudem kontextoffen sein, um mit möglichst vielen anderen Einheiten verknüpft werden zu können. Damit stellt sich die Frage nach ihrer idealen Größe. Krameritsch und Gasteiner weisen darauf hin, dass diese Frage von sehr vielen Faktoren abhängt, etwa vom Inhalt, vom Ziel und vom Anspruch des Hypertextes, aber auch vom Schreibinteresse und von der Schreibhaltung des Autors respektive der Autoren. Während zu kleine Einheiten zu einer Aufsplitterung und Orientierungslosigkeit bei den Lesern führen können, konterkarieren zu große informationelle Einheiten das hypertextuelle Prinzip. Als Faustregel nennen sie eine Obergrenze von 2500 Zeichen je Texteinheit. Die Herausforderungen beim Schreiben von Hypertext fassen sie so zusammen: „1. Hypertexten zwingt dazu, prägnant und ohne Umschweife zu formulieren. 2. Jeder Baustein muss aus sich selbst heraus verständlich sein und Sinn ergeben. 3. Jede Einheit soll dazu verführen, weiter im Text-Netzwerk zu stöbern; daher: 4. sollte es von jeder Einheit Link-Angebote zu weiteren Text-Modulen geben."[46] Die Verknüpfung der einzelnen Elemente mit *Links* schafft Raum für Assoziationen und eigene Pfade der Lesenden, denn hypertextuelle Wissensräume sind immer auch Assoziationsräume, die den Raum des sprachlich gesteuerten Wissens durchbrechen und Elemente wie Emotionen, Unbewusstes und Erinnerungen einbeziehen und dadurch nicht reproduzierbar sind.

Die Auswirkungen hypertextueller Systeme auf die geschichtswissenschaftliche Textproduktion sind zurzeit nicht eindeutig, denn es bestehen grundsätzlich auch andere als die skizzierten Möglichkeiten, Hypertexte im wissenschaftlichen Kontext zu nutzen. So gibt es zum einen die Tendenz, mittels Hypertext das assoziativ gewobene Netz von Geschichten im Text stärker zu gewichten und damit eine – allerdings nicht lineare – narrative Geschichtsschreibung im Sinne der kulturwissenschaftlich orientierten Geschichtswissenschaft in den Vordergrund treten zu lassen. Als Beispiel kann das an der Universität Wien entwickelte System pastperfect.at gelten. Die über 700 Texte der *Website* erzählen unzählige Geschichten in immer neuen Konstellationen und mit neuen Weiterführungen. Auf der anderen Seite hat die hypertextuelle Aufbereitung von historischem Wissen auch das Potential, einer faktenorientierten und empirisch fundierten Geschichtsforschung neue Formen der Präsentation zu bieten. Vorstellbar, aber – soweit überblickbar – bisher noch kaum realisiert, wären Darstellungen, welche von den in der Regel hochaggregierten Werten sozialhistorischer Darstellungen auf die Ausgangsdaten verlinken oder weiteres Material, das in der Untersuchung nur peripher berücksichtigt werden konnte, zugänglich machen. Das wären von der Funktionalität her Informationen, die mit den im gedruckten Buch verwendeten weiterführenden Anmerkungen in den Fußnoten vergleichbar wären, mit dem Unterschied allerdings, dass das weiterführende oder durch den Leser nochmals nachzuvollziehende Moment der Fußnote wesentlich verstärkt würde.

Derartige Hyperlinks würden nicht dazu dienen, den narrativen Raum der Geschichte zu erweitern und neu zu strukturieren, sondern hätten die primäre Aufgabe, die empirischen Grundlagen des geschichtswissenschaftlichen Arbeits- und Argumentationsprozesses transparenter zu machen.

Anmerkungen

[1] Fachredaktion Technik: Informatik (1969), S. 188 und 134.
[2] Schulze: Computer-Enzyklopädie (1989); Bd. 2, S. 985.
[3] Dotzler: Analog/digital (2005), S. 9.
[4] Haugeland: Analog and Analog (1981), zit. nach Haugeland: Analog und analog 2004), S. 42f.
[5] Schröter: Analog/digital (2005), S. 11f.; zur Bedeutung der Kybernetik siehe Hagner: Vom Aufstieg und Fall der Kybernetik (2008).
[6] Hunger: SETUN (2007).
[7] Manovich: The Language of New Media (2001); hier zusammengefasst nach Missomelius: Digitale Medienkultur (2006), S. 31ff.; ferner Kogge: Lev Manovich (2004).
[8] Schanze: Digitalisierung (2002).
[9] Siehe zum Beispiel: Danker/Schwabe: Historisches Lernen im Internet (2007); Heuer: Geschichtsdidaktik (2005); Körber et al.: Kompetenzen historischen Denkens (2007); zusammenfassend: Rohlfes: Literaturbericht Geschichtsdidaktik (2008); kritisch: Jordan: Die Entwicklung einer problematischen Disziplin (2005); Rauthe: Geschichtsdidaktik – ein Auslaufmodell? (2005).
[10] Strohm: Kulturwissenschaften und Medienkompetenz (2001), S. 128.
[11] Kirn: Einführung in die Geschichtswissenschaft (1947), zit. nach: Arnold: Der wissenschaftliche Umgang mit den Quellen (2007), S. 49.
[12] Bernheim: Lehrbuch der historischen Methode (1889), S. 155.
[13] Droysen: Grundriss der Historik (1875), S. 16f.
[14] Siehe Brandt: Werkzeug des Historikers (1989).
[15] Lückerath: Prolegomena (1968), S. 284ff.; Arnold: Geschichtswissenschaft (1974).
[16] Schwartz: Déjà vu (2000).
[17] Fehrmann et al.: Originalkopie (2004), S. 8f.
[18] Fanger: Digitale Dokumente als Beweis (2005).
[19] Hühnlein/Korte: Grundlagen der elektronischen Signatur (2006).
[20] Toebak: Records Management (2010).
[21] Aus der Fülle der Spezialliteratur exemplarisch: Neuroth et al.: nestor Handbuch (2010); Chowdhury: From digital libraries to digital preservation research (2010); Blue Ribbon Task Force on Sustainable Digital Preservation and Access (2010); Rosenthaler: Archivierung im digitalen Zeitalter (2007); Fuelle/Ott: Langzeiterhaltung digitaler Publikationen (2006); Digital Research Infrastructure for the Arts and Humanities: DARIAH (2010).
[22] Sachse: Quellenkritik im Internet (2000); allg.: Pfanzelter: Von der Quellenkritik zum kritischen Umgang mit digitalen Ressourcen (2010).
[23] Genette: Paratexte (2001); Clark: Academic Charisma (2007).

24 Im Folgenden wesentlich nach: Pfanzelter: Von der Quellenkritik zum kritischen Umgang mit digitalen Ressourcen (2010).
25 Bernheim: Lehrbuch der historischen Methode (1889), Kap. 4.
26 Jenks: Über die Verlässlichkeit von Informationen im Internet (2001).
27 Hitzer/Welskopp: Die Bielefelder Sozialgeschichte (2010); Eckel/Etzemüller: Neue Zugänge zur Geschichte der Geschichtswissenschaft (2007); Etzemüller: Sozialgeschichte als politische Geschichte (2001); Raphael: Geschichtswissenschaft im Zeitalter der Extreme (2003).
28 McGhee: Journalism in the Age of Data (2010); Daniel/Flew: The Guardian Reportage (2010); Langer: Daten rücken in den Fokus (2011).
29 Obama: Transparency and Open Government (2009); Mitteilung der Kommission (2010); Sunlight Foundation: Ten Principles (2010); von Lucke/Geiger: Open Government (2010).
30 Michel et al.: Quantitative Analysis of Culture (2010); Michel et al.: Supporting Online Material (2010); Cohen: Digital Keys (2010); Deswarte: Growing the „Faith in Numbers" (2010); Dormans/Kok: An Alternative Approach to Large Historical Databases (2010); Nunberg: Counting on Google Books (2010); Parry: The Humanities Go Google (2010).
31 Bamman/Crane: Measuring Historical Word Sense Variation (2011).
32 Tausz: Predicting the Date of Authorship (2011).
33 Beorn et al.: Geographies of the Holocaust (2009).
34 Droysen: Grundriss der Historik (1974), S. 360ff.
35 Droysen: Grundriss der Historik (1974), § 93, S. 363.
36 de Certeau: Das Schreiben der Geschichte (1991); siehe auch: Dosse: Michel de Certeau und die Geschichtsschreibung (2007); ferner: Crivellari et al.: Die Medien der Geschichte (2004).
37 Kreiswirth: Trusting the Tale (1992); Rüsen: Zerbrechende Zeit (2001).
38 Schönert: Zum Status und zur disziplinären Reichweite von Narratologie (2004).
39 Stone: The Revival of Narrative (1979).
40 Rüth: Erzählte Geschichte (2005).
41 Noiriel: Die Wiederkehr der Narrativität (2002).
42 Krameritsch/Gasteiner: Schreiben für das WWW (2006), S. 245.
43 Siehe: Grafton: Die tragischen Ursprünge der deutschen Fußnote (1995); Riess et al.: Prolegomena zu einer Theorie der Fußnote (1995).
44 Krameritsch/Gasteiner: Schreiben für das WWW (2006), S. 247.
45 Kuhlen: Hypertext (1991).
46 Krameritsch/Gasteiner: Schreiben für das WWW (2006), S. 252f.

Geschichte und Geschichtswissenschaft 2.0

Vom Schreiben der Geschichte im Digitalen

„Geschichtsschreibung ist sprachliche Darstellung von komplexen diachronen und synchronen Zusammenhängen in der Vergangenheit", schreibt Rudolf Vierhaus.[1] Nachdenken über das Schreiben der Geschichte heute bedeutet deshalb Nachdenken über die Möglichkeiten der sprachlichen Darstellung von Zusammenhängen unter den Bedingungen digitaler Schreibprozesse und Verbreitungswege. Konkret lassen sich dabei zwei respektive drei Fragekomplexe ausmachen: zum einen die medialen Bedingtheiten des Schreibens, zum anderen neue Formen des gemeinschaftlichen Produktionsprozesses (*Collaborative writing*) und – daraus abgeleitet – schließlich die Frage der Autorschaft von Geschichtsschreibung.[2] Ausgangspunkt dieser Überlegungen ist die Beobachtung, dass der Computer eine „epochale Zäsur der technischen Medien"[3] darstellt und eines der Merkmale dieser Zäsur ist, dass der digitale Computer als Maschine nicht an eine bestimmte Aufgabe gebunden ist und daher seine Gestalt jederzeit wechseln kann: „Die *gestaltwechselnde* Offenheit der Digitalität supplementiert jedwede ‚ontologische' Identität des Computers *als* Rechner, d.h. sie schiebt sie auf." Die eingangs beschriebene Rechenmaschine, welche der quantifizierenden Geschichtsschreibung Auftrieb gab, ist mit anderen Worten die gleiche Maschine, die später als Maschine dargestellt wurde, welche die Struktur der neuen Wissensordnung geprägt und als Suchmaschine bei der Durchschreitung des historiographisch relevanten Informationsraumes gedient hat.

Es bleibt, den Computer als Schreibmaschine der Geschichtswissenschaft zu thematisieren. Der Computer als Schreibmaschine bezieht sich terminologisch und konzeptionell auf die mechanische und später die elektrische Schreibmaschine, die seit dem ausgehenden 19. Jahrhundert die Praktiken des Schreibens verändert hat.[4] Diese ‚analoge' Schreibmaschine bedeutete den Bruch mit der Manuskriptkultur, auch wenn diese insbesondere im Kontext der professionellen Geschichtsschreibung noch immer präsent ist. Schon die Schreibmaschine brachte einige wichtige Neuerungen: Sie bewirkte eine Vereinheitlichung von Schrift und Layout; Kugelkopf- und Typenradschreibmaschinen ermöglichten zudem seit den 1960er Jahren die Verwendung von verschiedenen Schrifttypen. Korrekturen am Text waren aber nur sehr eingeschränkt möglich. Text, der mehrmals verwendet wurde (zum Beispiel bibliographische Angaben) musste jedes Mal von neuem eingegeben werden, da die Schreibmaschine keine Möglichkeit bot, Texte für die Wieder- und Neuverwendung zu speichern. Erst der *Personal Computer* erweiterte die Möglichkeiten der Schreibmaschine beträchtlich: Texte ließen sich speichern, verschieben und neu zusammenstellen, der gestalterische Spielraum veränderte sich immens und Programme zur Textverarbeitung wie *Microsoft Word* boten zahlreiche Zusatzfunktionalitäten. Mit dem PC verlagerte sich der Schreibprozess von einem Gerät, das ausschließlich zum Schreiben von Texten geeignet war, zu einem universal einsetzbaren Gerät: „Damit wird erstmals in der Geschichte des Schreibens das gleiche Werkzeug zur Produktion und Rezeption verwendet."[5] Dieser medientechnische Umbruch veränderte auch den Bezug des Schreibenden zum Text und führte ein neues, selbstkritisches Element ein, das in dieser Form dem Schreibakt bisher gefehlt hatte: „Zweifellos hingegen ist, dass das Schreiben durch Computer die Einstellung des Schreibenden und des Empfängers zum Text radikal verändert. Das schöpferische Engagement wird anders erlebt als vorher. Es ist eine neue Art von Selbstkritik und von Verantwortlichkeit dem anderen gegenüber hinzugekommen, und der Text hat eine neue Art von Eigenleben gewonnen. Kurz, man beginnt, wenn man auf diese Art schreibt, beim Schreiben dialogisch zu denken, zu schaffen, zu leben."[6] Dieses dialogische Moment lässt sich dadurch erklären, dass andere Texte, die den eigenen Schreibprozess beeinflussen, am gleichen Bildschirm aufscheinen, wie der eigene Text, der entsteht. In der Praxis des wissenschaftlichen Schreibens stellt deshalb medientechnisch gesehen die Einführung des Computers die entscheidende Zäsur dar. Diese „gestaltwechselnde Offenheit" des Computers jedoch lässt es sinnvoll erscheinen, diese medientechnische Zäsur auszudifferenzieren und im Hinblick auf den wissenschaftsinternen Umgang mit der neuen Apparatur zu schärfen. Dabei fällt auf, dass die Nutzung des PC sich zunächst weitgehend entsprechend der Verwendung der Schreibmaschine strukturierte, die sich ihrerseits an die Praxis des Manuskriptes angelehnt hatte. Das bedeutet, dass die Arbeitsabläufe im Prozess des Schreibens grundsätzlich die gleichen geblieben sind und auch das Endprodukt ist, wenn auch möglicherweise in veränderter Gestalt, in seinem Kern unverändert geblieben: ein linearer, bei Bedarf mit Zusätzen wie Bildern, Fußnoten oder Verzeichnissen versehener, linearer Text. Mit dem Internet ist aber diese grundsätzliche strukturelle Übereinstimmung von analogen und digitalen Schreibszenen aber nur noch eine von mehreren Möglichkeiten geworden. Mit dem *vernetzten* Computer seit den 1990er Jahren löst sich die dichotome Struktur von Arbeitsplatz auf der einen und historiographisch relevantem Informationsraum auf der anderen Seite auf. Der Computer als Schreib-, Speicher- und Lesegerät wird mit dem Internet potentiell auch Teil des historischen Informationsraumes. Damit ist eine weitere Zäsur beschrieben, deren Auswirkungen auf den geschichtswissenschaftlichen Alltag allerdings noch nicht absehbar sind.

Nach Beat Suter kann man vier Phasen des elektronischen Schreibens unterscheiden: In der ersten Phase wird der Text beweglich, kann also mittels *Cut & Paste* verschoben und modifiziert werden. Die zweite Phase ist geprägt von der Möglichkeit der Textverknüpfung, bei dem Hypertexte entstehen. Die dritte Phase kennzeichnet ein vernetztes Schreiben, „bei dem der Textarbeiter durch die Vernetzung seines Werkzeugs als universale Medien- und Kommunikationsmaschine mit neuen Schnittstellen konfrontiert wird." Die vierte, „noch weitgehend unbekannte" Phase nennt Suter „Schwebendes Schreiben", bei der es „[…] einerseits um den direkten und sofortigen Einbezug des Lesers [geht], das heißt aus der Schreibplattform wird eine Kommunikationsplattform, in welcher auf mannigfaltige Weise zusammengearbeitet werden kann, andererseits um den Einbezug des Computers in einem Schreibverfahren, in dem der ‚automatische Schreibkumpan' Informationen gezielt und schnell finden, neu verknüpfen, zusammenziehen und ausgeben kann."[7]

Mit dem Aufkommen des *Web 2.0* eröffnen sich für das wissenschaftliche Schreiben die Möglichkeiten der von Suter skizzierten dritten und vierten Phase. *Web 2.0* wird als Sammelbegriff für eine Reihe von Phänomenen verwendet, die im *World Wide Web* seit einigen Jahren zu beobachten sind und seit 2005 auch in einer breiteren Öffentlichkeit unter diesem Begriff diskutiert werden. Dabei bezeichnet *Web 2.0* keine technisch neue Version des WWW, sondern den Umstand, dass nach dem Platzen der *Dotcom*-Blase 2000 im Netz wieder eine hohe Dynamik zu beobachten ist, die allerdings andere Merkmale aufweist, als die erste Phase der Entwicklung des WWW. Tim O'Reilly, der Leiter des gleichnamigen Fachverlages und Popularisierer des Begriffes, nannte an einer Konferenz sieben Punkte, die das Phänomen *Web 2.0* charakterisierten:[8] Erstens funktioniere das WWW zunehmend als Service-Plattform, auf der *online* verfügbar Dienstleistungen angeboten werden, die bisher hauptsächlich lokal auf dem eigenen Computer ausgeführt wurden, etwa die Erstellung von Texten oder die Bearbeitung und Speicherung von Bildern. Zweitens werde im *Web 2.0* die „kollektive Intelligenz der Nutzer" miteinbezogen, etwa bei Projekten wie *Wikipedia*. Drittens stünden die Daten, welche von den Benutzenden auf den Plattformen eingegeben werden, im Mittelpunkt; die Qualität und die Quantität der Datenbestände bildeten bei *Web 2.0*-Diensten das Kapital. Viertens ermögliche *Web 2.0* neue Formen der *Software*-Entwicklung, bei der Programme nicht mehr als Produkt vertrieben, sondern als Service zur Verfügung gestellt würden. Zum fünften fördere die dezentrale Struktur von *Web 2.0* die Entwicklung und Nutzung von einfach konzipierten, schlanken Programmen, die für weitere Verknüpfungen offen sind („Interoperabilität"). Als sechsten Punkt nannte O'Reilly den Umstand, dass Programme aus dem Umfeld von *Web 2.0* immer mit verschiedenen Geräten, insbesondere auch mobilen, nutzbar sein sollten. Siebtens schließlich postulierte O'Reilly, dass *Web 2.0*-Anwendungen einfach und intuitiv zu bedienen sein sollten. Der Begriff *Social Web* bezeichnet einen Teilbereich des *Web 2.0*, bei dem es weniger um technische Formate, sondern vielmehr um die „Unterstützung sozialer Strukturen und Interaktionen über das Netz geht".[9] Im Mittelpunkt stehen dabei die Begriffe „Kollaboration", „Information" und „Beziehungspflege".

Eine Typologie des *Web 2.0* zu erstellen, ist ein schwieriges Unterfangen. Zum Phänomen *Web 2.0* gehören verschiedene Technologien, Software und – darauf aufbauend – die eigentlichen *Web 2.0*-Dienste. Eine sinnvolle Klassifizierung müsste einen der drei Aspekte in den Vordergrund stellen, was aus Sicht der Geschichtswissenschaft zweifellos die eigentlichen Dienste sind. Einige wenige Beispiele mögen dies illustrieren. Wissenschaftliche *Weblogs* beginnen sich als ein zusätzlicher Kommunikationskanal innerhalb des geschichtswissenschaftlichen Feldes zu etablieren. Ein *Weblog* oder *Blog* bezeichnet ein öffentlich geführtes Journal, das sich meistens einem bestimmten Thema widmet. Die Mehrheit der mittlerweile weit über 100 Millionen existierenden *Weblogs* hat privaten Charakter und kommt deshalb öffentlichen Tagebüchern gleich. Immer mehr *Weblogs* entstehen inzwischen jedoch in einem wissenschaftlichen Kontext und werden zum Beispiel begleitend zu Ausstellungen, Forschungsprojekten oder zu Lehrveranstaltungen geführt. *Weblogs* enthalten in der Regel eine rückwärts chronologisch sortierte Liste von Einträgen, die aus Texten, Bildern, Videos oder *Links* bestehen können. Technisch liegen den meisten *Weblogs* speziell zugeschnittene *Content Management Systeme* (CMS) zugrunde, die sehr einfach zu bedienen sind. Bei zahlreichen *Weblog*-Plattformen können eigene *Weblogs* kostengünstig oder kostenlos eingerichtet und betrieben werden. *Weblogs* lassen sich aber auch in bestehende *Web*-Auftritte integrieren. Ein wichtiger Bestandteil von *Weblogs* ist die Möglichkeit, sich mittels RSS-Technologie sehr differenziert über Diskussionen auf einzelnen *Weblogs* auf dem Laufenden zu halten. Jeder Eintrag in einem Weblog erhält eine eindeutige *URL* und lässt sich entsprechend referenzieren. Zudem sind die Beiträge mit *Tags* versehen oder werden von den Autoren bestimmten Kategorien zugeordnet. *Weblog*-Einträge können bei den meisten Systemen kommentiert werden und mittels einer speziellen Technik (*Trackback* oder *Pingback*) lassen sich Reaktionen in fremden *Weblogs* auf eigene Beiträge sofort anzeigen. So entsteht ein eigener Kommunikationsraum, der Blogosphäre *(Blogosphere)* genannt wird und sehr dynamisch funktioniert. Auf speziellen *Weblog*-Suchmaschinen lässt sich nach diesen Zusammenhängen suchen und die aufgrund der Verlinkungsstruktur ermittelte ‚Autorität' eines *Weblogs* ermitteln. *Weblog*-Einträge sind zumeist kurz und orientieren sich an einer aktuellen Fragestellung; viele Texte ähneln in ihrer Struktur und in der Sprache journalistischen Texten. Ihre Authentizität erreichen *Blogger* durch die Subjektivität ihrer Beiträge und durch die intensive Verweisung auf andere Quellen im Netz. Die einfache Handhabung der *Weblog*-Software begünstigt die Veröffentlichung von kurzen Informationshäppchen in *Weblogs*. Dank der klaren Strukturierung mit Tags und Kategorien entsteht aber auf diese Weise zugleich ein neuer, fachwissenschaftlich durchaus relevanter Informationsraum, der an die mündliche Kommunikation unter Kollegen am Rande von Tagungen erinnert, teilweise aber auch die Diskussionen in Fachzeitschriften zu ersetzen beginnt. So amalgamiert die Blogosphäre die Masse der privaten Blogs mit für die wissenschaftliche Arbeit durchaus relevanten Informationen.

Zur Zahl der geschichtswissenschaftlichen *Weblogs* gibt es keine verlässlichen Angaben, zumal viele wissenschaftliche *Weblogs* nur eine kurze Lebensdauer aufweisen, da sie zum Beispiel im Rahmen von Lehrveranstaltungen erstellt und nachher wieder stillgelegt werden, für den deutsch- und englischsprachigen Raum dürfte die Zahl der regelmäßig geführten *Weblogs* mit einer geschichtswissenschaftlichen Ausrichtung bei rund 100 bis 200 liegen. Weder ihr Nutzen für noch ihre Nutzung in der Geschichtswissenschaft ist bisher erforscht worden. Ein Bewusstsein für eine gemeinsame geschichtswissenschaftliche

Blogosphäre lässt sich kaum feststellen, was auch mit einer medientypischen inhaltlichen Schwerpunktbildung zu tun haben durfte: Die meisten einschlägigen *Weblogs* widmen sich dem Einsatz von digitalen Medien im Unterricht oder in der Geschichtsvermittlung, sind also der Geschichtsdidaktik oder der sogenannten *Public History* zuzuordnen. Einige *Weblogs* funktionieren eher als Nachrichtendienst (archivalia, infoclio), *Weblogs* zu einzelnen historischen Themen oder Epochen bilden die Ausnahme.[10]

Autoren und Kollaborateure

Die von Charles P. Snow in den 1960er Jahren mit den „Zwei Kulturen" bezeichneten Unterschiede zwischen den Natur- und den Geisteswissenschaften wurden oft und aus den verschiedensten Gründen kritisiert.[11] Im Bereich des Schreibens lassen sich indes eine Vielzahl von strukturellen und habituellen Unterschieden zwischen den verschiedenen Wissenschaftsdisziplinen beobachten, die gerade auch im Hinblick auf das Potential und die Chancen gemeinschaftlicher Schreibprozesse von epistemologischer Bedeutung sind.[12] In der sehr häufig experimentell angelegten Forschung der Naturwissenschaften hat der Akt des Schreibens die Funktion, das Vorgehen und die Ergebnisse der Versuche nachträglich zu dokumentieren. Dabei zeichnen in der Regel eine Reihe von Autoren für den entsprechenden Text verantwortlich, womit aber weniger eine Mitwirkung am Akt des Schreibens bezeugt wird, sondern die Mitwirkung am gesamten Forschungsprojekt in einer bestimmten, oft auch aufschlüsselbaren Funktion. Qualifikationsarbeiten werden oft in größere Vorhaben eingebettet, wodurch nicht die Formulierung der Fragestellung, sondern die Durchführung und Dokumentation von in den Grundrissen bereits definierten Experimenten im Vordergrund steht. In den Geisteswissenschaften hingegen steht der Prozess des Schreibens im Mittelpunkt der epistemologischen Anordnung. Die Formulierung der Forschungsfrage, die methodische Konzeption und dann insbesondere die Arbeit am Text haben zentrale Bedeutungen und lassen sich, so zumindest das gängige Bild, schlecht kollektiv durchführen. Gemeinschaftliche Schreibpraktiken werden deshalb vor allem zwei Anwendungstypen zugeschrieben: zum einen für Faktensammlungen wie zum Beispiel die Erarbeitung einer Enzyklopädie, zum anderen für neue Unterrichtsformen. Entsprechend konzentriert sich auch die Literatur auf diese beiden Aspekte.[13]

Mit den gemeinschaftlichen Schreibpraktiken eng verbunden ist die Frage nach dem Autor und nach der Autorschaft, „der Angelpunkt für die Individualisierung in der Geistes-, Ideen- und Literaturgeschichte, auch in der Philosophie- und Wissenschaftsgeschichte", wie Foucault es genannt hat.[14] Foucault weist dabei auf den engen Konnex zwischen dem Begriff des Autors und dem Begriff der Individualität, das heißt damit auch des Subjektes hin, der für die Moderne zentral war. Die Unterscheidung des Schriftstellers (*écrivain*) vom Schreiber (*écrivant*), die Roland Barthes bereits 1960 getroffen hat,[15] ermöglichte die „Zauberformel der individuellen Schöpfkraft",[16] die dem Schriftsteller Kreativität und zusammen mit dem parallel zu dieser Unterscheidung im 18. Jahrhundert entstehenden Urheberrecht Eigentumsrechte am Schöpfungsprodukt zusprach. Damit wurde eine vor der Einführung des Buchdruckes verwandte Unterscheidung, Bücher zu schreiben, bipolar zugespitzt. Der Franziskaner St. Bonaventura unterschied im 13. Jahrhundert noch vier Arten von Bücherschreibern: „Wenn ein Mann die Werke von anderen niederschreibt und weder etwas hinzufügt noch verändert, wird er einfach ‚Skriptor' genannt. Einen, der die Werke anderer niederschreibt und Ergänzungen hinzufügt, nennt man ‚Kompilator'. Ein nächster, der sowohl Werke anderer als auch eigene niederschreibt, wobei das Werk der anderen den Hauptteil bildet und sein eigenes zum Zwecke der Erklärung beigefügt ist, wird ‚Kommentator' genannt ... Wieder ein anderer schreibt sowohl sein eigenes Werk nieder als auch die Werke anderer, wobei jedoch sein eigenes Werk im Zentrum steht und die der anderen dessen Untermauerung dienen; einen solchen sollte man ‚Autor' nennen."[17] Im 18. Jahrhundert dann erhielt der schöpferische Autor eine Sonderrolle zugeschrieben, wodurch eine für die Moderne konstitutive Form von Autorschaft entstand, die bis heute an Ausstrahlung nichts verloren hat:[18] Dieses Konzept, bei dem der Autor innerhalb des Produktionsprozesses hervorsticht, ist neueren Datums und letztlich ein „Nebenprodukt der literaturromantischen Anschauung [...]."[19] Mit dem Aufkommen digitaler Medien haben sich neue „Möglichkeits-Räume" (Irmela Schneider) eröffnet, die das gegenwärtige Konzept von Autorschaft und die Zauberformel der auktorialen Schöpfungskraft in Frage stellen, indem sowohl der Werkbegriff als auch das Konzept von geistigem Eigentum zur Disposition stehen. In immer mehr Lebensbereichen ist die Produktion von Wissen bereits zu einem sozialen Prozess geworden und der individuelle Schöpfungsakt immer mehr in den Hintergrund gedrängt.

Bereits 1990, also noch bevor vernetzte Computer zu einem Massenphänomen wurden, haben Lisa Ede und Andrea Lunsford eine Untersuchung publiziert, in der sie die Praktiken und Perspektiven kollaborativer Schreibprozesse untersuchten. Sie kamen zum Schluss, dass gemeinschaftliche Schreibpraktiken im Geschäftsleben, in der Industrie, in der Verwaltung und auch in den Natur- und Sozialwissenschaften eine große Rolle spielten. Sie stellten auch fest, dass bei kollaborativen Schreibprozessen die Frage der Macht eine zentrale Rolle spielt und die effektive Schreibbeteiligung ebenso wie die Kennzeichnung der Autorschaft beeinflusst.[20]

Zu den Merkmalen digitaler Medien gehört, dass sie sowohl neue Variationen zu den früheren Formen kollektiver Autorschaft ermöglichen, als auch bisherige Praxen, die zwar am Konzept auktorialer Schöpfungsakte festhalten, aber durch ihre Intertextualitäten und Intermedialitäten dem schon längst nicht entsprechen, benennen helfen. Der verstärkte Einbezug von intertextuellen, intermedialen und interaktiven Elementen lässt sich immer weniger mit einer Werkform in Verbindung bringen, die vom Subjekt abhängig ist, und problematisiert zunehmend die Koppelung von Autorschaft und geistigem Eigentum. Dies wird noch durch den Umstand verstärkt, dass das heutige Konzept von Nutzungsrechten an Besitz und somit an eine bestimmte Materialität – des Buches, der Compact Disk, des Zeitschriftenheftes – gebunden ist. Das gemeinsame Schreiben eines Textes setzt voraus, dass die Schreibenden sich über Konzept, Arbeitsschritte und über Formulierungen austauschen: „Gemeinsames Schreiben bedeutet, einen Großteil der normalerweise stillschweigend verlaufenden Aktivitäten und Schritte im Textproduktionsprozess für die SchreibpartnerIn zu verbalisieren, und zwar auf den verschiedensten Ebenen dieses Prozesses. Nur so ist eine gemeinsame Arbeit am schriftlichen Text praktizierbar."[21] Dies ist nicht grundsätzlich neu und gemeinsame Schreibprozesse gab es auch unabhängig von Computern und dem Internet. Doch mit dem gemeinsamen Schreiben im Netz erhält dieser Prozess eine Unmittelbarkeit, die es so zuvor nicht gab. Die Möglichkeit, synchron am gleichen Text zu schreiben und dabei alle Arbeitsschritte transparent zu halten, kann auch das hierarchische Gefüge in einem Team verändern und neuartige Konflikte auslösen. Dürfen, um nur einige Beispiele zu nennen, schlechte Formulierungen des Vorgesetzten von allen korrigiert werden und wenn ja, wie sind sie zu kommentieren? Ist es wünschenswert, wenn alle Anläufe, einen Gedanken zu formulieren, mit Zeitstempel dokumentiert und für alle einsehbar sind? Und wer entscheidet zu welchem Zeitpunkt, ob und wann die Arbeit am Text abzuschließen ist? Da der Akt des Schreibens – insbesondere des Schreibens wissenschaftlicher Texte – immer auch einen interaktiven und kooperativen Charakter hat, scheint es sinnvoll, unterschiedliche Formen der kooperativen Textproduktion zu differenzieren und die neuen Möglichkeiten digitaler Medien präziser zu fassen. Der Terminologie der angelsächsischen Literatur seit den 1990er Jahren folgend lassen sich zwei Hauptformen unterscheiden: *Interactive writing* und *Group writing*.[22] Beim *Interactive writing* handelt es sich im Grunde genommen nicht um ein gemeinsames Schreiben, denn es geht darum, die Expertise anderer Personen beim Schreiben als ein zentrales Moment einzubeziehen. Die eigentliche Arbeit am Text verbleibt bei einem einzigen Autor. Entscheidend aber ist, dass die Textrevisionen nicht erst am Schluss erfolgen, sondern laufend vorgenommen werden und so zu einem Teil des Schreibprozesses werden. Moderne Textverarbeitungsprogramme wie *Microsoft Word* unterstützen solche Prozesse mit vielfältigen Hilfsfunktionalitäten wie zum Beispiel „Änderungen nachverfolgen" oder „Dokumente vergleichen und zusammenführen", welche die Arbeitsprozesse auch visualisieren. Ein effizienter Einsatz des *Interactive writing* setzt einen Computer mit einem Textverarbeitungsprogramm voraus, der idealerweise über entsprechende Zusatzfunktionen verfügt. Da die Texte nicht simultan, sondern konsekutiv bearbeitet werden, ist eine Vernetzung des Computers nicht nötig, da die Textversionen auch auf einem beliebigen Datenträger ausgetauscht werden können. Beim *Group Writing* werden „die beim ‚interactive writing' zeitlich und räumlich noch versetzt verlaufenden Aktivitäten in einem *gemeinsamen Produktionsprozess* verdichtet und gleichzeitig durchgeführt."[23] Bei diesem Vorgehen verstärkt sich der Effekt, dass verschiedenes Wissen aller Beteiligten und unterschiedliche Perspektiven auf das Thema in den Text einfließen. Zentrales Element beim Produktionsprozess des Textes ist im traditionellen medialen Setting das Gespräch in Form einer *Face-to-Face*-Situation, weshalb viele *Group writing*-Szenarien auch als „konversationelle Schreibinteraktionen" bezeichnet werden.[24]

Mit den multimedialen Fähigkeiten des *World Wide Web* ist das Gespräch auf der Grundlage einer physischen Begegnung der Schreibenden nicht mehr zentrales Moment eines gemeinschaftlichen Schreibprozesses. So lässt sich das direkte Gespräch durch Internet-Telephonie mit paralleler Videoübertragung ersetzen. Zusätzlich und gleichzeitig ist es möglich, ein im Netz abgespeichertes Dokument gemeinsam zu bearbeiten. Dabei stehen die essentiellen Funktionalitäten von lokalen Textverarbeitungsprogrammen zur Verfügung, die Software – und somit auch das gemeinsam bearbeitete Dokument – liegt aber auf dem Server des Anbieters, der sie über das WWW berechtigten Personen zugänglich macht. Dienste wie *Google Docs* lassen verschiedene Szenarien der Zusammenarbeit zu: So können mehrere Autoren gleichzeitig am Text arbeiten, wobei jeweils auf dem Bildschirm eingeblendet wird, wer aktiv am Text arbeitet. Um Revisionskonflikte zu verhindern, werden Textabsätze, die von einem der Autoren bearbeitet werden, für die anderen Autoren automatisch gesperrt. Möglich ist aber auch eine asynchrone Zusammenarbeit mehrerer Autoren, wobei die registrierten Autoren jedes Mal benachrichtigt werden, wenn einer der Autoren am Text Änderungen vorgenommen hat. Jede Änderung, Ergänzung oder Streichung wird dokumentiert und in einer Versionshistorie abgebildet; diese ist für alle Mitarbeitenden einsehbar, verschiedene Versionen können miteinander verglichen und ältere Versionen wieder hergestellt werden.

Da die praktische Handhabung solcher Dienste sich an den lokal installierten Textverarbeitungsprogrammen orientiert, ist ein Umstieg auf solche *Online*-Scheibsysteme verhältnismäßig einfach. Die Entwicklung solcher Textsysteme steht erst am Beginn, viele für die geisteswissenschaftliche Nutzung wichtige Funktionalitäten wie Fußnoten, automatische Inhaltsverzeichnisse, Gliederungsfunktionen sind nicht oder noch zu unpräzise implementiert. Es ist aber damit zu rechnen, dass sich in wenigen Jahren diese Dienste bezüglich Funktionsumfang, Stabilität und Vertrauenswürdigkeit – die eigenen Texte werden ja auf fremden Servern gelagert – soweit entwickelt werden haben, dass lokale Textverarbeitungen zu einem Nischenprodukt für spezielle Anforderungen werden.

Ob sich kollaborative Arbeitsweisen in der Geschichtswissenschaft wirklich etablieren werden, lässt sich heute nicht beurteilen. Zu vermuten ist, dass eine ausdifferenzierte Praxis entstehen wird, bei der das *Interactive writing* an Bedeutung gewinnen wird, ohne dabei das Konzept des Autors verschwinden zu lassen. Die zunehmende Bedeutung von Textsorten, bei denen der Autor traditionell eine nicht oder nur verschleiert sichtbare Rolle einnimmt, dürfte diesen Ausdifferenzierungsprozess und den punktuellen Einsatz von *Interactive writing* verstärken; gemeint sind insbesondere Forschungsgesuche, Projektberichte und Gutachten. Kollaborative Schreibpraktiken werden zudem bei der Erstellung von historischen Enzyklopädien und Wörterbüchern eine zunehmende Bedeutung erlangen; dabei dürfte das Konzept von *Wikipedia* – eine für alle sichtbare Versionierung der Texte, dichte Verlinkung der Lemmata sowie keine abgeschlossene Schlagwortliste – auch im wissenschaftlichen Kontext vermehrt zur Anwendung gelangen. Letztlich bedeutet dies ein verstärkt selbst-referentielles Schreiben und eine Dynamisierung des geschichtswissenschaftlichen *Outputs*. So wie fast alle Web 2.0-Dienste im permanten Beta-Stadium sind, sich also als *Work in progress* darstellen, werden auch Texte sich als immer noch zu verbessernd, als nicht final präsentieren. Mit einer transparenten Versionierung bleiben zwar die verschiedenen Textphasen eindeutig zitierbar, die Autorität eines Textes wird aber bei diesem Wandel *nolens volens* leiden.

Fraglich ist, ob in absehbarer Zeit die dominante Rolle der einem Autor, einer Autorin eindeutig zuzuschreibenden Monographie an Bedeutung verlieren wird und in diesem Bereich gemeinschaftliche Schreibprozesse mehr Bedeutung erhalten werden. Für die Historikerinnen und Historiker der Zukunft heißt das nichts weniger, als beide Schreibpraxen – das gemeinschaftliche ebenso wie das individuelle – einüben und in ihren unterschiedlichen Ausprägungen beherrschen zu müssen. In den geschichtswissenschaftlichen Hochschulcurricula muss deshalb das wissenschaftliche Schreiben einen wesentlich größeren Stellenwert erhalten, als dies bisher der Fall ist.

Der dynamische Wandel bei den entsprechenden Arbeitsumgebungen wird in den nächsten Jahren kaum nachlassen, was von Dozierenden und Studierenden eine hohe Flexibilität und eine kontinuierliche Weiterbildung in diesem Bereich verlangt. Die Herausforderung wird nicht sein, ein entsprechendes Tool oder eine spezielle Schreibtechnik besonders virtuos zu beherrschen, sondern der jeweiligen Situation angepasst die passende Arbeitsumgebung – zum Beispiel ein *Wiki*-System, ein *Weblog* oder ein anderes Hilfsmittel – auszuwählen und die dazu passende Schreibtechnik anwenden zu können. Zugleich sollte es zu den Fähigkeiten zukünftiger Historiker gehören, für komplexe Projekte, wie zum Beispiel ein historisches Nachschlagwerk, die dafür notwendigen Schreibprozesse definieren und bei der Umsetzung konzeptionell mitwirken zu können. Letztlich geht es jeweils darum, wer was für wen wie sichtbar wann am Text machen darf. Dies sind nicht technische, sondern soziale und gruppendynamische Probleme, es geht mithin um Definitionsmacht und Kontrolle in der wissenschaftlichen Textproduktion.

Medien der Geschichte

„Welche Historie – als Geschichtsschreibung – gehört zu welcher Geschichte und welche Geschichte zu welcher Historie?" fragte Reinhart Koselleck vor drei Jahrzehnten.[25] Angesichts der sich wandelnden medialen Rahmenbedingungen stellt sich heute diese Frage mit unveränderter Dringlichkeit. Koselleck unterschied bei der Frage nach den Formen historischer Darstellung drei Elemente: Zum einen gehe es um den „wissenschaftsimmanenten Bereich der Forschung". Zum zweiten gehe es um den „wissenschaftsexternen Adressaten- und Leserkreis". Das dritte Element schließlich sei der Text des Autors, der als Brücke zwischen den beiden Bereichen fungiert. Dieses vermittelnde Element des Textes ist bei Koselleck entweder eine schriftliche Darstellung oder eine Rede. Zu ergänzen wären heute neben diesen beiden Formen der Geschichtsdarstellung zahlreiche weitere Formen der Vermittlung, insbesondere für den gesellschaftlichen Diskurs über Geschichte, zum Teil aber auch für den wissenschaftsinternen Bereich; namentlich sind dies Ausstellungen, das Radio, Fernsehen, Film, Comics und die Vielfalt der bereits skizzierten neuen Kanäle des *World Wide Web*. Koselleck wies darauf hin, dass in die Darstellungsweise des Historikers sowohl die Forschung als auch das intendierte Publikum des Textes einflössen. Es sei deshalb zu fragen, wieweit die Arbeit mit den Quellen und die eigene methodische Herangehensweise die Art und Weise der Darstellung beeinflussten. Zu fragen sei auch, „welchen Leserkreis der Autor explizit erreichen will, sei es in den Vorworten, sei es in den Leseransprachen offener oder versteckter Art im Text selber." Koselleck folgend, haben alle drei hier genannten Elemente, die Forschung, die Darstellung und das intendierte Publikum, ihre je eigene Geschichte: Für die Relevanz der Forschung seien die sozialen und kulturellen Hintergründe der Autoren auszuloten, aber auch die Institutionsgeschichte historischer Arbeiten und ihrer Organisationen zu berücksichtigen. Für die Geschichte der Darstellungsformen ist eine Analyse der literarischen Mitteilungsformen und der Gattungslehren vorzunehmen und für das intendierte Publikum schließlich ist eine allgemeine Lesegeschichte einzubeziehen. Die von Koselleck genannte Brücken- oder Vermittlungsfunktion des historiographischen Textes verweist ganz direkt auf den Begriff des Mediums, der im allgemeinen Sprachgebrauch insbesondere die Bedeutung des Vermittelnden trägt, wie Georg Christoph Tholen betont: „Medium bezeichnet ursprünglich zunächst das in der

Mitte Befindliche, aber auch Zwischenraum, Unterschied und Vermittlung, weiterhin Gemeinwohl und Öffentlichkeit."[26] Das Thema Medien bietet sich seit den 1990er Jahren als ein „neues Paradigma, Welt zu erklären"[27] an und mache sich dabei anheischig, die bisher dominanten Determinanten des Politischen und des Sozialen abzulösen. Es können „epochale Verschiebungen, die sich im medialen Dispositiv der postindustriellen Gesellschaft abzuzeichnen beginnen,"[28] konstatiert werden, die zu einer vermehrten wissenschaftlichen Reflexion der Rolle der Medien geführt haben. Für die Geschichtswissenschaft stellt sich somit ganz grundlegend die Frage, ob und gegebenenfalls welche epistemologischen Auswirkungen dieser Wandel zeitigen könnte. Mit anderen Worten: Es ist in der Geschichtswissenschaft nicht mehr nur nach der Geschichte der Medien, sondern vermehrt auch nach den „Medien der Geschichte" und somit nach der Medialität von Geschichtsvorstellungen zu fragen.[29] Die Frage nach den Medien der Geschichte ist indes doppeldeutig: Auf der einen Seite geht es um die Medien der geschichtlichen Überlieferung, um die Überreste und Traditionen also, wie Bernheim und später Kirn es genannt haben, und somit um die medialen Bedingtheiten des geschichtswissenschaftlichen Zuganges zur Geschichte. Auf der anderen Seite sind mit den Medien der Geschichte auch die Medien geschichtlicher Darstellungsweisen gemeint.

Geschichtsdarstellungen haben seit jeher verschiedene Zielpublika anvisiert und sie bedienen sich entsprechend unterschiedlicher Medien. Die akademische Geschichtsschreibung mit einem vorwiegend innerwissenschaftlichen Zielpublikum stellt auf dem „Geschichtsmarkt"[30] nur einen Bereich unter mehreren dar. Sie orientiert sich stark am Medium Buch; Bilder, Filme oder Ausstellungen spielten und spielen im akademischen Diskurs der Geschichtswissenschaft eine periphere Rolle. Eine nicht zu vernachlässigende Bedeutung haben jedoch mündliche Formen der Kommunikation wie Seminare, Vorlesungen und Kongresse.[31] Anders ist dies im Feld der nicht-akademischen Geschichtsdarstellungen: Die dominante Rolle des Buches steht in diesem Bereich schon seit Jahren unter starker Konkurrenz vom Fernsehen und vom Film, neuerdings auch vom Internet. Zudem haben in den letzten rund zwanzig Jahren historische Ausstellungen an Bedeutung gewonnen, was sich einerseits an der Zahl der Museumsneugründungen zeigt, andererseits an der großen Aufmerksamkeit, welche historische Ausstellungen sowohl in der Fachwelt als auch beim Publikum erfahren.[32] Dabei lassen sich Ausstellungen nicht nur von der herkömmlichen Form des Erzählens unterscheiden, sondern auch von der historischen Inszenierung, wenn man, Aleida Assmann folgend, Erzählen, Ausstellen und Inszenieren als die drei Grundformen der historischen Präsentation bezeichnet.[33] Eine Erzählung ist demnach eine Anordnung von kausal miteinander verknüpften Ereignissen in einer zeitlichen Reihenfolge, wobei erst die narrative Semantik den erzählten Ereignissen Bedeutung und Gewicht gibt. Bei einer Ausstellung werden historische Texte, Bilder und Gegenstände im Raum angeordnet, das heißt die zeitliche Reihung wird ergänzt durch die räumliche Anordnung. Die dritte, oftmals pejorativ konnotierte Darstellungsform ist die Inszenierung; mediale Inszenierungen bauen auf bewegten Bildern auf und umfassen gefilmte und verfilmte Geschichte, räumliche Inszenierungen sind im Unterschied zu musealen Ausstellungen an eine Bühne gebunden, der zugleich Schauplatz ist. Gemeint sind sogenannte *Heritage centers* ebenso wie Gedenkstätten, deren Kern ein „imaginatives Nacherleben und performatives Nachstellen von Geschichte" sei.[34] Die Medien Film, Fernsehen, Ausstellung und Inszenierung betonen demnach zwei Aspekte einer historischen Darstellung: die Bildlichkeit und den narrativen Charakter. Das Fernsehen gilt zudem als ein „medialer Kulturspeicher",[35] der in der Lage ist, sowohl Inhalte aus anderen Medien zu integrieren als auch Traditionen früherer visueller Kulturen zu adaptieren. Dies gilt in noch viel stärkerem Ausmaß für das *World Wide Web*: Es ist ebenfalls ein Medium, das in der Lage ist, andere Medienformen zu integrieren, insbesondere das bewegte Bild von Film und Fernsehen. Gleichzeitig ist das *World Wide Web* – im Unterschied zu den früheren Diensten des Internet wie zum Beispiel *Gopher* – ein ebenfalls stark visuell geprägtes Medium. Die im Film und im Fernsehen zwingend lineare Narrativität hingegen wird im *World Wide Web* durch die dominante Hypertextualität der Darstellung eindeutig konterkariert.

David Staley hat die These aufgestellt, dass die neuen visuellen Darstellungsmöglichkeiten, welche der Computer eröffnet, Geschichte nachhaltig verändern, wenn nicht gar revolutionieren werden.[36] Das große Potential des Computers für die Geschichtswissenschaft liege nicht in dessen Fähigkeit, Texte zu verarbeiten, sondern im Umgang mit Bildern. Er fordert deshalb, Visualisierungen gleichwertig mit linearen, textbasierten Erzählungen zu behandeln, wobei er unter Visualisierung nicht die Illustration von Text mit Bildern versteht, sondern – angelehnt an den Umgang mit Bildern in den Naturwissenschaften – die bildliche Darstellung von Forschungsergebnissen. Das tönt als Behauptung zwar gut, wer aber nach entsprechenden Beispielen aus der Praxis der Kulturwissenschaften sucht, wird noch kaum fündig. Noch immer gehört es zu den markantesten Merkmalen der Kulturwissenschaft (und ist Unterscheidungskriterium zum Beispiel von Kunst), dass sie sich zur Hauptsache der Sprache als Medium bedient. Erst im Zuge einer neuen Welle der *Digital Humanities*, wie sie etwa seit 2010 beobachtet werden kann, sind im Zuge einer *Data Driven History* geschichtswissenschaftliche Projekte zu beobachten, die Visualisierungstechniken nicht als Hilfsmittel, sondern als zentrales methodisches Element nutzen.[37]

„Erinnerungen sind abhängig von der gesellschaftlichen Organisation ihrer Weitergabe und von den dabei genutzten unterschiedlichen Medien", schreibt Peter Burke und hebt fünf für das soziale Gedächtnis besonders bedeutsame Medien hervor: die mündliche Tradition, historische Dokumente, ruhende oder bewegte Bilder, kollektive Gedenkrituale und geographische sowie soziale Räume.[38] Dank seiner Integrationsfähigkeit scheint das *World Wide Web* auf den ersten Blick einige dieser Elemente inkorporieren zu können. So lebt in den *Chat*-Räumen und den *Podcasts* die Tradition der mündlichen Erzählung weiter, werden historische Dokumente von Gedächtnisinstitutionen in zunehmend großer Zahl retrodigitalisiert und *online* zugänglich gemacht, beherbergen Bilder- und Video-Plattformen wie *Flickr* und *YouTube* bereits jetzt größere Bilder- und Filmsammlungen, als entsprechende Archive in der realen Welt.[39] Gerade die visuelle Kultur des digitalen Bildes im *World Wide Web* zeitigt eine tiefgreifende Veränderung in der Repräsentation von Geschichte. Grundsätzlich sind digitale Bilder nur dann sichtbar, wenn sie mit dem passenden Programm an ein Gerät geleitet werden, welche die Sichtbarkeit der Bildinformationen herstellt und den digitalen Code in ein für das menschliche Auge erkennbares Bild transformiert. Das kann ein Bildschirm, ein *Beamer* oder auch ein Drucker sein. Stefan Heidenreich spricht deshalb digitalen Bildern eine „Doppelexistenz [zu], als Datensatz und als sichtbares Bild."[40] Anders als analoge Bilder enthalten digitale Bilder in ihrer Form als Datensatz aber immer auch Metadaten, in denen Informationen über die Art und Weise der Codierung, die angewandten Kompressionsalgorithmen, in der Regel aber auch über Aufnahmezeitpunkt und Aufnahmegerät gespeichert sind. Da sich Bildaufnahmegeräte heute nicht mehr auf Photoapparate beschränken, sondern auch Mobiltelephone, die meisten tragbaren Computer, Überwachungskameras oder Satelliten in der Lage sind, digitale Bilder zu produzieren, verändert sich der epistemologische Wert des Visuellen grundlegend. Dies zeigt sich einerseits in der Menge der Bilder, die produziert werden, andererseits in der öffentlichen Verfügbarkeit von Bildern im *World Wide Web*. Der Umstand, dass in den meisten europäischen Ländern ein Versorgungsgrad mit Mobiltelephonen von statistisch über 100 Prozent erreicht wird, bedeutet, dass wir mit der permanenten Möglichkeit einer digitalen Verbildlichung unseres Alltages zu leben haben und der photographierbare Augenblick somit nicht mehr die Ausnahme, sondern den lebensweltlichen Normalfall darstellt. Eindrücklich demonstrieren die *Web 2.0*-Bilderdienste wie *Flickr* diesen Übergang zu einer neuen Kultur des Visuellen. Der 2002 in Kanada gegründete und 2005 von *Yahoo* gekaufte Dienst erlaubt es angemeldeten Benutzern, digitale Bilder im Netz zu speichern, mit *Tags* zu versehen und in der Regel öffentlich zugänglich zu machen. Auf *Flickr* sind mehrere Milliarden Bilder öffentlich zugänglich, darunter immer mehr auch historische Aufnahmen, die unter *Flickr Commons* unter anderem von der *New York Public Library*, der *Library of Congress*, der *Smithsonian Institution*, der *Bibliothèque de Toulouse* oder vom britischen Nationalarchiv eingestellt und vom Publikum mit *Tags* versehen werden können.[41] Die 2005 gegründete und seit 2006 zu *Google* gehörende Video-Plattform *YouTube* funktioniert ähnlich wie *Flickr*, beschränkt sich allerdings auf Videos. Schätzungen gehen davon aus, dass in einem Zeitraum von sechs Monaten mehr Videomaterial auf *YouTube* hochgeladen wird, als die drittgrößte amerikanische Fernsehkette *ABC* in den letzten 60 Jahren produziert hat. Trotz einiger technischer und vor allem urheberrechtlicher Beschränkungen finden sich auf *YouTube* zahlreiche historische Filmdokumente und Ausschnitte aus zeithistorischen Fernsehsendungen.[42]

Die neuartige, nämlich andere Medien integrierende Medialität und insbesondere die Digitalität des *World Wide Web* haben in den letzten Jahren den Blick geschärft für den Überschneidungsbereich zwischen Medienwissenschaft und Geschichtswissenschaft. So lässt sich ein zunehmendes Interesse der Geschichtswissenschaft an Mediengeschichte beobachten, was sich etwa in entsprechenden Forschungsprojekten und einer zunehmenden Zahl von einschlägigen geschichtswissenschaftlichen Publikationen niederschlägt. Eine medial fokussierte Historiographie des digitalen Zeitalters muss sich das notwendige Instrumentarium in vielen Punkten erst noch erarbeiten und wird über eine Mediengeschichtsschreibung im Sinne einer historischen Herleitung technischer Medien hinausführen müssen.[43] Es wird dabei in erster Linie darum gehen, die Medienbegriffe in ihren historischen Kontexten zu hinterfragen und zu untersuchen, wo Medien in Kommunikationsprozessen und auch im Vermitteln von Geschichtsbildern wirksam werden, wo sie selbst Kommunikationsprozesse generieren und wo Medien in diesen Funktionen beobachtbar werden. Damit könnten sich neue Perspektiven auf die eigene Arbeitsweise, auf das *Faire de l'histoire*,[44] ebenso wie auf die Präsentation und Vermittlung von historischer Erkenntnis öffnen.

Der neue Strukturwandel der Öffentlichkeit

Die Entwicklung des *WWW* zum *Web 2.0* führt nicht nur zu einer Neubewertung des Verhältnisses von Medien und Geschichte, sondern auch zur damit eng zusammenhängenden Frage nach der Öffentlichkeit der Geschichte. Eine Ausstellung erreicht eine andere Öffentlichkeit als eine Fachbuch, ein Weblogeintrag eine andere als ein Aufsatz in der *Historischen Zeitschrift*. Die Öffentlichkeiten nicht nur der Geschichte befinden sich im digitalen Zeitalter in einem schnellen Wandel. Hierbei verschafft das *Web 2.0* den Aspekten Interaktion und Partizipation eine neue, verstärkte Bedeutung. Der Namensteil *2.0* referiert einerseits auf die Usanz in der Computerbranche, Programme mit einer Versionsnummer zu versehen, stellt andererseits aber auch den Versuch einer Historisierung von *Web 2.0* dar. Da es die Bezeichnung *Web 1.0* nicht gab, bleibt offen, ob sich die historische Herleitung auf eine erste, von Tim Berners-Lee konzipierte Phase des *World Wide Web* bezieht, oder ob auch frühere Konzepte wie *Memex* oder gar Theorien einer medial vermittelten Öffentlichkeit, wie sie von Jürgen Habermas oder Bertolt Brecht thematisiert wurden, anklingen könnten.[45] Die Komplexität moderner Gesellschaften hat einen Grad erreicht, dass gesellschaftliche Kommunikation nur noch durch Medien möglich geworden ist und es kein nicht-mediales Bild der Gesellschaft und ihrer Realitäten mehr gibt. Die bürgerliche Öffentlichkeit im Sinne der „Sphäre der zum Publikum versammelten Privatleute"[46] bestand in der Zeit der Aufklärung in den französischen Salons, den englischen Kaffeehäusern und den deutschen Tischgesellschaften. Damit diese Räume überwunden werden konnten, bedurfte es Vermittlungsmedien wie zum Beispiel literarischer Zeitschriften oder der *Encyclopédie*. Nach Habermas sollte der öffentliche Raum folgende Kriterien erfüllen: Es gibt einen unbeschränkten Zugang zu diesem Raum, er besteht aus ebenbürtigen Mitgliedern, es herrscht eine offene Themenwahl und der Kreis der potentiellen Teilnehmer ist nicht abgeschlossen. Im Zusammenhang mit dem Aufkommen der elektronischen Medien Radio und Fernsehen beschreibt Habermas die öffentliche Sphäre als eine Zerfallsgeschichte, denn „[d]ie durch Massenmedien erzeugte Welt ist Öffentlichkeit nur noch dem Scheine nach [...]."[47] Das WWW lässt sich nicht *a priori* als ein Massenmedium begreifen, aber es enthält, als integratives Medium, zahlreiche massenmediale Elemente. Von den technischen Möglichkeiten her gesehen bietet das *Internet* generell und in viel stärkerem Ausmaß speziell das *Web 2.0* zahlreiche Möglichkeiten, das Imperativ des impliziten *Don't talk back* auszuhebeln. Entscheidend aber ist nicht, was technisch machbar ist, sondern was tatsächlich gemacht wird. Im Hinblick auf die Öffentlichkeit der Geschichte scheint der Zeitpunkt auf jeden Fall zu früh zu sein, um von einer Praxis sprechen zu können, die sich beobachten und analysieren ließe. Auf einer abstrakten Ebene lässt sich aber feststellen, dass die von Habermas genannten Kriterien für eine Öffentlichkeit im *Web 2.0* erfüllt sind und dass Interaktivität im *Web 2.0* nicht eine Möglichkeit darstellt, sondern eine *conditio sine qua non*: „Das Fernsehen produziert, ohne Sie zu fragen – und es sendet, egal ob Sie zuschauen oder nicht; Youtube sendet nur, wenn Sie klicken – und auch nur das, womit Nutzer die Seite bestücken."[48] Auch Habermas sieht im aktuellen Medienwandel signifikante Veränderungen: „Tatsächlich hat ja das Internet nicht nur neugierige Surfer hervorgebracht, sondern auch die historisch versunkene Gestalt eines egalitären Publikums von schreibenden und lesenden Konversationsteilnehmern und Briefpartnern wiederbelebt. Andererseits kann die computergestützte Kommunikation unzweideutige demokratische Verdienste nur für einen speziellen Kontext beanspruchen: Sie unterminiert die Zensur autoritärer Regime, die versuchen, spontane öffentliche Meinungen zu kontrollieren und zu unterdrücken. Im Kontext liberaler Regime überwiegt jedoch eine andere Tendenz. Hier fördert die Entstehung von Millionen von weltweit zerstreuten *chat rooms* und weltweit vernetzten *issue publics* eher die Fragmentierung jenes großen, in politischen Öffentlichkeiten jedoch gleichzeitig auf gleiche Fragestellungen zentrierten Massenpublikums."[49]

Bleibt die Frage, welche Auswirkungen diese vor wenigen Jahren erst begonnene Entwicklung auf die Öffentlichkeit der Geschichte haben wird, welche Interaktionen mit anderen Formen der Geschichtsvermittlung erfolgen werden und welche Rückkopplungen auf die Geschichtsforschung zu erwarten sein werden. Offen ist auch, ob es im Wechselspiel zwischen Fachöffentlichkeit und gesellschaftlichen Geschichtsdiskursen zu einem Wandel kommen wird. Mit dem WWW sind die bisher nur mit beträchtlichem Aufwand zugänglichen fachinternen Diskussionen öffentlich zugänglich geworden. Es braucht heute weder den Gang in die Bibliothek noch Kenntnisse der fachspezifischen Ordnungssysteme, um die neuesten Forschungsdiskussionen der Geschichte zeitnah mitverfolgen zu können. Die Archive der meisten Diskussionslisten sind zum Beispiel öffentlich zugänglich und in den Trefferlisten der Suchmaschinen vermischen sich deshalb Diskussionsfragmente aus dem Inneren der Geschichtswissenschaft mit Leserkommentaren im Feuilleton. Der Literaturbericht aus einer geschichtswissenschaftlichen Dissertation präsentiert sich im *World Wide Web* in einer Reihe mit den populären Geschichtsbildern eines Heimatmuseums. Die Medienkompetenz der Geschichtsforschenden, diese Textsorten auseinanderzuhalten und richtig zu bewerten, ist die eine Seite der Medaille, die andere Seite aber ist die Frage, welche epistemologischen Auswirkungen diese ‚Nähe' zeitigen werden.

Vom Wandel im Inneren der Wissenschaft

Unter dem Begriff *Cyberscience* untersuchte eine fächerübergreifende Studie mit soziologischem Blick den digitalen Wandel im Inneren der Wissenschaft und attestierte der Geschichtswissenschaft eine relativ große Offenheit den Veränderungen gegenüber (*Cyberness*).[50] Die Studie prognostizierte, dass mittelfristig, das heißt in einem Zeitraum von fünf bis zehn Jahren, einige traditionelle Kommunikationsformen in den Wissenschaften von neuen, digitalen Formen überlagert würden, so etwa Zeitschriften und Bibliographien; andere Anwendungen wie etwa *E-Mail* könnten in diesem Zeitrahmen bereits die herkömmlichen Pendants weitgehend ersetzt haben. Langfristig sei mit der völligen Substitution von zum Beispiel gedruckten durch elektronische Zeitschriften oder gedruckten Bibliographien durch bibliographische Datenbanken zu rechnen.[51] Dieser Wandel bedeute mehr als nur den Ersatz von einzelnen Instrumenten und Kommunikationskanälen durch neue, digitale Entsprechungen, zum Phänomen *Cyberscience* gehöre auch eine Veränderung in den Methodologien, der Arbeitsweise, den einzelnen Rollen und den Strukturen des wissenschaftlichen Feldes. So bewirke die Digitalisierung der wissenschaftlichen Arbeitstechniken nicht nur eine Beschleunigung des Wissensaustausches, sondern auch eine vermehrte Kooperation und mehr Transparenz.

Der Begriff *Cyberscience* konnte sich zwar nicht durchsetzen, aber die Fragen sind geblieben. Heute werden die gleichen Stichworten unter den Begriffen *e-Sciences* respektive *e-Humanities* oder *Cyberinfrastructure* diskutiert – wobei das *e-* entweder für *electronic* (wie bei *E-Learning*) oder aber für *enhanced* steht. Bereits 2003 betonte die erwähnte Studie, dass ein zentraler Punkt die Frage sei, ob im wissenschaftlichen Publikationswesen eine Phase der Ent-Privatisierung oder sogenannten Dekommodifizierung bevorstehe. Dabei lassen sich in ganz groben Zügen mehrere Phasen unterscheiden: Die erste, mit dem Aufkommen wissenschaftlicher Zeitschriften im 17. Jahrhundert einsetzende Phase war im Wesentlichen dekommodifiziert, da wissenschaftliche Publikationen noch nicht als Waren behandelt wurden. Die zweite, das 20. Jahrhundert umfassende Phase, führte zu einer Privatisierung und Kommerzialisierung (Kommodifizierung) des wissenschaftlichen Publikationswesens, das seither in privatwirtschaftlichen Händen ist. Die Möglichkeiten digitaler Publikationskanäle könnten zu einer neuerlichen Ent-Privatisierung des akademischen Verlagswesens führen, wie sie etwa dem *Open Access*-Gedanken entspricht. Der Grundgedanke hierbei ist, dass Forschungsergebnisse, die mit öffentlichen Geldern finanziert wurden, auch öffentlich zugänglich sein sollen.[52] Allerdings spricht auch einiges gegen die Dekommodifizierungsthese: „Zahlreiche Hinweise deuten heute auf eine ungebrochene, wenn nicht verschärfte Kommodifizierungstendenz im wissenschaftlichen Publikationswesen hin. Die Zeitschriftenkrise, die von Nentwich u.a. als ein Auslöser für den Eintritt in Phase III gesehen wird, ist keineswegs eine Verwertungskrise [...] EU-weite Anpassungen des Urheberrechts an die ‚Erfordernisse' elektronischen Publizierens legten mit der Einführung des Umgehungsverbots für technische Schutzmaßnahmen die Grundlagen für den zukünftigen breiten Einsatz von Digital Rights Management-Systemen."[53] In der Tat lassen sich auch heute durchaus gegensätzliche Tendenzen beobachten und es wird sich weisen, ob der wissenschaftliche Publikationsmarkt in jetziger Form Bestand haben wird oder nicht. Zu vermuten ist, dass es aufgrund der sehr unterschiedlichen Ausgangssituation in den einzelnen disziplinären Feldern zu sehr verschiedenartigen Entwicklungen kommen wird. Für das Feld der Geschichtswissenschaft ist anzunehmen, dass sich die bereits heute unübersichtliche Situation weiter verkomplizieren wird und einige zentrale, von Verlagen betreute Titel des Faches weiterhin zahlenden

Bibliotheken vorbehalten bleiben, während weniger gefragte Titel vermutlich zum *Open Access*-Prinzip wechseln werden, um überhaupt weiter bestehen zu können, da sich eine professionelle Betreuung durch einen Verlag nicht rechnet. Dabei stellt sich die Frage, ob die Qualitätssicherung solcher Titel mit öffentlichen Fördermitteln zu unterstützen wäre.

Eng verbunden mit möglichen marktverändernden Momenten wird bei elektronischen Publikationen deshalb die Qualitätsfrage ganz grundsätzlich diskutiert. Entsprechende Maßnahmen, wie sie heute in den etablierten Verfahren des wissenschaftlichen Publikationswesens zur Anwendung gelangen, bilden einen der Stützpfeiler des heutigen Wissenschaftssystems und lassen sich – zumindest idealtypisch – als Regelkreis von Manuskript (*Input*), Gutachten (*Control*), Publikation (*Output*) und Rezension (*Feedback*) beschreiben.[54] Digitale Publikationssysteme unterscheiden sich in zwei Punkten grundlegend von den bisherigen Publikationssystemen: Zum einen ermöglichen sie neue Begutachtungsverfahren, zum anderen bieten sie eine extrem niederschwellige Möglichkeit der Selbstpublikation. Der wesentliche Unterschied zwischen der „Cyber-Qualitätskontrolle"[55] und den herkömmlichen qualitätssichernden Verfahren ist der Umstand, dass die Kontrolle sowohl *ex ante* als auch *ex post* vorgenommen werden kann. Grundlegende Modifikationen sind aber auch im bisher dominanten Verfahren *ex ante* möglich. Zusammengefasst lassen sich die verschiedenen Möglichkeiten als *Open Peer Review* oder auch als *Peer Review 2.0* bezeichnen. Bei einem reinen *Open Peer Review* wird ein eingereichtes Manuskript zur allgemeinen Kommentierung auf dem Server der herausgebenden Institution *online* gestellt und der Text kann dann vom Autor in einem transparenten Prozess überarbeitet werden, bevor er in einer stabilen Version veröffentlicht wird. Nicht die Herausgeber wählen also Gutachter aus, sondern jeder, der sich berufen fühlt, kann teilnehmen – allerdings wird im Unterschied zum klassischen *Peer Reviewing* das Verfahren nicht anonym durchgeführt. Wie bei einem *Wikipedia*-Eintrag könnten interessierte Fachkollegen – allerdings auf anderem Niveau und vor allem nicht anonym – Verbesserungen vorschlagen und einzelne Punkte des Entwurfes diskutieren. Es sind aber auch verschiedene Mischsysteme möglich: So können Kommentare von eingeladenen Gutachtern veröffentlicht und einem weiteren Kreis zur Diskussion gestellt werden. Mit der niederschwelligen Möglichkeit der Veröffentlichung von wissenschaftlichen Aufsätzen stellt sich auch die Frage, ob abgelehnte Beiträge oder Berichte von nicht erfolgreichen

Forschungsprojekten, die im traditionellen System kaum eine Chance zur Veröffentlichung haben, *online* gestellt werden sollen. Im Bereich der Geschichtswissenschaften könnten dies zum Beispiel Berichte von Archivrecherchen sein, die mit viel Aufwand durchgeführt wurden, aber nicht zum erhofften Ergebnis geführt haben. So ließen sich teure Doppelspurigkeiten, wie sie bereits vor Jahren beschrieben wurden, vermeiden.[56]

Eine Qualitätskontrolle *ex post*, das heißt nach der Veröffentlichung einer Arbeit, ist heute im wissenschaftlichen Bereich nur indirekt möglich. Die entsprechenden Instrumente wie Rezension, Entgegnungen in Fachzeitschriften oder die Diskussion in den Fußnoten sind sehr langwierig und kaum überblickbar. Im Bereich der elektronischen Publikationen sind nachträgliche Qualitätskontrollen hingegen einfach, und zwar in unterschiedlichen Spielarten: Bei der nachträglichen Kommentierung oder Annotierung erhalten die Leser die Möglichkeit, niederschwellig und für spätere Leser sichtbar den publizierten Text zu kommentieren oder zu ergänzen. Diese werden mit dem Originaltext zusammen publiziert oder mit ihm verlinkt, so dass ein dynamisches Dokument entsteht. Dabei muss allerdings kritisch gefragt werden, ob ein solches Verfahren tatsächlich zu einer Qualitätsverbesserung oder nur zu einer Diskussionsausweitung führt. Eine weitere Variante ist die Bewertung der Texte durch die Leser, wie dies zum Beispiel für Bücher beim *Online-* Buchhändler *Amazon* möglich ist. Dabei werden die gesammelten Bewertungen als Mittelwert in Form einer Note präsentiert, was eine schnelle Orientierung und ein einfaches *Ranking* ermöglichen würde. Diese hochaggregierte Form der Beurteilung genügt allerdings den wissenschaftlichen Erfordernissen in keiner Weise und sollte vermieden werden. Eine dritte Variante zielt auf eine Auswertung der Zugriffs- und Zitationszahlen und wäre somit eine Ausweitung herkömmlicher bibliometrischer Verfahren, bei der mit statistischen Verfahren die (vermeintliche) Relevanz einzelner Publikationen, Autoren oder Institutionen bestimmt wird, indem die Verweise auf die entsprechenden Texte ausgewertet werden. Dies entspricht in der Logik dem grundlegenden Prinzip des Rankingverfahrens von *Google*, wo auch die Verlinkungsintensität gemessen und die Struktur der *Links* analysiert wird. Während im Bereich *Science, Technology and Medicine* (STM) sich bibliometrische Messverfahren seit einigen Jahren etabliert haben, ist im Bereich der Geistes- und insbesondere der Geschichtswissenschaften die Akzeptanz aufgrund der methodologischen Probleme äußerst gering. Dies hat mit der ungenügenden Datenlage zu tun, die wiederum mit anderen Publikationskulturen als im STM-Bereich zusammenhängt.[57]

Die fachinternen Diskussionen um das elektronische Publizieren konzentrieren sich heute stark auf die Rolle von Zeitschriften und die Bedeutung von *e-Journals*. Vernachlässigt wird dabei die Frage nach den Monographien, die in den Geschichtswissenschaften nach wie vor eine enorme Bedeutung haben.[58] Dabei sind im Wesentlichen drei Phänomene zu beobachten: Am augenfälligsten ist der Wandel im Bereich der akademischen Qualifikationsarbeiten, da im Laufe der vergangenen rund zehn Jahren im deutschen Sprachraum an den meisten Universitäten Server aufgebaut wurden, bei denen Dissertationsschriften kostenlos im Volltext abgerufen werden können. Da meistens damit die in vielen Promotionsordnungen vorgeschriebene Veröffentlichungspflicht als erfüllt gilt, handelt es sich hier in der Regel um Publikationen, die ausschließlich digital zur Verfügung stehen und auch von der Deutschen Nationalbibliothek gesammelt werden. Als Nebenerscheinung lässt sich seit einigen Jahren beobachten, dass vermehrt auch Magister- respektive Diplomarbeiten *online* zugänglich gemacht werden. Dies stellt insofern eine Veränderung des Publikationsmarktes dar, dass diese Textsorte bisher nur sehr selten veröffentlicht und an einigen Institutionen sogar mit Sperrfristen belegt wurde. Ein zweiter Bereich betrifft Sammelbände und Lehrbücher, die immer öfter kapitelweise digital verkauft werden. Die Möglichkeit, einzelne Kapitel aus einem Lehrbuch oder einem Sammelband zu beziehen, verändert nicht nur die Lesegewohnheiten, sondern auch die Art und Weise, wie Sammelbände konzipiert und entsprechende Texte geschrieben werden. Noch scheint dieses Phänomen in den Geschichtswissenschaften kaum eine Rolle zu spielen, allerdings ist damit zu rechnen, dass in wenigen Jahren diese Praxis üblich sein wird. Ein ähnliches Phänomen ist die Praxis einiger Wissenschaftsverlage, Bücher – auch Monographien – zeitversetzt oder zeitgleich zur gedruckten Ausgabe auch in elektronischer Form als *eBook* auf den Markt zu bringen. Anders als bei einigen größeren Verlagen wie etwa Springer sind campusweite Globallizenzen, die den Hochschulangehörigen unbeschränkten Zugang zu den Publikationen gewähren, eher (noch) die Ausnahme, öfter wird den potentiellen Lesern direkt ein *Pay-per-view* angeboten. Argumentiert wird von den Verlagen mit der Platzersparnis, der raschen Verfügbarkeit und der Möglichkeit, im Volltext eines Buches suchen zu können – was mit Hilfe von *Google Books* zwar auch möglich ist, aber nur mit großen Einschränkungen. Viele der so erworbenen Texte sind aber mit einem digitalen Rechtemanagement (*Digital Rights Managment, DRM*) ausgestattet, welches die freie Nutzung auf verschiedenen Geräten, das Annotieren, Ausdrucken und Weiterverarbeiten der Texte erschwert oder gar verunmöglicht. Beim Kauf eines Buches wird man Besitzer des Datenträgers und kann damit tun und lassen, was man will. Beim Kauf eines eBook hingegen erwirbt man in aller Regel nur bestimmte Nutzungsrechte.

Auch hier stellt sich die Frage nach den Auswirkungen solcher neuer Distributionskanäle auf Konzeptionierung und Ausstattung von gedruckten Büchern – und auf die Rezeption der Inhalte. Werden Texte anders verfasst, wenn sie zugleich für die Lektüre auf Papier und am Bildschirm konzipiert werden? Sind Indizes und Bibliographien noch notwendig, wenn im gesamten Text eines Buches gesucht werden kann und *online* verfügbare Texte direkt im Text verknüpft werden können? Und wie ändert sich das Kaufverhalten, wenn man als Käufer davon ausgehen kann, dass das soeben gedruckt erschienene Buch zeitgleich oder zeitnah elektronisch verfügbar sein wird? Zeigen muss sich auch noch, ob die neue Generation der Lesegeräte – seien es dedizierte e-Book-Geräte wie der *Kindle* von *Amazon* oder multifunktionale Geräte wie der *iPad* von *Apple* – sich im geisteswissenschaftlichen Alltag wird etablieren können.

Ungelöst im ganzen Wandel der Publikationssysteme vom gedruckten zum digitalen System ist indes nicht nur die Frage der Qualität, sondern auch die mangelnde Persistenz. Das Problem stellt sich grundsätzlich bei der Archivierung von digitalen Dokumenten, wurde in den letzten Jahren aber im Zusammenhang mit elektronischen Zeitschriften besonders intensiv diskutiert. Neben den technischen Problemen der Langzeitarchivierung erweist sich die Persistenz von *Links* und Zusatzmaterialien, die als Bestandteil von wissenschaftlichen Texten digital veröffentlich werden, als ein zunehmendes Problem. Eine Untersuchung ergab, dass 13 Prozent der *Links* in drei wichtigen STM-Zeitschriften nach 27 Monaten ungültig waren. Zusatzmaterial, das zusammen mit den eigentlichen Texten in sechs Zeitschriften aus dem STM-Bereich veröffentlicht wurde, war nach zwei Jahren zu 4,7 Prozent und nach 5 Jahren zu 9,6 Prozent nicht mehr erreichbar. Auch im Bereich der Geschichtswissenschaft sieht die Situation nicht besser aus: Nach sieben Jahren waren 18 Prozent der *Links* im *Journal of American History* und im *American Historical Journal* inaktiv, das heißt, die Seiten waren nicht mehr oder zumindest nicht mehr unter der ursprünglich publizierten Adresse abrufbar.[59] Das Problem mag ein Phänomen einer Übergangszeit sein und das medienhistorische Theorem bestätigen, dass bei jedem neuen Medium in der Anfangsphase die Techniken und Praxen der Sicherung fehlen und so in der Überlieferung die erste Zeit lückenhaft ist. Solange aber dieses Problem nicht gelöst ist und zudem bei der Frage nach der Qualitätssicherung sich keine verbindlichen und zuverlässigen Standards durchgesetzt haben, wird die zurückhaltende Akzeptanz elektronischer Publikationsformen in den Geschichtswissenschaften mit guten Gründen nicht wachsen. Das wiederum verhindert, dass eine kritische Menge von Texten *online* zur Verfügung steht und somit der Druck, die anstehenden Probleme zu lösen, zunimmt.

Anmerkungen

[1] Vierhaus: Wie erzählt man Geschichte? (1982).
[2] Da in der deutschen Sprache das Wort *Kollaboration* mehrere Konnotationen hat, wird im Folgenden der englische Ausdruck *Collaborative writing* verwendet.
[3] Tholen: Die Zäsur der Medien (2002), S. 11 u. 52 (Hervorhebungen im Original).
[4] Kittler: Aufschreibesysteme 1800–1900 (1995), S. 223ff. u. 441ff.; ferner: Stingelin: Kugeläusserungen (1988).
[5] Suter: Das Neue Schreiben (2006), S. 169.
[6] Flusser: Hinweg vom Papier (1995), S. 65.
[7] Suter: Das Neue Schreiben (2006), S. 177ff.
[8] Nach: Ebersbach et al.: Social Web (2008), S. 24ff.; siehe auch: O'Really: What Is Web 2.0? (2005); siehe auch: Knorr: The Year of Web Services (2003/2004).
[9] Ebersbach et al.: Social Web (2008), S. 29.
[10] Schmidt: Weblogs (2006); Ebersbach et al.: Social Web (2008), S. 56–79; Schlobinski/Siever: Sprachliche und textuelle Merkmale in Weblogs (2005); Sonnabend: Das Phänomen Weblogs (2005); Schmidt: Praktiken des Bloggens (2005); Büttner: Eintritt in die Blogosphäre (2006); Krameritsch/Gasteiner: Schreiben für das WWW (2006), S. 235ff.; Thillosen: Veränderungen wissenschaftlicher Literalität durch digitale Medien (2008).
[11] Snow: The two cultures and a second look (1965).
[12] Für das Folgende siehe: Burckhardt/Schiel: Kollaboratives Schreiben (2010).
[13] Bruns: Blogs, Wikipedia, Second Life, and Beyond (2008); Forte/Bruckman: Why Do People Write for Wikipedia? (2005); Frost: Zivilgesellschaftliches Engagement (2006); Kuhlen: Wikipedia (2005); Reagle: Do As I Do (2007); Schmalz: Zwischen Kooperation und Kollaboration (2007); Haber/Hodel: Das kollaborative Schreiben von Geschichte als Lernprozess (2007); Storch: Collaborative writing (2005).
[14] Foucault: Qu'est-ce qu'un auteur (1969), zit. nach: Foucault: Was ist ein Autor? (2000), S. 202.
[15] Barthes: Schriftsteller und Schreiber (2006).
[16] Schneider: Konzepte von Autorschaft (2006), Abs. 13.
[17] Zit.: Eisenstein: Die Druckerpresse (1997), S. 78.
[18] Siehe dazu die überhitzte Plagiatsdiskussion, bei der einem überkommenen, so-

litären Schöpfungsmythos des Textes das Wort geredet wird, etwa: Weber: Das Google-Copy-Paste-Syndrom (2007), S. 79ff.
[19] Woodmansee: On the Author Effect (1992), zit. nach: Woodmansee: Der Autor-Effekt (2000), S. 300.
[20] Ede/Lunsford: Singular texts/plural authors (1990); siehe auch: Hodel: Soziale Beziehungen beim Kollaborativen Schreiben (2006).
[21] Lehnen: Kooperative Textproduktion (2003), S. 147; ferner: Lehnen: Kooperative Textproduktion (2000); Coombe: The Cultural Life of Intellectual Properties (1998).
[22] Lehnen: Kooperative Textproduktion (2003), S. 150; ausführliche Klassifizierung bei: Lowry et al.: Building a Taxonomy and Nomenclature of Collaborative Writing (2004).
[23] Lehnen: Kooperative Textproduktion (2003), S. 152.
[24] Lehnen: Kooperative Textproduktion (2003), S. 153.
[25] Koselleck: Fragen zu den Formen der Geschichtsschreibung (1982), S. 9f.
[26] Tholen: Medium/Medien (2005), S. 150.
[27] Hickethier: Zwischen Gutenberg-Galaxis und Bilder-Universum (1999).
[28] Haas: Designing Knowledge (2004), S. 212.
[29] Crivellari et al.: Die Medien der Geschichte (2004).
[30] Langewiesche: Die Geschichtsschreibung und ihr Publikum (2008); ferner: Blaschke: Verleger machen Geschichte (2010); Nolte: Öffentliche Geschichte (2008).
[31] Lingelbach: Vorlesung, Seminar, Repetitorium (2006).
[32] Beier-de Haan: Erinnerte Geschichte – Inszenierte Geschichte (2005), S. 11f.
[33] Assmann: Geschichte im Gedächtnis (2007), S. 150.
[34] Assmann: Geschichte im Gedächtnis (2007), S. 154; ferner: Schindler: Authentizität und Inszenierung (2003).
[35] Bleicher: Mediengeschichte des Fernsehens (2001), S. 491.
[36] Staley: Computers, visualization, and history (2003); dazu: Donald: Is a Picture Really Worth a 1,000 Words? (2004).
[37] Puschmann, Cornelius: Visualization in the Digital Humanities. A survey (Vortragsfolien), Leipzig 2010; Carvalho: Self-Organization, Zipf Laws And Historical Processes (2010).
[38] Burke: Geschichte als soziales Gedächtnis (1993), S. 292f.
[39] Wirth: Chatten (2005); Runkehl et al.: Sprache und Kommunikation im Internet (1998).
[40] Heidenreich: Neue Medien (2005), S. 381.
[41] Kalfatovic et al.: Smithsonian Team Flickr (2008).
[42] Wesch: An anthropological introduction to YouTube (2008).
[43] Crivellari/Sandl: Die Medialität der Geschichte (2003), S. 633ff.
[44] Le Goff/Nora: Faire de l'histoire (1974).
[45] Siehe: Maresch: Öffentlichkeit im Netz (1997).
[46] Habermas: Strukturwandel der Öffentlichkeit (1993), S. 86.
[47] Habermas: Strukturwandel der Öffentlichkeit (1993), S. 261.
[48] Münker: Emergenz digitaler Öffentlichkeiten (2009) S. 71.
[49] Habermas: Hat die Demokratie noch eine epistemische Dimension? (2008), S. 161f.
[50] Nentwich: Cyberscience (2003), S. 37.
[51] Nentwich: Cyberscience (2003), S. 483.
[52] Exemplarisch: Hofmann: Wissen und Eigentum (2006); Müller: Open Access

(2010); Willinsky: The Access Principle (2006); European Research Advisory Board: Scientific Publication (2006).
53 Winkler: Dekommodifizierung (2004).
54 Björk: A lifecycle model of the scientific communication process (2005).
55 Auch das Folgende massgeblich nach: Nentwich/König: Peer Review 2.0 (2010).
56 Mazzola: Humanities@EncycloSpace (1998), S. 9ff.
57 Center for Science and Technology Studies: Darstellung, Vergleich und Bewertung von Forschungsleistungen (2007); Towards a Bibliometric Database (2010); ferner: Faber/Nicolaisen: Intradisciplinary Differences in Database Coverage (2008); Archambault et al: Benchmarking scientific output in the social sciences and humanities (2006); Huang/Chang: Characteristics of Research Output in Social Sciences and Humanities (2008).
58 Williams et al: E-Journal Usage and Impact in Scholarly Research (2010); Williams et al.: The role and future of the monograph in arts and humanities research (2009); Jehne: Publikationsverhalten in den Geschichtswissenschaften (2009); Groebner: Welches Thema? Was für eine Art Text? (2010).
59 Chowdhury: From digital libraries to digital preservation research (2010); Dellavalle et al.: Going, Going, Gone (2003); Evangelou et al.: Unavailability of online supplementary scientific information (2005); Russell/Kane: The Missing Link (2008).

Une affaire à suivre – oder: Einige Schlussgedanken

„Die Zäsur der Medien" ist auch eine Zäsur für die Geschichtswissenschaft. Längst sind die Kritiker verstummt, die Ende der 1990er Jahre das Internet als vorübergehendes Phänomen aussitzen wollten und sich den neuen Möglichkeiten nicht nur verweigerten, sondern sich ihnen auch aktiv widersetzten. Noch nicht ganz verstummt sind die Stimmen, die der Auffassung sind, mit einem einsemestrigen Kurs „Internet für Historiker" lasse sich das Thema erledigen. Aber sie sind stiller geworden. Es hat lange gedauert, bis sich auch in den Gravitationszentren der historischen Zunft die Erkenntnis durchgesetzt hat, dass „im Internet" ein Wandel vonstatten geht, der immer mehr die Grundfeste der historiographischen Arbeitsweisen zwar nicht in Frage stellt, aber verändert.

Dies mag insofern erstaunen, als die heutigen Veränderungen auch im Fach Geschichte einen über vierzigjährigen Vorlauf aufweisen. Die historische Aufarbeitung der Computerisierung der Geschichtswissenschaft zeigt, dass es allerdings mehrere Entwicklungsstränge waren und dass diese erst mit dem integrativen Charakter des *World Wide Web* zusammenfanden. So bestand auf der einen Seite eine bis in die 1960er Jahren zurückreichende Traditionslinie der Computernutzung für die quantitative Geschichtsforschung, während davon weitgehend unabhängig Mitte der 1980er Jahre ein erstes Kommunikationsnetzwerk entstand, bei dem der Computer weniger als Werkzeug, sondern eher als Medium genutzt wurde. Heute wird der Computer auch in der Geschichtswissenschaft zugleich als Schreib-, Speicher-, Lese- und Kommunikationsmaschine genutzt. Somit wird jeder Historiker, jede Historikerin dank des Netzes zu einem potentiellen Teil des historischen Informations- und Diskursraumes.

Wenn man die Entwicklungen insbesondere der letzten Jahre zusammenzufassen versucht, zeigt sich kein einheitliches Bild. Auf der einen Seite gibt es Bereiche wie die Zeitgeschichte und die Sozialgeschichte, die mit ganz neuen Datenmengen und teilweise auch mit neuen Datentypen konfrontiert sind. Ob und unter welchen Umständen aus diesen Daten selbst historische Quellen werden, ist noch weitgehend unklar und wird wohl in den nächsten Jahren in fachinternen Diskursen entschieden werden. Die Nutzung dieser Quellen erfordert jedenfalls neue Herangehensweisen und Methodiken, eröffnet aber auch Raum für neue

Fragestellungen und Darstellungsweisen. Die Alte Geschichte hingegen kann bereits seit einigen Jahren auf einen fast vollständig digitalisierten Quellenkorpus zugreifen, was wiederum die Planung und Durchführung von Forschungsvorhaben verändert. Der vereinfachte Zugang zu großen historischen Bildersammlungen ist nicht nur für die Kunstgeschichte ein Gewinn, sondern tariert das Spannungsfeld von Textlichkeit und Bildlichkeit in der Geschichtswissenschaft neu aus.

Der digitale Wandel hat erst begonnen. Weder die methodischen Implikationen noch die Auswirkungen auf die Wahrnehmung und Bedeutung der Geschichtswissenschaft in der Öffentlichkeit lassen sich deshalb abschätzen. Unbestritten ist, dass sich Methodenkompetenz ausweiten und Quellenkritik – mithin *die* Kernkompetenz der Historiker – neu positionieren müssen. In vielen Punkten schließt eine Quellenkritik des Digitalen an die klassischen Grundsätze von Droysen und Bernheim an, in einigen Punkten bedarf es aber interdisziplinärer Erweiterungen, zum Beispiel was die Frage nach Datenintegrität und Authentifizierungsverfahren betrifft. Zu den neuen methodischen Fragestellungen wird auch die Technik der Analyse großer Datenmengen gehören. Hier wird es nicht genügen, die statistischen Verfahren der Sozialwissenschaften zu übernehmen, sondern es wird nötig, sie an die Bedürfnisse auch einer kulturwissenschaftlichen Geschichtswissenschaft anzupassen.

Drei große Trends lassen sich über diese einzelnen Fragen hinaus beobachten: Die zunehmende Bedeutung des Visuellen, die Neudefinition von Öffentlichkeit und die Notwendigkeit einer permanenten Weiterbildung, was den digitalen Wandel betrifft.

Das wachsende Gewicht des Visuellen ist keine spezifisch geschichtswissenschaftliche Beobachtung, im Gegenteil. Beeinflusst durch immer mehr Visualität im Netz, durch bildgebende Verfahren in der Medizin oder durch die visuelle Aufbereitung komplexer Zusammenhänge in den Massenmedien wächst die Erwartung auch an die Geschichtswissenschaft, sich dieser Instrumente zu bedienen. *Visual History* bedeutet also keineswegs nur den stärkeren Einbezug bildlicher Quellen in die eigene Arbeit, sondern auch die Anwendung von verschiedenen Visualisierungstechniken bei der Präsentation und Publikation der Forschungsergebnisse.

Damit ist bereits der zweite Trend angesprochen: Wo endet die Fachwissenschaft und wo beginnt die sogenannte „interessierte Öffentlichkeit"? Was im analogen Zeitalter sorgsam separierte Bereiche mit verhältnismäßig wenig Kontaktzonen waren, beginnt sich im Zeitalter der Vernetzung zu vermischen. Nicht nur sind fachinterne Diskussionen über Einrichtungen wie H-Soz-u-Kult allgemein zugänglich, auch umgekehrt steigt der Druck auf die Zunft, die historischen Erkenntnisse in einer allgemeinverständlichen, gut zugänglichen Art und Weise zu präsentieren. Die zahlreichen Web-Portale, Geschichtsmagazine und TV-Dokumentationen veranschaulichen dies seit Jahren. Entsprechende Ausbildungen im Bereich *Public History* beziehen deshalb das neue mediale Umfeld immer mehr in ihre *Curricula* ein.

Und schließlich die Permanenz des Wandels: Heute sind wir in einer seltsamen Übergangsphase, in der sogenannte *Digital Immigrants*, die nicht mit den digitalen Medien aufgewachsen sind, sondern sich die entsprechenden Kenntnisse erst mühsam haben aneignen müssen, sogenannte *Digital Natives* im Umgang mit diesen digitalen Möglichkeiten unterrichten, junge Menschen also, die mit *Internet, Facebook* und *Google* aufgewachsen sind und meistens einen ganz anderen, unbeschwerteren (aber auch unreflektierteren) Umgang mit dem Netz pflegen. Dies stellt für beide Seiten eine große Herausforderung dar, für die bisher keine Lösungen gefunden wurden. Ob *Digital Immigrant* oder *Digital Native*, entscheidend ist, dass wir uns in einer beschleunigten Phase des Überganges befinden und deshalb für alle Beteiligten die *formation continue*, wie Weiterbildung auf Französisch treffend heißt, unumgänglich sein wird.

So wie die Prognosen der 1960er Jahre über die Zukunft der Computer in vielen Punkten völlig daneben lagen, einige Entwicklungen aber erstaunlich treffgenau vorherzusagen in der Lage waren, so ist es auch jetzt: Niemand weiß, wohin sich die Geschichtswissenschaft in den nächsten Jahren entwickeln wird. Und niemand weiß, ob der digitale Wandel überhaupt eine zentrale Frage bei der zukünftigen Entwicklung der Geschichtswissenschaft sein wird. Aber immerhin spricht einiges dafür, dass dies so sein könnte.

Literatur

A history of the Humbul Humanities Hub (Online-Text), Oxford 2008 <http://www.intute.ac.uk/artsandhumanities/history.html>.

Adam, Wolfgang: Theorien des Flugblatts und der Flugschrift, in: Leonhard, Joachim-Felix/Ludwig, Hans-Werner/Schwarze, Dietrich et al. (Hrsg.): Medienwissenschaft. Ein Handbuch zur Entwicklung der Medien und Kommunikationsformen (3 Bände), Berlin und New York 1999–2002 (= Handbücher zur Sprach- und Kommunikationswissenschaft; 15:1–3), Bd. 1, S. 132–143.

Aharoni, Yaffa/Frank, Ariel J./Shoham, Snunith: Finding information on the World Wide Web: A speciality meta-search engine for the academic community, in: First Monday, 10 (2005), 12 <http://firstmonday.org/issues/issue10_12/aharoni/index.html>.

Arbeitsgruppe Open Access in der Allianz der deutschen Wissenschaftsorganisationen (Hrsg.): Open Access. Positionen, Prozesse, Perspektiven, Potsdam 2009.

Archambault, Éric/Vignola-Gagne, Étienne/Côte, Grégoire/et al.: Benchmarking scientific output in the social sciences and humanities: The limits of existing databases, in: Scientometrics, 68 (2006), 3, S. 329–342.

Arnold, Klaus: Der wissenschaftliche Umgang mit den Quellen, in: Goertz, Hans-Jürgen (Hrsg.): Geschichte. Ein Grundkurs, Reinbek 2007 (3. Auflage), S. 48–65.

Arnold, Klaus: Geschichtswissenschaft und elektronische Datenverarbeitung. Methoden, Ergebnisse und Möglichkeiten einer neuen Hilfswissenschaft, in: Schieder, Theodor (Hrsg.): Methodenprobleme der Geschichtswissenschaft, München 1974 (= Historische Zeitschrift. Beiheft 3, N.F.), S. 98–148.

Assmann, Aleida: Geschichte im Gedächtnis, München 2007.

Baberowski, Jörg (Hrsg.): Arbeit an der Geschichte. Wie viel Theorie braucht die Geschichtswissenschaft?, Frankfurt am Main 2010.

Baker, K. M.: An unpublished essay of Condorcet on technical methods of classification, in: Annals of Science, 18 (1962), 2, S. 99–123.

Baker, Nicholson: Verzettelt, in: Ders.: U & I. Wie groß sind die Gedanken?, Reinbek 1999, S. 353–429.

Balke, Friedrich: Die Enzyklopädie als Archiv des Wissens, in: Pompe, Hedwig/Scholz, Leander (Hrsg.): Archivprozesse. Die Kommunikation der Aufbewahrung, Köln 2002 (= Mediologie; 5), S. 155–172.

Bamman, David/Crane, Gregory: Measuring Historical Word Sense Variation (Preprint), in: ACM/IEEE Joint Conference on Digital Libraries, June 13–17, 2011, Ottawa <http://www.perseus.tufts.edu/publications/bamman-11.pdf>.

Banks, Markus A.: Towards a Continuum of Scholarship: The Eventual Collapse of the Distinction Between Grey and non-Grey Literature?, in: Seventh International Conference on Grey Literature, Nancy, 5–6 December 2005 <http://hdl.handle.net/10068/697803>.

Barthes, Roland: Schriftsteller und Schreiber, in: Ders.: Am Nullpunkt der Literatur. Literatur oder Geschichte. Kritik und Wahrheit, Frankfurt am Main 2006, S. 101–109.

Bassler, Harald: Diskussionen nach Vorträgen bei wissenschaftlichen Tagungen, in: Auer, Peter/Bassler, Harald (Hrsg.): Reden und Schreiben in der Wissenschaft, Frankfurt am Main 2007, S. 133–154.

Becht, Stefan: Die neuen Bibliotheken von Alexandria. Google Print, Amazons Search Inside the Book, Volltext-Suchmaschinen online – um was geht es hier eigentlich? Sprechen wir über die Zukunft oder wollen wir mit der Arbeit anfangen?, in: Telepolis vom 11. Juli 2005 <http://www.telepolis.de/r4/artikel/20/20410/1.html>.

Becker, Konrad/Stalder, Felix (Hrsg.): Deep Search. Politik des Suchens jenseits von Google, Innsbruck, Wien, Bozen 2009.

Beier-de Haan, Rosmarie: Erinnerte Geschichte – Inszenierte Geschichte, Frankfurt am Main 2005.

Bell, Daniel: The coming of post-industrial society. A venture in social forecasting, New York 1973.

Beorn, Waitman/Tim, Cole et al.: Geographies of the Holocaust, in: Geographical Review, 99 (2009), 4, S. 563–574.

Bergmann, Julia/Danowski, Patrick (Hrsg.): Handbuch Bibliothek 2.0, München 2010.

Berners-Lee, Tim: Der Web-Report. Der Schöpfer des World Wide Web über das grenzenlose Potential des Internets, München 1999.

Bernhardt, Rüdiger: Computer-Einsatz bei der Herstellung der Deutschen Bibliographie, Berlin, Köln, Frankfurt am Main 1966 (= Schriftenreihe A der Zentralstelle für maschinelle Dokumentation; 7).

Bernheim, Ernst: Lehrbuch der historischen Methode. Mit Nachweis der wichtigsten Quellen und Hülfsmittel zum Studium der Geschichte, Leipzig 1889.

Berry, David M.: The Computing Turn: Thinking About the Digital Humanities, in: Culture Mashine, 12 (2011).

Best, Heinrich/Mochmann, Ekkehard/Thaller, Manfred (Hrsg.): Computers in the humanities and the social sciences. Achievements of the 1980s, prospects for the 1990s. Proceedings of the Cologne Computer Conference 1988 „Uses of the computer in the humanities and social sciences" held at the University of Cologne, September 1988, München 1991.

Björk, Bo-Christer: A lifecycle model of the scientific communication process, in: Learned Publishing, 18 (2005), 3, S. 165–176.

Blair, Ann: Reading Strategies for Coping With Information Overload ca. 1550–1700, in: Journal of the History of Ideas, 64 (2003), 1, S. 11–28.

Blaschke, Olaf/Schulze, Hagen (Hrsg.): Geschichtswissenschaft und Buchhandel in der Krisenspirale? Eine Inspektion des Feldes in historischer, internationaler und wirtschaftlicher Perspektive, München 2006 (= Historische Zeitschrift. Beiheft; N.F. 42).

Blaschke, Olaf: Verleger machen Geschichte. Buchhandel und Historiker seit 1945 im deutsch-britischen Vergleich, Göttingen 2010 (= Moderne Zeit; 22).

Bleicher, Joan Kristin: Mediengeschichte des Fernsehens, in: Schanze, Michael (Hrsg.): Handbuch der Mediengeschichte, Stuttgart 2001, S. 490–518.

Bloch, Marc: Aus der Werkstatt des Historikers. Zur Theorie und Praxis der Geschichtswissenschaft, Frankfurt am Main 2000.

Blue Ribbon Task Force on Sustainable Digital Preservation and Access: Sustainable Economics for a Digital Planet. Ensuring Long-Term Access to Digital Information, La Jolla (CA) 2010.

Blum, Rudolf: Kallimachos und die Literaturverzeichnung bei den Griechen. Untersuchungen zur Geschichte der Biobibliographie, in: Archiv für Geschichte des Buchwesens, 18 (1977), Sp. 1–330.

Bode, Harald: History of Electronic Sound Modification, in: Journal of the Audio Engineering Society, 32 (1984), 10, S. 730–739.

Bolter, Jay D.: Das Internet in der Geschichte der Technologien des Schreibens, in: Münker, Stefan/Roesler, Alexander (Hrsg.): Mythos Internet, Frankfurt 1997, S. 37–55.

Bolz, Norbert/Kittler, Friedrich A./Tholen, Christoph (Hrsg.): Computer als Medium, München 1999.

Borges, Jorge Luis: Die Bibliothek von Babel. Erzählungen, Stuttgart 1996.

Borgman, Christine L.: From Acting Locally to Thinking Globally. A Brief History of Library Automation, in: Library Quarterly, 67 (1998), 3, S. 215–249.

Börner-Klein, Dagmar: Assoziation mit System: Der Talmud, die „andere" Enzyklopädie, in: Pompe, Hedwig/Scholz, Leander (Hrsg.): Archivprozesse. Die Kommunikation der Aufbewahrung, Köln 2002 (= Mediologie; 5), S. 113–120.

Bowman, John H.: OPACs: the early years, and user reactions, in: Library History, 23 (2007), 4, S. 317–329.

Brachmann, Botho: Die Anwendung mathematischer Begriffe in der archivarisch-historischen Arbeit, in: Archivmitteilungen, 1970, 5, S. 168–174.

Brandt, Ahasver von: Werkzeug des Historikers, Stuttgart et al. 1989 (12. Auflage).

Brandt, Dina: Postmoderne Wissensorganisation oder: Wie subversiv ist Wikipedia?, in: Libreas, 2009, 14, S. 4–18.

Braudel, Fernand: Die Suche nach einer Sprache der Geschichte. Wie ich Historiker wurde, in: Braudel, Fernand/Febvre, Lucien/Ginzburg, Carlo/Le Goff, Jacques: Der Historiker als Menschenfresser. Über den Beruf des Geschichtsschreibers, Berlin 1990, S. 7–14.

Braun, Lucien: Conrad Gessner, Genève 1990.

Brophy, Jan/Bawden, David: Is Google enough? Comparison of an internet search engine with academic library resources, in: Aslib Proceedings, 57 (2005), 6, S. 498–512.

Brübach, Nils: Entwicklung von Internationalen Erschließungsstandards. Bilanz und Perspektiven, in: Der Archivar, 61 (2008), 1, S. 6–13.

Bruderer, Herbert E.: Nichtnumerische Informationsverarbeitung. Linguistische Datenverarbeitung, künstliche Intelligenz, Computerschach, Computerkunst, automatische Dokumentation, Bibliotheksautomatisierung, Rechtsinformatik, Rorschach 1979.

Bruns, Axel: Blogs, Wikipedia, Second Life, and Beyond. From Production to Produsage, New York 2008 (= Digital formations; 45).

Buckland, Michael K.: Emanuel Goldberg, electronic document retrieval, and Vannevar Bush's Memex, in: Journal of the American Society for Information Science, 43 (1992), 4, S. 284–294.

Buckland, Michael: Emanuel Goldberg and His Knowledge Machine. Information, Invention, and Political Forces, Westport (Conn.) und London 2006.

Bunz, Mercedes: Vom Speicher zum Verteiler. Die Geschichte des Internet, Berlin 2008.

Burckhardt, Daniel/Schiel, Juliane: Kollaboratives Schreiben, in: Gasteiner, Martin/ Haber, Peter (Hrsg.): Digitale Arbeitstechniken für die Geistes- und Kulturwissenschaften, Stuttgart und Wien 2010, S. 97–109.

Burke, Peter: Geschichte als soziales Gedächtnis, in: Assmann, Aleida/Harth, Dietrich (Hrsg.): Mnemosyne. Formen und Funktionen der kulturellen Erinnerung, Frankfurt am Main 1993 (2. Aufl.), S. 289–304.

Burke, Peter: Offene Geschichte. Die Schule der „Annales", Berlin 1991.

Burke, Peter: Papier und Marktgeschrei. Die Geburt der Wissensgesellschaft, Berlin 2001.

Burkhardt, Martin: Arbeiten im Archiv. Praktischer Leitfaden für Historiker und andere Nutzer, Paderborn 2006.

Bush, Vannevar: As We May Think, in: The Atlantic, 176 (1945), 7, S. 101–108.

Bush, Vannevar: Wie wir denken werden, in: Bruns, Karin/Reichert, Ramón (Hrsg.): Reader Neue Medien. Texte zur digitalen Kultur und Kommunikation, Bielefeld 2006, S. 106–125.

Büttner, Sabine: Eintritt in die Blogosphäre, in: Geschichte in Wissenschaft und Unterricht, 57 (2006), 9, S. 540–541.

Caetano da Rosa, Catarina: Bibliotheken von Babel: Wunsch- und Albtraum des unendlichen Wissensraumes, in: Koschke, Rainer/Herzog, Otthein/Rödiger, Karl-Heinz/et al. (Hrsg.): Informatik 2007. Informatik trifft Logistik. Band 2. Beiträge der 37. Jahrestagung der Gesellschaft für Informatik e.V. (GI) 24.–27. September 2007 in Bremen, Bonn 2007 (= Lecture Notes in Informatics; 110), S. 479–484.

Campanella, Thoma: Civitas solis poetica. Idea reipublicae philosophicae, Ultrajecti [Utrecht] 1643.

Campanella, Tommaso: Der Sonnenstaat. Idee eines philiosphischen Gemeinwesens, Paderborn o. J.

Campanella, Tommaso: Sonnenstaat, in: Heinisch, Klaus J. (Hrsg.): Der utopische Staat, Reinbek 1962 (2. Aufl.) (= Philosophie des Humanismus und der Renaissance; 3), S. 111–170.

Carvalho, Joaquim: Self-Organization, Zipf Laws And Historical Processes: Three Case Studies Of Computer Assisted Historical Research , in: The Computational Turn. Swansea University (9th March 2010) <http://sites.google.com/site/dmberry/home/pdf-papers/tct2010_submission_19.pdf>.

Center for Science and Technology Studies: Darstellung, Vergleich und Bewertung von Forschungsleistungen in den Geistes- und Sozialwissenschaften. Bestandesaufnahme der Literatur und von Beispielen aus dem In- und Ausland, Bern 2007.

Chambers, Ephraim: Cyclopædia, or, An universal dictionary of arts and sciences (2 Bände), London 1728.

Chowdhury, Gobinda: From digital libraries to digital preservation research. The importance of users and context, in: Journal of Documentation, 66 (2010), 2, S. 207–223.

Clark, William: Academic Charisma and the Origins of the Research University, Chicago and London 2007.

Cohen, Daniel/Rosenzweig, Roy: Digital History. A Guide to Gathering, Preserving, and Presenting the Past on the Web, Philadelphia, 2006.

Cohen, Patricia: Digital Keys for Unlocking the Humanities' Riches, in: New York Times vom 17. November 2010.

Computer History Museum: An Evening with Wiki Inventor Ward Cunningham in Conversation with John Gage (Video, Dauer 1:43:45), in: Odysseys in Technology vom 24. April 2006 <http://video.google.com/videoplay?docid=-7739076742312910146>.

Conference on the Use of Computers in Humanistic Research. Sponsored by Rutgers, The State University, and the International Business Machines Corporation, New Brunswick 1965.

Coombe, Rosemary J.: The Cultural Life of Intellectual Properties. Authorship, Appropriation, and the Law, Durham und London 1998.

Coy, Wolfgang: Die Turing-Galaxis – Computer als Medien, in: Dencker, Klaus Peter (Hrsg.): Weltbilder – Bildwelten. Computergestützte Visionen, Hamburg 1995, S. 48–53.

Crivellari, Fabio/Kirchmann, Kay et al. (Hrsg.): Die Medien der Geschichte. Historizität und Medialität in interdisziplinärer Perspektive, Konstanz 2004 (= Historische Kulturwissenschaft; 4).

Crivellari, Fabio/Sandl, Marcus: Die Medialität der Geschichte. Forschungsstand und Perspektiven einer interdisziplinären Zusammenarbeit von Geschichts- und Medienwissenschaften, in: Historische Zeitschrift, 277 (2003), 3, S. 619–654.

Cunningham, Ward: Correspondence on the Etymology of Wiki, Portland (OR) 2003 <http://c2.com/doc/etymology.html>.

Dalbello, Marija: A Genealogy of Digital Humanities (Preprint), in: Journal of Documentation, 2011.

d'Alembert, Jean le Rond: Einleitung zur Enzyklopädie. Durchgesehen und mit einer Einleitung herausgegeben von Günther Mensching, Hamburg 1997 (= Philosophische Bibliothek; 473).

Daniel, Anna/Flew, Terry: The Guardian Reportage of the UK MP Expenses Scandal: a Case Study of Computational Journalism (Online-Text), in: Communications Policy & Research Forum, 15–16 November 2010, Sydney <http://eprints.qut.edu.au/39358/1/39358.pdf>.

Danker, Uwe/Schwabe, Astrid: Historisches Lernen im Internet. Zur normativen Aufgabe der Geschichtsdidaktik, in: Geschichte in Wissenschaft und Unterricht, 58 (2007), 1, S. 4–19.

Danowski, Patrick/Heller, Lambert: Bibliothek 2.0: Die Zukunft der Bibliothek?, in: Bibliotheksdienst, 2006, 11, S. 1259–1272.

de Certeau, Michel: Das Schreiben der Geschichte, Frankfurt am Main/New York/Paris 1991 (= Historische Studien; 4) (zuerst: Paris 1975).

Debatin, Bernhard: Allwissenheit und Grenzenlosigkeit: Mythen um Computernetze, in: Wilke, Jürgen (Hrsg.): Massenmedien und Zeitgeschichte, Konstanz 1999 (= Schriftenreihe der DGPuK; 26), S. 481–493.

Degele, Nina: Informiertes Wissen. Eine Wissenssoziologie der computerisierten Gesellschaft, Frankfurt am Main 2000.

Dellavalle, Robert P./Hester, Eric J./Heilig, Lauren F./et al.: Going, Going, Gone: Lost Internet References, in: Science, 302 (2003), 5646, S. 787–788.

DeLong, James Bradford/Magin, Konstantin: A Short Note on the Size of the Dot-Com Bubble, Cambridge (MA) 2006 (= NBER [National Bureau of Economic Research] Working Papers; 12011) <http://www.nber.org/papers/w12011.pdf>.

Demm, Eberhard: Neue Wege in der amerikanischen Geschichtswissenschft, in: Saeculum, 22 (1971), S. 342–376.

Dempsey, Lorcan: The subject gateway: experiences and issues based on the emergence of the Resource Discovery Network, in: Online Information Review, 24 (2000), 1, S. 8–23.

Der babylonische Talmud. Nach der ersten zensurfreien Ausgabe unter Berücksichtigung der neueren Ausgaben und handschriftlichen Materials ins Deutsche übersetzt von Lazarus Goldschmidt (12 Bände), Frankfurt am Main 1996 (zuerst: Berlin 1930–1936).

Derrida, Jacques: Dem Archiv verschrieben. Eine Freudsche Impression, Berlin 1997.

Deswarte, Richard: Growing the „Faith in Numbers": Quantitative Digital Resources and Historical Research in the Twenty-First Century, in: Journal of Victorian Culture, 15 (2010), 2, S. 281–286.

Didi-Hubermann, Georges/Ebeling, Knut: Das Archiv brennt, Berlin 2008.

Die Schrift. Verdeutscht von Martin Buber und Franz Rosenzweig (4 Bände), Gerlingen 1997 (12. Auflage).

Digital Research Infrastructure for the Arts and Humanities: DARIAH Technical Report – overview summary, The Hague 2010.

Dommann, Monika: Papierstau und Informationsfluss. Die Normierung der Bibliothekskopie, in: Historische Anthropologie, 16 (2008), 1, S. 31–54.

Donald, Merlin: Is a Picture Really Worth a 1,000 Words?, in: History and Theory, 43 (2004), 3, S. 379–385.

Dormans, Stefan/Kok, Jan : An Alternative Approach to Large Historical Databases, in: Historical Methods, 43 (2010), 3, S. 97–107.

Dosse, François: L'histoire en miettes. Des „Annales" à la „nouvelle histoire", Paris 1997.

Dosse, François: Michel de Certeau und die Geschichtsschreibung, in: Füssel, Marian (Hrsg.): Michel de Certeau. Geschichte – Kultur – Religion, Konstanz 2007, S. 47–66.

Dotzler, Bernhard J.: Analog/digital, in: Roesler, Alexander/Stiegler, Bernd (Hrsg.): Grundbegriffe der Medientheorie, München 2005, S. 9–16.

Droysen, Johann Gustav: Grundriss der Historik [Textkritische Edition], in: Ders.: Historik. Vorlesungen über Enzyklopädie und Methodologie der Geschichte. Herausgegeben von Rudolf Hübner, Darmstadt 1974, S. 317–428.

Droysen, Johann Gustav: Grundriss der Historik, Leipzig 1875 (2. Auflage).

dtv-Lexikon in 24 Bänden, München 2006.

Dumke, Rolf H.: Clio's Climacteric? Betrachtungen über Stand und Entwicklungstendenzen der Cliometrischen Wirtschaftsgeschichte, in: Vierteljahrschrift für Sozial- und Wirtschaftsgeschichte, 73 (1986), 4, S. 457–487.

Dunlap, Ellen S.: Report of the Council, in: American Antiquarian Society, Proceedings, 103 (1994), S. 267–282.

Ebeling, Hans-Heinrich/Thaller, Manfred (Hrsg.): Digitale Archive. Die Erschließung und Digiatalisierung des Stadtarchivs Duderstadt, Göttingen 1999.

Eberhardt, Joachim: Über Literaturverwaltungsprogramme, Dokumentenmanager und andere elektronische Helfer, in: IASL-online vom 11. Mai 2005 <http://iasl.uni-muenchen.de/discuss/lisforen/Eberhardt_Softwaretest.html>.

Ebersbach, Anja/Glaser, Markus/Heigl, Richard: Social Web, Konstanz 2008.

Eckel, Jan/Etzemüller, Thomas (Hrsg.): Neue Zugänge zur Geschichte der Geschichtswissenschaft, Göttingen 2007.

Ede, Lisa S./Lunsford, Andrea: Singular texts/plural authors. Perspectives on collaborative writing, Carbondale (Ill.) 1992.

Eichhorn, Jaana: Geschichtswissenschaft zwischen Tradition und Innovation. Diskurse, Institutionen und Machtstrukturen der bundesdeutschen Frühneuzeitforschung, Göttingen 2006.

Eisenstein, Elisabeth L.: Die Druckerpresse. Kulturrevolutionen im frühen modernen Europa, Wien und New York 1997.

Enderle, Wilfried: Bibliotheken, in: Maurer, Michael (Hrsg.): Institutionen, Stuttgart 2002 (= Aufriss der Historischen Wissenschaften; 6), S. 214–315.

Enderle, Wilfried: Der Historiker, die Spreu und der Weizen. Zur Qualität und Evaluierung geschichtswissenschaftlicher Internet-Ressourcen, in: Haber, Peter/Koller, Christophe/Ritter, Gerold (Hrsg.): Geschichte und Internet. „Raumlose Orte – Geschichtslose Zeit", Zürich 2002 (= Geschichte und Informatik; 12), S. 49–64 <http://retro.seals.ch/cntmng?type=pdf&rid=gui-003:2001:12::185&subp=hires>.

Enders, Gerhart: Anwendungsmöglichkeiten kybernetischer Denkweisen, Methoden und Erkenntnisse in Archivwissenschaft und Archivarbeit, in: Archivmitteilungen, 1968, 3, S. 105–113.

Eppelsheimer, Hanns Wilhelm: Die Dokumentation in den Geisteswissenschaften, in: Nachrichten für Dokumentation, 1951, 2, S. 86–87.

Esposito, Elena: Soziales Vergessen. Formen und Medien des Gedächtnisses der Gesellschaft, Frankfurt am Main 2002.

ESYS Limited: Summative Evaluation of Phases 1 and 2 of the eLib Initiative: Final Report, Guildford 2000.

ESYS plc: Summative evaluation of Phase 3 of the eLib Initiative: Final Report, Guildford 2001.

Etzemüller, Thomas: Sozialgeschichte als politische Geschichte. Werner Conze und die Neuorientierung der westdeutschen Geschichtswissenschaft nach 1945, München 2001 (= Ordnungssysteme. Studien zur Ideengeschichte der Neuzeit; 9).

European Commission (Hrsg.): Study on the economic and technical evolution of the scientific publication markets in Europe, Brüssel 2006.

European Research Advisory Board (EURAB): Scientific Publication: policy on open access. Final report, Bruxelles 2006.

Evangelou, Evangelos/Trikalinos, Thomas A./Ionnadis, John P. A.: Unavailability of online supplementary scientific information from articles published in major journals, in: FASEB Journal, 19 (2005), 14, S. 1943–1944.

Evans, Dylan: Wörterbuch zur Lacanschen Psychoanalyse, Wien 2002.

Everett, James E.: Annual Review of Information Technology Developments for Economic and Social Historians, 1995, in: The Economic History Review, New Series, 49 (1996), 2, S. 377–381.

Faber, Tove/Nicolaisen, Jeppe: Intradisciplinary Differences in Database Coverage and the Consequences for Bibliometric Research, in: Journal of the American Society for Information Science and Technology, 59 (2008), 10, S. 1570–1581.

Fachredaktion Technik des Bibliographischen Instituts (in Zusammenarbeit mit Prof. H. Teichmann): Wie funktioniert das? Informatik, Mannheim, Wien, Zürich 1969 (Nachdruck 1971).

Fallis, Don: Toward an Epistemology of Wikipedia, in: Journal of the American Society for Information Science and Technology, 59 (2008), 10, S. 1662–1674.

Fanger, Reto: Digitale Dokumente als Beweis im Zivilprozess, Basel 2005 (= Basler Studien zur Rechtswissenschaft. Reihe A Privatrecht; 81).

Farge, Arlette: Le goût de l'archive, Paris 1997.

Farid, Hany: Digital Image Forensics, in: Scientific American, 298 (2008), 6, S. 66–71.

Fehrmann, Gisela/Linz, Erika et al. (Hrsg.): Originalkopie. Praktiken des Sekundären, Köln 2004 (= Mediologie; 11).

Fein, Erwin: Das Lochkarten-Verfahren. Anwendungs-Technik und Beispiele aus der Praxis, Zürich 1950 (= Sonderdruck aus: Der Organisator).

Felter, Laura M.: The better mousetrap: Google Scholar, Scirus, and the scholarly search revolution, in: Searcher, 13 (2005), 2, S. 43–48.

Filman, Robert E.: A Retrospective on „As We May Think", in: IEEE Internet Computing, 9 (2005), 4, S. 5–7.

Flusser, Vilém: Hinweg vom Papier. Die Zukunft des Schreibens, in: Ders.: Die Revolution der Bilder. Der Flusser-Reader zu Kommunikation, Medien und Design, Mannheim 1995, S. 59–65.

Fohrmann, Jürgen (Hrsg.): Gelehrte Kommunikation. Wissenschaft und Medium zwischen dem 16. und 20. Jahrhundert, Wien 2005.

Fornet-Betancourt, Raúl: Begegnung der Wissenskulturen als Weg zum Wissen, das wir wissen sollten, in: Sandkühler, Hans Jörg (Hrsg.): Repräsentationen und Wissenskulturen, Frankfurt am Main et al. 2007 (= Philosophie und Geschichte der Wissenschaften. Studien und Quellen; 66), S. 9–24.

Forrai, Gábor: The Epistemology of the Hypertext, in: Nyíri, Kristóf (Hrsg.): Mobile Learning. Essays on Philosophy, Psychology and Education, Wien 2003, S. 35–43.

Forte, Andrea/Bruckman, Amy: Why Do People Write for Wikipedia? Incentives to Contribute to Open-Content Publishing (Online-Text) Sanibel Island (FL 2005), in: GROUP 05 workshop: Sustaining community: The role and design of incentive mechanisms in online systems.

Foucault, Michel: Archäologie des Wissens, Frankfurt am Main 1981.

Foucault, Michel: Qu'est-ce qu'un auteur ?, in: Bulletin de la Société française de philosophie, 63 (1969), 3.

Foucault, Michel: Was ist ein Autor?, in: Jannidis, Fotis/Lauer, Gerhard/Martinez, Matias (Hrsg.): Texte zur Theorie der Autorschaft, Stuttgart 2000, S. 198–229.

Foust, Jeffrey A.: Welcome to the Interpedia!, in: comp.infosystems.interpedia vom 12. Februar 1994 <http://groups.google.com/group/comp.infosystems.interpedia/browse_thread/thread/6ec8bc1f8bece5a1#>.

Franck, Georg: Ökonomie der Aufmerksamkeit. Ein Entwurf, München 2001.

Franz, Eckhart G.: Archive, in: Maurer, Michael (Hrsg.): Institutionen, Stuttgart 2002 (= Aufriss der Historischen Wissenschaften; 6), S. 15–97.

Franz, Eckhart G.: Einführung in die Archivkunde, Darmstadt 1993 (4. Auflage).

Friedewald, Michael: Der Computer als Werkzeug und Medium. Die geistigen und technischen Wurzeln des Personal Computers, Berlin 2009 (= Aachener Beiträge zur Wissenschafts- und Technikgeschichte des 20. Jahrhunderts; 3) (2. Auflage).

Friedewald, Michael: Vom Experimentierfeld zum Massenmedium: Gestaltende Kräfte in der Entwicklung des Internet, in: Technikgeschichte, 67 (2000), 4, S. 331–364.

Frost, Ingo: Zivilgesellschaftliches Engagement in virtuellen Gemeinschaften? Eine systemwissenschaftliche Analyse des deutschsprachigen Wikipedia-Projektes, München 2006.

Fuchs, Konrad/Raab, Heinrich: dtv-Wörterbuch zur Geschichte (2 Bände), München 1993 (9. Auflage).

Fuelle, Gunnar/Ott, Tobias: Langzeiterhaltung digitaler Publikationen – Archivierung elektronischer Zeitschriften (E-Journals), Tübingen 2006 (= nestor-materialien; 4) <http://edoc.hu-berlin.de/series/nestor-materialien/4/PDF/4.pdf>.

Gardner, Susan/Eng, Susanna: Gaga over Google? Scholar in the Social Sciences, in: Library Hi Tech, 2005, 8, S. 42–45.

Gasteiner, Martin/Haber, Peter (Hrsg.): Digitale Arbeitstechniken für die Geistes- und Kulturwissenschaften, Stuttgart und Wien 2010.

Gates, Bill: Keynote Speech at Fall COMDEX. Information At Your Fingertips - 2005. Alladin Hotel, Las Vegas, Nevada, Nov. 14, 1994 (Manuskript), Redmont 1994.

Gaus, Wilhelm: Dokumentations- und Ordnungslehre. Theorie und Praxis des Information Retrieval, Berlin, Heidelberg und New York 2005 (5. Auflage).

Geismann, Gudrun: Diderots legitime Erben? Das Wikipedia-Projekt (Literaturbericht), in: Geschichte in Wissenschaft und Unterricht, 56 (2005), 11, S. 642–643.

Genette, Gérard: Paratexte. Das Buch vom Beiwerk des Buches, Frankfurt am Main 2001.

Geoghegan, Bernard Dionysius: The Historiographic Conceptualization of Information: A Critical Survey, in: IEEE Annals of the History of Computing, 30 (2008), S. 66–81.

Gesner [Gessner], Conrad: Bibliotheca Universalis, sive Catalogus omnium scriptorum locupletissimus, in tribus linguis, Latina, Graeca & Hebraica, Zürich 1545.

Gesner [Gessner], Conrad: Pandectarum sive Partitionum universalium Conradi Gesneri Tigurini, medici et philosophiae professoris (2 Bände), Zürich 1548–1549.

Gierl, Martin/Grotum, Thomas/Werner, Thomas: Der Schritt von der Quelle zur historischen Datenbank: StanFEP. Ein Arbeitsbuch, St. Katharinen 1990 (= Halbgraue Reihe zur historischen Fachinformatik. Serie A: Historische Quellenkunden; 6).

Giesecke, Michael: Der Buchdruck in der frühen Neuzeit. Eine historische Fallstudie über die Durchsetzung neuer Informations- und Kommunikationstechnologien, Frankfurt am Main 1991.

Gillies, James/Cailliau, Robert: Die Wiege des Web. Die spannende Geschichte des WWW, Heidelberg 2002.

Glock, Andreas: Museion, in: Cancik, Hubert/Schneider, Helmuth/Landfester, Manfred (Hrsg.): Der Neue Pauly (Online-Ausgabe), Leiden 2007 <http://www.brillonline.nl/subscriber/entry?entry=dnp_e812620>.

Golder, Scott A./Huberman, Bernardo A.: The Structure of Collaborative Tagging Systems, in: arxiv.org vom 18. August 2005 <http://arxiv.org/pdf/cs.DL/0508082>.

Graf, Christoph: Archive und Demokratie in der Informationsgesellschaft, in: Studien und Quellen, 30 (2004), S. 227–271.

Grafton, Anthony: Die tragischen Ursprünge der deutschen Fußnote, Berlin 1995.

Grier, David Alan/Campbell, Mary: A Social History of Bitnet and Listserv, 1985–1991, in: IEEE Annals of the History of Computing, 22 (2000), 2, S. 32–41.

Griesbaum, Joachim: Zur Rolle von Websuchdiensten und Fachinformation im Suchverhalten von Studierenden. Befunde einer explorativen Studie, in: Weigel, Harald (Hrsg.): Wa(h)re Information. 29. Österreichischer Bibliothekartag, Graz und Feldkirch 2006, S. 174–182.

Griffiths, Julian R./Brophy, Peter: Student searching behavior and the web: use of academic resources and Google, in: Library Trend, 53 (2005), 4, S. 539–554.

Groebner, Valentin: Welches Thema? Was für eine Art Text? Vorschläge zum wissenschaftlichen Schreiben 2008 ff., in: Gasteiner, Martin/Haber, Peter (Hrsg.): Digitale Arbeitstechniken für die Geistes- und Kulturwissenschaften, Stuttgart und Wien 2010, S. 15–23.

Grotum, Thomas: Das digitale Archiv. Aufbau und Auswertung einer Datenbank zur Geschichte des Konzentrationslagers Auschwitz, Frankfurt am Main 2004.

Gundlach, Rolf/Lückerath, Carl August: Historische Wissenschaften und elektronische Datenverarbeitung, Frankfurt et al. 1976.

Gundlach, Rolf/Lückerath, Carl August: Nichtnumerische Datenverarbeitung in den historischen Wissenschaften, in: Geschichte in Wissenschaft und Unterricht, 1969, 7, S. 385–398.

Guthrie, Kevin M.: JSTOR. From Project to Independent Organization, in: D-Lib Magazine, 1997, 7/8 <http://www.dlib.org/dlib/july97/07guthrie.html>.

Guy, Marieke/Tonkin, Emma: Folksonomies. Tidying up Tags?, in: D-Lib Magazine, 12 (2006), 1 <http://www.dlib.org/dlib/january06/guy/01guy.html>.

Haas, Stefan: Designing Knowledge. Theoretische und pragmatische Perspektiven der medialen Bedingungen der Erkenntnisformulierung und -vermittlung in den Kultur- und Sozialwissenschaften, in: Crivellari, Fabio/Kirchmann, Kay/et al., (Hrsg.): Die Medien der Geschichte. Historizität und Medialität in interdisziplinärer Perspektive, Konstanz 2004 (= Historische Kulturwissenschaft; 4), S. 211–236.

Haber, Peter (Hrsg.): Computergeschichte Schweiz. Eine Bestandsaufnahme, Zürich 2009 (= Geschichte und Informatik; 17).

Haber, Peter/Hodel, Jan: Das kollaborative Schreiben von Geschichte als Lernprozess. Eigenheiten und Potential von Wiki-Systemen und Wikipedia, in: Merkt, Marianne/

Mayrberger, Kerstin et al. (Hrsg.): Studieren neu erfinden – Hochschule neu denken, Hamburg 2007 (= Medien in der Wissenschaft; 44), S. 43–53.

Haber, Peter: Noch einmal: „Dynamische Publikationen" (Weblogeintrag), in: weblog.histnet.ch vom 13. Juni 2008 <http://weblog.histnet.ch/archives/1020>.

Habermas, Jürgen: Hat die Demokratie noch eine epistemische Dimension? Empirische Forschung und normative Theorie, in: Ders.: Ach, Europa. Kleine politische Schriften XI, Frankfurt am Main 2008, S. 138–191.

Habermas, Jürgen: Strukturwandel der Öffentlichkeit. Untersuchungen zu einer Kategorie der bürgerlichen Gesellschaft, Frankfurt am Main 1993 (3. Auflage).

Hagner, Michael: Vom Aufstieg und Fall der Kybernetik als Universalwissenschaft, in: Ders./Hörl, Erich (Hrsg.): Die Transformation des Humanen. Beiträge zur Kulturgeschichte der Kybernetik, Frankfurt am Main 2008, S. 38–71.

Hahn, Trudi Bellardo/Buckland, Michael (Hrsg.): Historical Studies in Information Science, Medford 1998.

Hammwöhner, Rainer: Qualitätsaspekte der Wikipedia, in: Stegbauer, Christian/Schönberger, Klaus/Schmidt, Jan (Hrsg.): Wikis: Diskurse, Theorien und Anwendungen, Frankfurt am Main 2007 (= kommunikation@gesellschaft, Sonderausgabe 8).

Hansemann, Christine: Graue Literatur. Beispiele für Kooperation, in: Zeitschrift für Bibliothekswesen und Bibliographie, 33 (1986), 6, S. 417–427.

Hapke, Thomas: Ein Baustein zur Geschichte wissenschaftlicher Information und Dokumentation, in: Auskunft, 18 (1998), S. 193–199.

Hardy, Henry Edward: A Short History of the Net (Online-Text), 1995 <http://web.archive.org/web/19970206014003/http://www.ocean.ic.net/ftp/doc/snethistnew.html>.

Hartmann, Frank: Von Karteikarten zum vernetzten Hypertext-System. Paul Otlet, Architekt des Weltwissens – Aus der Frühgeschichte der Informationsgesellschaft, in: Telepolis vom 29. Oktober 2006 <http://www.heise.de/tp/r4/artikel/23/23793/1.html>.

Has Google gotten better? (Weblogeintrag), in: Think Eyetracking vom 4. September 2008 <http://thinkeyetracking.com/Blog/?p=4>.

Hauben, Ronda/Hauben, Michael: Netizens. On the History and Impact of Usenet and the Internet, Los Alamitos 1997.

Haugeland, John: Analog and Analog, in: Philosophical Topics, 12 (1981), S. 213–225.

Haugeland, John: Analog und analog, in: Schröter, Jens/Böhnke, Alexander (Hrsg.): Analog/Digital – Opposition oder Kontinuum? Zur Theorie und Geschichte einer Unterscheidung, Bielefeld 2004 (= Medienumbrüche; 2), S. 33–48.

Hegel, Georg Wilhelm Friedrich: Werke in zwanzig Bänden. Auf der Grundlage der "Werke" von 1832–1845 neu edierten Ausgabe von Eva Moldenhauer und Karl Markus Michel, Frankfurt am Main 1969–1971.

Heidenreich, Stefan: Neue Medien, in: Sachs-Hombach, Klaus (Hrsg.): Bildwissenschaft. Disziplinen, Themen, Methoden, Frankfurt am Main 2005, S. 381–392.

Heimpel, Hermann: Über Organisationsformen historischer Forschung in Deutschland, in: Historische Zeitschrift, 189 (1959), S. 139–222.

Hellige, Hans Dieter (Hrsg.): Geschichten der Informatik. Visionen, Paradigmen, Leitmotive, Berlin 2004.

Hellige, Hans Dieter: Library of the Future-Visionen in den 1950–60er Jahren: Vom zentralen Wissensspeicher zum verteilten Wissensnetz, in: Koschke, Rainer/Herzog, Otthein/Rödiger, Karl-Heinz/et al. (Hrsg.): Informatik 2007. Informatik trifft Logistik. Band 2. Beiträge der 37. Jahrestagung der Gesellschaft für Informatik e.V. (GI) 24.-27. September 2007 in Bremen, Bonn 2007 (= Lecture Notes in Informatics; 110), S. 491–496.

Hellige, Hans Dieter: Weltbibliothek, Universalenzyklopädie, Worldbrain: Zur Säkulardebatte über die Organisation des Weltwissens, in: Technikgeschichte, 67 (2000), 4, S. 303–329.

Hellige, Hans-Dieter: Paradigmenwechsel der Computer-Bedienung aus technikhistorischer Perspektive. Krisen- und Innovationsphasen in der Mensch-Computer-Interaktion, in: Ders. (Hrsg.): Mensch-Computer-Interface. Zur Geschichte und Zukunft der Computerbedienung, Bielefeld 2008, S. 11–93.

Herder, Johann Gottfried: Ideen zur Philosophie der Geschichte der Menschheit, Frankfurt am Main 1989 (= Werke in zehn Bänden; 6).

Hess-Lüttich, Ernest W. B.: Wissenschaftskommunikation und Textdesign, in: Trans. Internet-Zeitschrift für Kulturwissenschaften, 1998, 6 <http://www.inst.at/trans/6Nr/hess.htm>.

Heuer, Christian: Geschichtsdidaktik, Zeitgeschichte und Geschichtskultur, in: Geschichte, Politik und ihre Didaktik, 33 (2005), S. 170–175.

Heuer, Stefan: Ordnung durch Unordnung. Interview mit David Weinberger, in: brand eins, 07 (2007), S. 88–91.

Hickethier, Knut: Zwischen Gutenberg-Galaxis und Bilder-Universum. Medien als neues Paradigma, Welt zu erklären, in: Geschichte und Gesellschaft, 25 (1999), S. 146–172.

Hillgärtner, Harald: Das Medium als Werkzeug. Plädoyer für die Rehabilitierung eines abgewerteten Begriffes in der Medientheorie des Computers (Diss. Univ. Frankfurt am Main), Frankfurt am Main 2006.

Himelstein, Linda/Siklos, Richard: PointCast: The Rise and Fall of an Internet Star. Its saga tells of hope and hubris in a high-risk business, in: Businessweek online vom 26. April 1999 <http://www.businessweek.com/1999/99_17/b3626167.htm>.

Hitzer, Bettina/Welskopp, Thomas (Hrsg.): Die Bielefelder Sozialgeschichte. Klassische Texte zu einem geschichtswissenschaftlichen Programm und seinen Kontroversen, Bielefeld 2010.

HNSource, the First History Site on the WWW (Online-Text), 2008 <http://www.vlib.us/hnsourcehistory.html>.

Hobohm, Hans-Christoph: Das Verhältnis zur Dokumentation – Fachinformationspolitik in den 70er und 80er Jahren in der Bundesrepublik Deutschland (Preprint), in: Die 70er und 80er Jahre des 20. Jahrhunderts: Auf dem Weg in die Informationsgesellschaft. 13. Jahrestagung des Wolfenbütteler Arbeitskreises für Bibliotheks-, Buch- und Mediengeschichte am 10.–12. Mai 2004 an der Herzog August Bibliothek Wolfenbüttel.

Hobohm, Hans-Christoph: Persönliche Literaturverwaltung im Umbruch, in: Information. Wissenschaft & Praxis, 56 (2005), 7, S. 385–388.

Hockey, Susan: The History of Humanities Computing, in: Schreibman, Susan/ Siemens, Ray/Unsworth, John (Hrsg.): A Companion to Digital Humanities, Malden, MA 2004 (= Blackwell companions to literature and culture; 26), S. 3–19.

Hodel, Jan: Recherche: Google – and Far Beyond, in: Gasteiner, Martin/Haber, Peter (Hrsg.): Digitale Arbeitstechniken für die Geistes- und Kulturwissenschaften, Stuttgart und Wien 2010, S. 25–37.

Hodel, Jan: Soziale Beziehungen beim Kollaborativen Schreiben (Weblogeintrag), in: weblog.histnet.ch vom 28. Januar 2006 <http://weblog.histnet.ch/archives/68>.

Hofmann, Jeanette (Hrsg.): Wissen und Eigentum. Geschichte, Recht und Ökonomie stoffloser Güter, Bonn 2006.

Hölscher, Christian: Die Rolle des Wissens im Internet. Gezielt suchen und kompetent auswählen, Stuttgart 2002.

Hölscher, Christian: Informationssuche im Internet. Web-Expertise und Wissenseinflüsse (zugl. Diss. Univ. Freiburg im Brsg.), Freiburg im Brsg. 2000 (= IIG-Berichte; 2/2000).

Horvath, Peter: Fachinformationspolitik ohne Geschichtswissenschaft oder Was ist eigentlich aus FIZ 14 geworden, in: NfD, 48 (1997), S. 159–166.

Horvath, Peter: Geschichte Online. Neue Möglichkeiten für die historische Fachinformation, Köln 1997 (= Historische Sozialforschung; Suppl. 8).

Hotho, Andreas/Jäschke, Robert/Schmitz, Christoph: BibSonomy: A Social Bookmark and Publication Sharing System (Online-Text), Kassel 2006 <http://www.kde.cs.uni-kassel.de/stumme/papers/2006/hotho2006bibsonomy.pdf>.

Huang, Mu-hsuan/Chang, Yu-wei: Characteristics of Research Output in Social Sciences and Humanities: From a Research Evaluation Perspective, in: Journal of the American Society for Information Science and Technology, 59 (2008), 11, S. 1819–1828.

Hühnlein, Detlef/Korte, Ulrike: Grundlagen der elektronischen Signatur. Recht, Technik, Anwendung, Bonn 2006.

Hunger, Francis: SETUN. Eine Recherche über den sowjetischen Ternärcomputer, Leipzig 2007.

Hunt, Karen: Faceted Browsing: Breaking the Tyranny of Keyword Searching, in: Feliciter, 52 (2006), 1, S. 36–37.

Hymes, Dell H. (Hrsg.): The use of computers in anthropology, London 1965 (= Studies in general anthropology; 2).

Iggers, Georg G.: Geschichtswissenschaft im 20. Jahrhundert, Göttingen 1993.

Imhof, Andres: RSWK/SWD und Faceted Browsing: neue Möglichkeiten einer inhaltlich-intuitiven Navigation, in: Bibliotheksdienst, 40 (2006), 8/9, S. 1015–1025.

Internet & Gesellschaft Co:llaboratory: Regelungssysteme für informationelle Güter. Urheberrecht in der digitalen Zukunft, Berlin 2011.

Jarausch, Konrad H.: Möglichkeiten und Probleme der Quantifizierung in der Geschichtswissenschaft, in: ders. (Hrsg.): Quantifizierung in der Geschichtswissenschaft. Probleme und Möglichkeiten, Düsseldorf 1976, S. 11–30.

Jarausch, Konrad H.: SPSS/PC: A Quantitative Historian's Dream or Nightmare?, in: Historical Social Research/Historische Sozialforschung, 11 (1986), 4, S. 88–90.

Jehne, Martin: Publikationsverhalten in den Geschichtswissenschaften, in: Publikationsverhalten in unterschiedlichen wissenschaftlichen Disziplinen. Beiträge zur Beurteilung von Forschungsleistungen, Bonn 2009 (= Diskussionspapiere der Alexander von Humboldt-Stiftung) (2. Auflage), S. 59-61.

Jenks, Stuart: Über die Verlässlichkeit von Informationen im Internet, in: Ders./ Marra, Stephanie (Hrsg.): Internet-Handbuch Geschichte, Köln etc. 2001, S. 265-271.

Jensen, Richard: Internet's Republic of Letters: H-Net for Scholars (nicht mehr zugänglicher Online-Text), 1997.

Joint Funding Council's Libraries Review Group: Report (The Follett Report), Bristol 1993.

Jones, John: Patterns of Revision in Online Writing. A Study of Wikipedia's Featured Articles, in: Written Communication, 25 (2008), S. 262-289.

Jordan, Stefan: Die Entwicklung einer problematischen Disziplin. Zur Geschichte der Geschichtsdidaktik, in: Zeithistorische Forschungen, 2 (2005), 2 <http:// www.zeithistorische-forschungen.de/16126041-Jordan-2-2005>.

Kahle, Brewster: Brewster Kahle builds a free digital library, in: TED Talks, Dezember 2007 <http://www.ted.com/talks/brewster_kahle_builds_a_free_digital_ library.html>.

Kahle, Brewster: Preserving the Internet, in: Scientific American Online, 276 (1997), 3, S. 82-83.

Kalfatovic, Martin R./Kapsalis, Effie et al.: Smithsonian Team Flickr: a library, archives, and museums collaboration in web 2.0 space, in: Archival Science, 8 (2008), 4, S. 267-277.

Kammer, Manfred: Der Traum von der Bibliothek von Alexandria. Zur Beziehung von Internet, Neuen Medien und Gedächtnis, in: Caemmerer, Christiane (Hrsg.): Die totale Erinnerung. Sicherung und Zerstörung kulturhistorischer Vergangenheit und Gegenwart in den modernen Industriegesellschaften, Bern et al. 1997 (= Jahrbuch für internationale Germanistik; A45), S. 43-55.

Kerschis, Annett: Literaturverwaltung und Wissensorganisation im Vergleich. Das Angebot von Literaturverwaltungsprogrammen und Social Bookmarking in Bezug auf die Benutzbarkeit in Bibliotheken (Diplomarbeit), Potsdam 2007.

Kirn, Paul: Einführung in die Geschichtswissenschaft, Berlin 1947.

Kittler, Friedrich A.: Aufschreibesysteme 1800 - 1900, München 1995 (3. Auflage).

Klatt, Rüdiger/Gavriilidis, Konstantin/et al., : Nutzung elektronischer wissenschaftlicher Information in der Hochschulausbildung. Barrieren und Potenziale der innovativen Mediennutzung im Lernalltag der Hochschulen. Im Auftrag des Bundesministeriums für Bildung und Forschung. Endbericht, Dortmund 2001.

Knorr, Eric: The Year of Web Services, in: CIO, 2003, 12/2004, 1, S. 90.

Koch, Traugott: Quality-controlled Subject Gateways. Definitions, Typologies, Empirical Overview, in: Online Information Review, 24 (2000), 1, S. 24-34.

Kodex ethischer Grundsätze für Archivarinnen und Archivare. Angenommen von der Generalversammlung des Internationalen Archivkongresses am 6. September 1996 in Peking, Bern 2005 <http://www.vsa-aas.org/de/beruf/kodex-ethischer-grundsaetze/>.

Kogge, Werner: Lev Manovich – Society of the Screen, in: Lagaay, Alice/Lauer, David (Hrsg.): Medientheorien. Eine philosophische Einführung, Frankfurt am Main 2004, S. 297–315.

König, René/Nentwich, Michael: Wissenschaft in Wikipedia und anderen Wikimedia-Projekten. Steckbrief 2 im Rahmen des Projekts Interactive Science, Wien 2009 (= ITA-Projektbericht; A52-2).

Kopp, Matthias/Küster, Marc Wilhelm/Ott, Wilhelm: TUSTEP im WWW-Zeitalter: Werkzeug für Anwender und Programmierer, in: Historical Social Research/ Historische Sozialforschung, 25 (2000), 1, S. 143–151.

Körber, Andreas/Schreiber, Waltraud/Schöner, Alexander (Hrsg.): Kompetenzen historischen Denkens. Ein Strukturmodell als Beitrag zur Kompetenzorientierung in der Geschichtsdidaktik, Neuried 2007.

Kornbluh, Mark Lawrence/Knupfer, Peter: H-Net Ten Years On: Usage, Impact, and the Problem of Professionalization in New Media, 2003 <http://www.h-net.org/aha/2003/kornbluh_knupfer.htm>.

Koselleck, Reinhart: Fragen zu den Formen der Geschichtsschreibung, in: Ders./Lutz, Heinrich/Rüsen, Jörn (Hrsg.): Formen der Geschichtsschreibung, München 1982 (= Theorie der Geschichte. Beiträge zur Historik; 4), S. 9–13.

Kostakis, Vasilis: Identifying and understanding the problems of Wikipedia's peer governance: The case of inclusionists versus deletionists, in: First Monday, 15 (2010), 3.

Kraft, Robert: A brief history of humanities computing, in: Humanist Discussion Group vom 7. Mai 2004 <http://www.iath.virginia.edu/lists_archive/Humanist/v17/0785.html>.

Krajewski, Markus: Zettelwirtschaft. Die Geburt der Kartei aus dem Geiste der Bibliothek, Berlin 2002.

Krameritsch, Jakob/Gasteiner, Martin: Schreiben für das WWW: Bloggen und Hypertexten, in: Schmale, Wolfgang (Hrsg.): Schreib-Guide Geschichte. Schritt für Schritt wissenschaftliches Schreiben lernen, Wien 2006 (2. Auflage), S. 231–271.

Krameritsch, Jakob: Geschichte(n) im Netzwerk. Hypertext und dessen Potenziale für die Produktion, Repräsentation und Rezeption der historischen Erzählung (Dissertationsschrift), Münster et al. 2007.

Kreiswirth, Martin: Trusting the Tale: The Narrativist Turn in the Human Sciences, in: New Literary History, 23 (1992), 3, S. 629–657.

Krempl, Stefan: Die Internet-Bibliothek von Alexandrien. Ein Interview mit Jimmy Wales, dem Mitbegründer der stetig wachsenden Online-Enzyklopädie Wikipedia, in: Telepolis vom 1. Juni 2004 <http://www.heise.de/tp/r4/artikel/17/17548/1.html>.

Krüger, Stefanie: Die Erschließung digitaler und analoger Suchräume. Anforderungen an heuristische Verfahren, in: Epple, Angelika/Haber, Peter (Hrsg.): Vom Nutzen und Nachteil des Internets für die historische Erkenntnis. Version 1.0, Zürich 2005 (= Geschichte und Informatik; 15), S. 91–105.

Kübler, Hans-Dieter: Mythos Wissensgesellschaft. Gesellschaftlicher Wandel zwischen Information, Medien und Wissen. Eine Einführung, Wiesbaden 2005.

Kuhlen, Rainer: Hypertext. Ein nicht-lineares Medium zwischen Buch und Wissensbank, Berlin und Heidelberg 1991.

Kuhlen, Rainer: Information, in: Ders./Seeger, Thomas/Strauch, Dietmar (Hrsg.): Grundlagen der praktischen Information und Dokumentation (2 Bände), München 2004 (5. Auflage), S. 3–20.

Kuhlen, Rainer: Wikipedia – Offene Inhalte im kollaborativen Paradigma – eine Herausforderung auch für Fachinformation, in: Libreas, 2006, 1 <http://www.ib.hu-berlin.de/~libreas/libreas_neu/ausgabe4/006kuhlen.htm>.

Kuhlthau, Carol Collier: Information Search Process (Online-Text), Princeton (NJ) 2008 <http://www.scils.rutgers.edu/~kuhlthau/information_search_process.htm>.

Kuhlthau, Carol Collier: Seeking meaning. A process approach to library and information services, Westport (Conn.) 2004 (2. Auflage).

Künzel, Werner/Bexte, Peter: Allwissen und Absturz. Der Ursprung des Computers, Frankfurt am Main 1993.

Landow, George P.: Hypertext 3.0. Critical Theory and New Media in an Era of Globalization, Baltimore 2006.

Langer, Ulrike: Daten rücken in den Fokus. Wie Fachjournalisten davon profitieren können, in: Fachjournalist, 2011, 2, S. 4–9.

Langewiesche, Dieter: Die Geschichtsschreibung und ihr Publikum. Zum Verhältnis von Geschichtswissenschaft und Geschichtsmarkt, in: Ders.: Zeitwende. Geschichtsdenken heute, Göttingen 2008, S. 85–100.

Le Goff, Jacques/Nora, Pierra: Faire de l'histoire I. Nouveaux problèmes, Paris 1974.

Lehmann, Kai/Schetsche, Michael (Hrsg.): Die Google-Gesellschaft. Vom digitalen Wandel des Wissens, Bielefeld 2005.

Lehmann, Klaus-Dieter: Bibliotheksautomatisierung – Förderpolitik in der Bundesrepublik Deutschland, in: Haase, Yorck A./Haass, Gerhard (Hrsg.): 77. Deutscher Bibliothekartag in Augsburg 1987. Reden und Vorträge, Frankfurt am Main 1998 (= Zeitschrift für Bibliothekswesen und Bibliographie; Sonderheft 46), S. 257–268.

Lehnen, Katrin: Kooperative Textproduktion, in: Kruse, Otto/Jakobs, Eva-Maria/Ruhmann, Gabriele (Hrsg.): Schlüsselkompetenz Schreiben. Konzepte, Methoden, Projekte für Schreibberatung und Schreibdidaktik an der Hochschule, Bielefeld 2003 (2. Auflage), S. 147–170.

Lehnen, Katrin: Kooperative Textproduktion. Zur gemeinsamen Herstellung wissenschaftlicher Texte im Vergleich von ungeübten, fortgeschrittenen und sehr geübten SchreiberInnen (Dissertationsschrift), Bielefeld 2000.

Lesk, Michael: The Seven Ages of Information Retrieval, Ottawa 1996 (= International Federation of Library Associations and Institutions. Universal Dataflow and Telecommunications Core Programme Occasional Paper; 5) <http://www.ifla.org/VI/5/op/udtop5/udt-op5.pdf>.

Leu, Urs B.: Die Loci-Methode als enzyklopädisches Ordnungssystem, in: Michel, Paul/Herren, Madeleine (Hrsg.): Allgemeinwissen und Gesellschaft, Aachen 2007, S. 337–358.

Levie, Françoise: L'homme qui voulait classer le monde. Paul Otlet et le Mundaneum, Bruxelles 2006.

Lewandowski, Dirk/Mayr, Philipp: Exploring the Academic Invisible Web, in: Library Hi Tech, 24 (2006), 4, S. 529–539.

Lewandowski, Dirk: Google Scholar. Aufbau und strategische Ausrichtung des Angebots sowie Auswirkungen auf andere Angebote im Bereich der wissenschaftlichen Suchmaschinen. Expertise im Auftrag des Hochschulbibliothekszentrums Nordrhein-Westfalen, Düsseldorf 2005.

Lewandowski, Dirk: Web Information Retrieval. Technologien zur Informationssuche im Internet, Frankfurt am Main 2005 (= Reihe Informationswissenschaft der DGI; 7).

Licklider, J[oseph] C. R.: Man-Computer Symbiosis, in: IRE Transactions on Human Factors in Electronics, 1 (1960), S. 4–11.

Licklider, Joseph C. R.: Libraries of the Future, Cambridge 1965.

Lindsey, David: Evaluating quality control of Wikipedia's feature articles, in: First Monday, 15 (2010), 4.

Lines Andersen, Deborah: Academic Historians, Electronic Information Access Technologies, and the World Wide Web. A Longitudinal Study of Factors Affecting Use and Barriers to That Use, in: Trinkle, Dennis A./Merrimann, Scott A. (Hrsg.): History.edu. Essays on Teaching with Technology, Armonk und London 2001, S. 3–24.

Lingelbach, Gabriele (Hrsg.): Vorlesung, Seminar, Repetitorium. Geschichtswissenschaftliche Lehre im internationalen Vergleich, München 2006.

Lingelbach, Gabriele: Klio macht Karriere. Die Institutionalisierung der Geschichtswissenschaft in Frankreich und den USA in der zweiten Hälfte des 19. Jahrhunderts, Göttingen 2003.

Linke, Angelika/Nussbaumer, Markus: Intertextualität. Linguistische Bemerkungen zu einem literaturwissenschaftlichen Textkonzept, in: Antos, Gerd/Tietz, Heike (Hrsg.): Die Zukunft der Textlingusitik. Traditionen, Transformationen, Trends. Tübingen 1997 (= Reihe Germanistische Linguistik; 188), S. 109–126.

Lipsius, Justus: De bibliothecis syntagma, Antwerpen 1619.

Liu, Jun/Ram, Sudha: Who Does What: Collaboration Patterns in the Wikipedia and Their Impact on Data Quality (Online-Text), Tucson 2010 <http://papers.ssrn.com/sol3/Delivery.cfm/SSRN_ID1565682_code1442287.pdf?abstractid=1565682&mirid=1>.

Löffler, Petra: Bilderindustrie: Die Fotografie als Massenmedium, in: Kümmel, Albert/Scholz, Leander/Schumacher, Eckhard (Hrsg.): Einführung in die Geschichte der Medien, München 2004, S. 95–123.

Lorenz, Maren: Repräsentation von Geschichte in Wikipedia oder: Die Sehnsucht nach Beständigkeit im Unbeständigen, in: Korte, Barbara/Palatschek, Sylvia (Hrsg.): History goes Pop. Zur Repräsentation von Geschichte in populären Medien und Genres, Bielefeld 2009, S. 289–312.

Lorenz, Maren: Wikipedia – ein Modell für die Zukunft? Zur Gefahr des Verschwindes der Grenzen zwischen Information und Infotainment, in: Jorio, Marco/Eggs, Cindy (Hrsg.): Am Anfang ist das Wort. Lexika in der Schweiz, Baden 2008, S. 91–109.

Lorenz, Maren: Wikipedia als „Wissensspeicher" der Menschheit – genial, gefährlich oder banal?', in: Meyer, Erik (Hrsg.): Erinnerungskultur 2.0. Kommemorative Kommunikation in digitalen Medien, Frankfurt am Main 2009 (= Interaktiva; 6), S. 207–236.

Lorenz, Maren: Wikipedia. Zum Verhältnis von Struktur und Wirkungsmacht eines heimlichen Leitmediums, in: Werkstatt Geschichte, 2006, 43, S. 84–95.

Lowry, Paul Benjamin/Curtis, Aaron/Lowry, Michelle René: Building a Taxonomy and Nomenclature of Collaborative Writing to Improve Interdisciplinary Research and Practice, in: Journal of Business Communication, 41 (2004), 1, S. 66–99.

Lückerath, Carl August: Elektronische Datenverarbeitung in der Geschichtswissenschaft?, in: Geschichte in Wissenschaft und Unterricht, 1969, 6, S. 321–329.

Lückerath, Carl August: Prolegomena zur elektronischen Datenverarbeitung im Bereich der Geschichtswissenschaft, in: Historische Zeitschrift, 207 (1968), S. 265–296.

Mabry, Donald: Electronic Mail and Historians, in: Perspectives, 1991, 2 <http://www.historians.org/perspectives/issues/1991/9102/9102COM.cfm>.

Macgregor, George/McCulloch, Emma: Collaborative Tagging as a Knowledge Organisation and Resource Discovery Tool, in: Library Review, 55 (2006), 5, S. 291–300.

Machill, Marcel/Beiler, Markus (Hrsg.): Die Macht der Suchmaschinen – The Power of Search Engines, Köln 2007.

Magnus, P. D.: Epistemology and the Wikipedia. Presented at the North American Computing and Philosophy Conference in Troy, New York 2006.

Mahrt-Thomsen, Frauke: Von Alexandria bis zum Internet: die Universalbibliothek, in: Laurentius, 13 (1996), 3, S. 131–148.

Maissen, Thomas: Archive: ein neues gesellschaftliches Bedürfnis – neu ein gesellschaftliches Bedürfnis?, in: Schweizerische Zeitschrift für Geschichte, 53 (2003), 3, S. 292–299.

Manovich, Lev: The Language of New Media, Cambridge und London 2001.

Maresch, Rudolf: Öffentlichkeit im Netz. Ein Phantasma schreibt sich fort, in: Münker, Stefan/Roesler, Alexander (Hrsg.): Mythos Internet, Frankfurt 1997, S. 193–212.

Mathes, Adam: Folksonomies – Cooperative Classification and Communication Through Shared Metadata, Mountain View 2004 <http://www.adammathes.com/academic/computer-mediated-communication/folksonomies.pdf>.

Matis, Herbert: Die Wundermaschine. Die unendliche Geschichte der Datenverarbeitung – von der Rechenuhr zum Internet, Frankfurt am Main 2002.

Maughan, Lizzie/Dodd, Jon/Walters, Richard: Video Replay of Eye Tracking as a Cue in Retrospective Protocol... Don't Make Me Think Aloud! (Posterbeitrag), Reading 2007 <http://www.thinkeyetracking.com/resources/Lizzie%20Maughan%20-%20PEEP%20Poster%20for%20ECEM_SWAET%2007.pdf>.

Mawdsley, Evan/Munck, Thomas: Computing for historians, Manchester 1993.

Mayerhöfer, Josef: Conrad Gessner als Bibliograph und Enzyklopädist. Der Zusammenbruch der mittelalterlichen artes liberales, in: Gesnerus, 22 (1965), 1/2, S. 176–194.

Mayer-Schönberger, Viktor: Delete. Die Tugend des Vergessens im digitalen Zeitalter, Berlin 2010.

Mazzola, Guerino: Humanities@EncycloSpace. Der enzyklopädische Wissensraum zur Informationstechnologie. Neuorientierung im Rahmen der Geisteswissenschaften, Bern 1998 (= Forschungspolitische Früherkennung des Schweizerischen Wissenschaftsrates; 185).

McCrank, Lawrence J.: Historical Information Science. An Emerging Unidiscipline, Medford (New Jersey) 2002.

McGhee, Geoff: Journalism in the Age of Data (Video, Dauer 54:00), Stanford 2010 <http://datajournalism.stanford.edu>.

McLuhan, Marshall: Die magischen Kanäle. Understanding Media, Düsseldorf 1992.

Mensching, Günther: Einleitung des Herausgebers, in: d'Alembert, Jean le Rond: Einleitung zur Enzyklopädie. Durchgesehen und mit einer Einleitung herausgegeben von Günther Mensching, Hamburg 1997 (= Philosophische Bibliothek; 473).

Michel, Jean-Baptiste/et al.: Quantitative Analysis of Culture Using Millions of Digitized Books, in: Sciencexpress vom 16. Dezember 2010 <http://www.sciencemag.org/content/early/2010/12/15/science.1199644>.

Michel, Jean-Baptiste/et al.: Supporting Online Material for Quantitative Analysis of Culture Using Millions of Digitized Books, in: Sciencexpress vom 16. Dezember 2010 <www.sciencemag.org/cgi/content/full/science.1199644/DC1>.

Michel, Paul/Herren, Madeleine (Hrsg.): Allgemeinwissen und Gesellschaft, Aachen 2007.

Middell, Matthias: Vom allgemeinhistorischen Journal zur spezialisierten Liste im H-Net. Gedanken zur Geschichte der Zeitschriften als Elementen der Institutionalisierung moderner Geschichtswissenschaft, in: Middell, Matthias (Hrsg.): Historische Zeitschriften im internationalen Vergleich, Leipzig 1999 (= Geschichtswissenschaft und Geschichtskultur im 20. Jahrhundert; 2), S. 7–31.

Miller, Paul: Web 2.0: Building the New Library, in: Ariadne, 2005, 45.

Missomelius, Petra: Digitale Medienkultur. Wahrnehmung – Konfiguration – Transformation, Bielefeld 2006.

Mitchell, Joan S. (Hrsg.): Dewey-Dezimalklassifikation und Register. Begründet von Melvil Dewey. Deutsche Ausgabe hrsg. von Der Deutschen Bibliothek (4 Bände), München 2005.

Mitteilung der Kommission an das Europäische Parlament, den Rat, den Europäischen Wirtschafts- und Sozialausschuss und den Ausschuss der Regionen. Weiterverwendung von Informationen des öffentlichen Sektors – Überprüfung der Richtlinie 2003/98/EG – [SEC(2009) 597] , Brüssel 2010.

Mittelstrass, Jürgen: Wissen, in: Ders. (Hrsg.): Enzyklopädie Philosophie und Wissenschaftstheorie (4 Bände), Stuttgart und Weimar 2004, Bd. 4, S. 717–719.

Mocigemba, Dennis: Ideengeschichte der Computernutzung. Metaphern der Computernutzung und Qualitätssicherungsstrategien (Dissertationsschrift), Berlin 2003.

Mooers, Calvin N.: Information retrieval viewed as temporal signaling, in: Proceedings of the International Conference of Mathematicians, Providence 1950, S. 572–573.

Müller, Jan-Dirk: Das Gedächtnis der Universalbibliothek: Die neuen Medien und der Buchdruck, in: Böhme, Hartmut/Scherpe, Klaus R. (Hrsg.): Literatur und Kulturwissenschaften. Positionen, Theorien, Modelle, Reinbek 1996 (Rowohlts Enzyklopädie; 575), S. 78–95.

Müller, Uwe: Open Access. Eine Bestandesaufnahme, in: Gasteiner, Martin/Haber, Peter (Hrsg.): Digitale Arbeitstechniken für die Geistes- und Kulturwissenschaften, Stuttgart und Wien 2010, S. 185–201.

Müller, Winfried: Die Aufklärung, München 2002 (= Enzyklopädie deutscher Geschichte; 61).

Münker, Stefan: Emergenz digitaler Öffentlichkeiten. Die Sozialen Medien im Web 2.0, Frankfurt am Main 2009 (= edition unseld; 26).

Musch, Jochen: Die Geschichte des Netzes. Ein historischer Abriss, in: Batinic, Bernad: Internet für Psychologen, Göttingen 1997, S. 27–48.

Nelson, Lynn: Announcement of HNSOURCE (Archivkopie), in: Medieval History vom 20. März 1993 <http://chnm.gmu.edu/digitalhistory/links/cached/chapter1/link1.2d.HNSOURCE(7-01).html>.

Nelson, Lynn: Before the Web: the early development of History on-line (Online-Text), 2000 <http://historicaltextarchive.com/sections.php/sections.php?op=viewarticle&artid=696>.

Nelson, Lynn: Wie alles entstanden ist. Geschichtswissenschaften und Internet in den USA, in: Jenks, Stuart/Marra, Stephanie (Hrsg.): Internet-Handbuch Geschichte, Köln etc. 2001, S. 1–22.

Nelson, T[heodor] H[olm]: Complex information processing: a file structure for the complex, the changing and the indeterminate, in: ACM Annual Conference/Annual Meeting: Proceedings of the 1965 20th national conference, Ohio 1965, S. 84–100.

Nelson, Theodor H.: As We Will Think, in: ONLINE 72 international conference on online interactive computing conference proceedings (Uxbridge, 4–7 September 1972), Uxbridge 1972, S. 439–454.

Nentwich, Michael/König, René: Peer Review 2.0: Herausforderungen und Chancen der wissenschaftlichen Qualitätskontrolle im Zeitalter der Cyber-Wissenschaft, in: Gasteiner, Martin/Haber, Peter (Hrsg.): Digitale Arbeitstechniken für die Geistes- und Kulturwissenschaften, Stuttgart und Wien 2010, S. 143–163.

Nentwich, Michael: Cyberscience. Research in the Age of the Internet, Wien 2003.

Neuroth, Heike/Osswald, Achim/Scheffel, Regine et al. (Hrsg.): nestor Handbuch. Eine kleine Enzyklopädie der digitalen Langzeitarchivierung (Version 2.3), Göttingen 2010 <http://nbn-resolving.de/urn/resolver.pl?urn=urn:nbn:de:0008-2010071949>.

Niedersächsische Staats- und Universitätsbibliothek: Das Sondersammelgebiets-Fachinformationsprojekt (SSG-FI) der Niedersächsischen Staats- und Universitätsbibliothek Göttingen, Berlin 1999 (= DBI-Materialien; 185).

Noiriel, Gérard: Die Wiederkehr der Narrativität, in: Eibach, Joachim/Lottes, Günther (Hrsg.): Kompass der Geschichtswissenschaft, Göttingen 2002, S. 355–370.

Nolte, Paul: Öffentliche Geschichte. Die neue Nähe von Fachwissenschaft, Massenmedien und Publikum: Ursachen, Chancen und Grenzen, in: Barricelli, Michele/Hornig, Julia (Hrsg.): Aufklärung, Bildung, „Histotainment"? Zeitgeschichte in Unterricht und Gesellschaft heute, Frankfurt am Main 2008, S. 131–146.

Nunberg, Geoffrey: Counting on Google Books, in: The Chronicle of Higher Education vom 16. Dezember 2010 <http://chronicle.com/article/Counting-on-Google-Books>.

Obama, Barack: Transparency and Open Government (Memorandum), Washington 2009 <http://www.whitehouse.gov/the_press_office/TransparencyandOpenGovernment/>.

O'Really, Tim: What Is Web 2.0? Design Patterns and Business Models for the Next Generation of Software, in: O'Reilly vom 30. September 2005 <http://www.oreilly.de/artikel/web20.html>.

Orosz, Gábor: Übersicht über die Problematik der Dokumentationsselektoren, in: Dokumentation, 1 (1954), 9, S. 173-178.

Ortega Soto, José Felipe: Wikipedia: A quantitative analysis (Diss. Univ. Madrid), Madrid 2009.

Overhage, Carl F. J.: Plans for Project Intrex, in: Science, 152 (1966), 3725, S. 1032-1037.

Overhage, Carl F. J.: Project Intrex. A Brief Description (Typoskript), Cambridge 1971.

Parent, Ingrid: The Importance of National Bibliographies in the Digital Age, in: International Cataloging & Bibliographic Control, 37 (2008), 1, S. 9-12.

Parry, Marc: The Humanities Go Google, in: The Chronicle of Higher Education vom 28. Mai 2010 <http://chronicle.com/article/The-Humanities-Go-Google/65713/>.

Pentzold, Christian: Wikipedia. Diskussionraum und Informationsspeicher im neuen Netz, München 2007.

Pfanzelter, Eva: Von der Quellenkritik zum kritischen Umgang mit digitalen Ressourcen, in: Gasteiner, Martin/Haber, Peter (Hrsg.): Digitale Arbeitstechniken für die Geistes- und Kulturwissenschaften, Stuttgart und Wien 2010, S. 39-49.

Pfister, Christian: Randständig und innovativ. Quantitative Methoden und postmoderne Ansätze in der Geschichtswissenschaft, in: Schweizerisches Bundesarchiv: Archive und Geschichtsschreibung, Bern 2001 (= Studien und Quellen; 27), S. 315-332.

Pierson, G. W. (Hrsg.): Computers for the Humanities? A Record of the Conference Sponsored by Yale University on a Grant from IBM January 22-23, 1965, New Haven 1966.

pmo: Unabhängige Internet-Enzyklopädie ausgerufen, in: heise online vom 18. Januar 2001 <http://www.heise.de/newsticker/meldung/14589>.

Porath, Erik: Gedächtnis des Unerinnerbaren. Philosophische und medientheoretische Untersuchungen zur Freudschen Psychoanalyse, Bielefeld 2005.

Puschmann, Cornelius: Visualization in the Digital Humanities. A survey (Vortragsfolien), Leipzig 2010 <http://www.slideshare.net/coffee001/visualization-in-the-digital-humanities>.

Ranganathan, Shiyali Ramamrita: Classification and Communication, Delhi 1951.

Raphael, Lutz: Die Erben von Bloch und Febvre. Annales-Geschichtsschreibung und nouvelle histoire in Frankreich 1945-1980, Stuttgart 1994.

Raphael, Lutz: Geschichtswissenschaft im Zeitalter der Extreme. Theorien, Methoden, Tendenzen von 1900 bis zur Gegenwart, München 2003.

Ratcliffe, Frederik W.: The Follett Report: A Blueprint for Library/Information Provision in British Universities, in: The Reference Librarian, 1996, 54, S. 163-183.

Rauch, Wolf: Was ist Informationswissenschaft?, Graz 1988 (= Grazer Universitätsreden; 32).

Raulff, Ulrich: Ein so leidenschaftliches Wissen. Theoretiker am Rande der Erschöpfung: Über die jüngste Konjunktur von Archiv und Sammlung, in: Süddeutsche Zeitung vom 16. Mai 2002.

Rauthe, Simone: Geschichtsdidaktik – ein Auslaufmodell? Neue Impulse der amerikanischen Public History, in: Zeithistorische Forschungen, 2 (2005), 2 <http://www.zeithistorische-forschungen.de/16126041-Rauthe-2-2005>.

Rayward, W. Boyd: The universe of information. The work of Paul Otlet for documentation and international organisation, Moscow 1975.

Rayward, W. Boyd: Visions of Xanadu: Paul Otlet (1868–1944) and hypertext, in: Journal of the American Society for Information Science, 45 (1994), 4, S. 235–250.

Reagle Jr., Joseph M.: Do As I Do: Authorial Leadership in Wikipedia, in: International Symposium on Wikis. Proceedings of the 2007 international symposium on Wikis, 2007 <http://doi.acm.org/10.1145/1296951.1296967>, S. 143–155.

Regulski, Katharina: Aufwand und Nutzen beim Einsatz von Social-Bookmarking-Services als Nachweisinstrument für wissenschaftliche Forschungsartikel am Beispiel von BibSonomy, in: Bibliothek, 31 (2007), 2, S. 177–184.

Rehm, Georg: Hypertextsorten. Defnition, Struktur, Klassifkation (Diss. Univ. Gießen), Gießen 2006 <http://geb.uni-giessen.de/geb/volltexte/2006/2688/pdf/RehmGeorg-2006-01-23.pdf>.

Rieck, Michael: Die Geschichte der wissenschaftlichen Information und Dokumentation in Deutschland unter Berücksichtigung politischer Einflüsse (Magisterarbeit), Berlin 2004.

Riess, Peter/Fisch, Stefan/Strohnschneider, Peter: Prolegomena zu einer Theorie der Fußnote, Münster 1995 (= *fussnote anmerkungen zum wissenschaftsbetrieb; 1).

Rieusset-Lemarié, Isabelle: P. Otlet's Mundaneum and the international perspective in the history of documentation and information science, in: Journal of the American Society for Information Science, 48 (1997), 4, S. 301–309.

Robben, Bernard: Der Computer als Medium. Eine transdisziplinäre Theorie, Bielefeld 2006.

Roberts, Lawrence G.: Multiple Computer Networks and Intercomputer Communication, in: ACM Symposium on Operation System Principles, Gatlinburg 1967 <http://www.packet.cc/files/multi-net-inter-comm.html>.

Roberts, Lawrence G.: The evolution of packet switching, in: Proceedings of the IEEE, 66 (1978), 11, S. 1307–1313.

Roesler, Alexander/Stiegler, Bernd (Hrsg.): Grundbegriffe der Medientheorie, München 2005.

Röhle, Theo: Der Google-Komplex. Über Macht im Zeitalter des Internets, Bielefeld 2010.

Rohlfes, Joachim: Literaturbericht Geschichtsdidaktik – Geschichtsunterricht, in: Geschichte in Wissenschaft und Unterricht, 59 (2008), 11, S. 664–675.

Rösch, Hermann/Weisbrod, Dirk: Linklisten, Subject Gateways, Virtuelle Fachbibliotheken, Bibliotheks- und Wissenschaftsportale: Typologischer Überblick und Definitionsvorschlag, in: B.I.T. online, 2004, 3, S. 177–186.

Rosenthaler, Lukas: Archivierung im digitalen Zeitalter. Historische Entwicklung und Wege in eine digitale Zukunft (Habilitationsschrift), Basel 2007.

Rosenzweig, Roy: Clio Wired. The Future of the Past in the Digital Age, New York 2011.

Runkehl, Jens/Schlobinski, Peter/Siever, Torsten: Sprache und Kommunikation im Internet. Überblick und Analysen, Opladen 1998.

Rüsen, Jörn: Zerbrechende Zeit. Über den Sinn der Geschichte, Köln 2001.

Russell, Edmund/Kane, Jennifer: The Missing Link. Assessing the Reliability of Internet Citations in History Journals, in: Technology and Culture, 49 (2008), 2, S. 420–429.

Rüth, Axel: Erzählte Geschichte. Narrative Strukturen in der französischen Annales-Geschichtsschreibung, Berlin 2005 (= Narratologia; 5).

Sachse, Martin: Quellenkritik im Internet. Untersuchung zu Anwendungsmöglichkeiten der Historischen Fachwissenschaft im Bereich der Neuen Medien (Manuskript), Erlangen 2000 <www489.f3.gcore.info/quellenkritik.rtf>.

Samulowitz, Hansjoachim: Zur Gründungsgeschichte der Deutschen Gesellschaft für Dokumentation, in: Information. Wissenschaft & Praxis, 57 (2006), 4, S. 191–192.

Sandbothe, Mike: Ist das Internet cool oder hot?, in: Telepolis vom 12. September 1996 <http://www.telepolis.de/deutsch/inhalt/co/2050/1.html>.

Schanze, Helmut: Digitalisierung, in: ders. (Hrsg.): Metzler Lexikon Medientheorie Medienwissenschaft. Ansätze – Personen – Grundbegriffe, Stuttgart 2002, S. 64–65.

Schelhowe, Heidi: Das Medium aus der Maschine. Zur Metamorphose des Computers, Frankfurt am Main und New York 1997.

Schenk, Dietmar: Kleine Theorie des Archivs, Stuttgart 2008.

Schindler, Sabine: Authentizität und Inszenierung: Die Vermittlung von Geschichte in amerikanischen historic sites, Heidelberg 2003 (= American Studies: A Monography Series; 110).

Schinzel, Britta: Das unsichtbare Geschlecht der Neuen Medien, in: Warnke, Martin / Coy, Wolfgang / Tholen, Georg Christoph (Hrsg.): HyperKult II. Zur Ortsbestimmung analoger und digitaler Medien, Bielefeld 2005, S. 343–369.

Schlobinski, Peter/Siever, Torsten (Hrsg.): Sprachliche und textuelle Merkmale in Weblogs. Ein internationales Projekt, Hannover und Darmstadt 2005 (= Networx; 46) <http://www.mediensprache.net/networx/networx-46.pdf>.

Schmale, Wolfgang: Digitale Geschichtswissenschaft, Wien 2010.

Schmalz, Jan Sebastian: Zwischen Kooperation und Kollaboration, zwischen Hierarchie und Heterarchie. Organisationsprinzipien und -strukturen von Wikis, in: Stegbauer, Christian/Schönberger, Klaus/Schmidt, Jan (Hrsg.): Wikis: Diskurse, Theorien und Anwendungen, Frankfurt am Main 2007 (= kommunikation@gesellschaft, Sonderausgabe 8).

Schmidmaier, Dieter: Zeitschriften und ‚graue Literatur', in: Zentralblatt für Bibliothekswesen, 97 (1983), 6, S. 247–252.

Schmidt, Jan: Praktiken des Bloggens. Strukturierungsprinzipien der Online-Kommunikation am Beispiel von Weblogs (Diplomarbeit), Bamberg 2005 (= Berichte der Forschungsstelle „Neue Kommunikationsmedien"; 05–01).

Schmidt, Jan: Weblogs. Eine kommunikationssoziologische Studie, Konstanz 2006.

Schmitz, Rainer: Der gegenwärtige Forschungsstand zur Dokumentationsgeschichte, in: Bibliothek, 12 (1988), S. 298–303.

Schneider, Irmela: Konzepte von Autorschaft im Übergang von der ‚Gutenberg-‘ zur ‚Turing‘-Galaxis, in: zeitenblicke, 5 (2006), 3 <http://www.zeitenblicke.de/2006/3/Schneider>.

Schneider, Ralf H.: Enzyklopädien im 21. Jahrhundert: Lexikographische, kommunikations- und kulturwissenschaftliche Strukturen im Kontext neuer Medien (Diss. Univ. Karlsruhe), Karlsruhe 2008.

Scholz, Leander: Die Industria des Buchdrucks, in: Kümmel, Albert/Scholz, Leander/Schumacher, Eckhard (Hrsg.): Einführung in die Geschichte der Medien, München 2004, S. 11–33.

Schönert, Jörg: Zum Status und zur disziplinären Reichweite von Narratologie, in: Borsò, Vittoria/Kann, Christoph: Geschichtsdarstellungen. Medien – Methoden – Strategien, Köln 2004 (= Europäische Geschichtsdarstellungen; 6), S. 131–143.

Schonfeld, Roger C.: JSTOR. A history, Princeton 2003.

Schröder, Wilhelm Heinz: Historische Sozialforschung: Forschungsstrategie – Infrastruktur – Auswahlbibliographie, Köln 1988 (= Historische Sozialforschung; Beiheft 1).

Schröder, Wilhelm Heinz: Historische Sozialforschung: Identifikation, Organisation, Institution, Köln 1994 (= Historische Sozialforschung; Beiheft 6).

Schröter, Jens: Analog/digital – Opposition oder Kontinuum?, in: ders./Böhnke, Alexander (Hrsg.): Analog/Digital – Opposition oder Kontinuum? Zur Theorie und Geschichte einer Unterscheidung, Bielefeld 2004 (= Medienumbrüche; 2), S. 7–30.

Schröter, Marcus: Fünf Jahre nach SteFi oder: Auf der Suche nach Informationskompetenz im Studienalltag. „Von der ‚Ware‘ Information zur ‚wahren‘ Information – Erstellen einer Fachinformationsseite Geschichte von Studierenden für Studierende", in: Bibliotheksdienst, 2006, 11, S. 1286–1295.

Schulze, Hans Herbert: Computer-Enzyklopädie. Lexikon und Fachwörterbuch für Datenverarbeitung und Telekommunikation (6 Bände), Reinbek bei Hamburg 1989.

Schulze, Winfried: Deutsche Geschichtswissenschaft nach 1945, München 1993.

Schulze, Winfried: Zur Geschichte der Fachzeitschriften. Von der ‚Historischen Zeitschrift‘ zu den ‚zeitenblicken‘, in: zeitenblicke, 2 (2003), 2 <http://www.zeitenblicke.historicum.net/2003/02/pdf/schulze.pdf>.

Schwartz, Hillel: Déjà vu. Die Welt im Zeitalter ihrer tatsächlichen Reproduzierbarkeit, Berlin 2000.

Seeger, Thomas: Der Weinberg-Bericht von 1963. Ein deutscher Rückblick nach 40 Jahren, in: Information. Wissenschaft & Praxis, 54 (2003), 2, S. 95–98.

Sencar, H. T./Memon, N.: Overview of State-of-the-Art in Digital Image Forensics (Online-Text), New York 2007 <http://isis.poly.edu/~forensics/pubs/sencar_memon_chapter.pdf>.

Serrai, Alfredo: Conrad Gessner, Roma 1990 (= Il bibliotecario. Nuova serie. Manuali; 5).

Shannon, Claude/Weaver, Warren: Mathematische Grundlagen der Informationstheorie, München 1976.

Shaw, David: ‚Ars formularia‘: Neo-Latin Synonyms for Printing, in: Library, 1989, S. 220–230.

Shell Weiss, Melanie/Kornbluh, Mark Lawrence: H-Net: Humanities and Social Sciences OnLine, in: The History Teacher, 31 (1998), 4, S. 533–538.

Shorter, Edward: The Historian and the Computer. A Practical Guide, Englewood Cliffs, New Jersey 1971.

Siegert, Paul Ferdinand: Die Geschichte der E-Mail. Erfolg und Krise eines Massenmediums, Bielefeld 2008.

Simon, Christian: Historiographie, Stuttgart 1996.

Simpson, Rosemary/Renear, Allen/Mylonas, Elly/et al.: 50 Years After 'As We May Think': The Brown/MIT Vannevar Bush Symposium, in: interactions, 3 (1995), 2, S. 47–67 <http://doi.acm.org/10.1145/227181.227187>.

Smith, Julian A.: Using „Newsgroups" through BITNET/INTERNET, in: HOST. An Electronic Bulletin for the History and Philosophy of Science and Technology, 1 (1993), 2 <http://www.irondust.com/queue/db_fullText.asp.dsd_id=32095>.

Snow, Charles Percy: The two cultures and a second look. An expanded version of the two cultures and the scientific revolution, Cambridge 1965.

Sonnabend, Lisa: Das Phänomen Weblogs – Beginn einer Medienrevolution? Eine Annäherung an die Beantwortung mit Hilfe einer Analyse der Glaubwürdigkeit und Qualität aus Sicht der Rezipienten (Magisterarbeit), München 2005 <http://www.netzthemen.de/book/export/html/57>.

Staley, David J.: Computers, visualization, and history. How new technology will transform our understanding of the past, Armonk, N. Y. 2003.

Statistique et analyse linguistique. Colloque de Strasbourg (20–22 avril 1964), Paris 1966.

Stegbauer, Christian: Wikipedia. Das Rätsel der Kooperation, Wiesbaden 2009.

Stehr, Nico: Wissenspolitik. Die Überwachung des Wissens, Frankfurt am Main 2003.

Stieg, Margaret F.: The Origin and Development of Scholarly Historical Periodicals, Alabama 1986.

Stille, Alexander: Reisen an das Ende der Geschichte, München 2001.

Stingelin, Martin: Kugeläusserungen. Nietzsches Spiel auf der Schreibmaschine, in: Gumbrecht, Hans Ulrich/Pfeiffer, K. Ludwig: Materialität der Kommunikation, Frankfurt am Main 1988, S. 310–325.

Stock, Wolfgang G.: Information Retreival. Informationen suchen und finden, München 2007.

Stone, Lawrence: The Revival of Narrative: Reflections on a New Old History, in: Past and Present, 85 (1979), S. 3–24.

Storch, Neomy: Collaborative writing: Product, process, and students' reflections, in: Journal of Second Language Writing, 14 (2005), 3, S. 153–173.

Strohm, Klauspeter: Kulturwissenschaften und Medienkompetenz. Einige Überlegungen, in: Historische Anthropologie, 2001, 1, S. 126–136.

Sunlight Foundation: Ten Principles for Opening Up Government Information, Washington 2010.

Suter, Beat: Das Neue Schreiben. Vom widerstandslosen Umstellen von Buchstaben bis zum ‚fluktuierenden Konkreatisieren', in: Giuriato, Davide/Stingelin, Martin/Zanetti, Sandro (Hrsg.): System ohne General. Schreibszenarien im digitalen Zeitalter, München 2006 (= Zur Genealogie des Schreibens; 3), S. 167–187.

Swierenga, Robert P.: Computers and American History: The Impact of the „New" Generation, in: Journal of American History, 60 (1974), 4, S. 1045–1070.

Tänzler, Dirk: Zur Kritik der Wissensgesellschaft, Konstanz 2006 (= Erfahrung – Wissen – Imagination; 12).

Tausz, Andrew: Predicting the Date of Authorship of Historical Texts (Online-Text), Stanford 2011 <http://nlp.stanford.edu/courses/cs224n/2011/reports/atausz.pdf>.

Thaller, Manfred (Hrsg.): Datenbanken und Datenverwaltungssysteme als Werkzeuge historischer Forschung, St. Katharinen 1986 (=Historisch-Sozialwissenschaftliche Forschungen; 20).

Thaller, Manfred/Müller, Albert (Hrsg.): Computer in den Geisteswissenschaften. Konzepte und Berichte, Frankfurt am Main 1989 (= Studien zur historischen Sozialwissenschaft; 7).

Thaller, Manfred: „Wie ist es eigentlich gewesen, wenn das Gedächtnis virtuell wird?" Die historischen Fächer und die digitalen Informationssysteme, in: Hering, Rainer/Sarnowsky, Jürgen/Schäfer, Christoph/Schäfer, Udo (Hrsg.): Forschung in der digitalen Welt. Sicherung, Erschließung und Aufbereitung von Wissensbeständen, Hamburg 2006 (= Veröffentlichungen aus dem Staatsarchiv der Freien und Hansestadt Hamburg; 20), S. 13–28.

Thaller, Manfred: Digitale Bausteine für die geisteswissenschaftliche Forschung, Göttingen 2003 (Fundus; 5).

Thaller, Manfred: Entzauberungen. Die Entwicklungen einer fachspezifischen historischen Datenverarbeitung in der Bundesrepublik, in: Prinz, Wolfgang/Weingart, Peter (Hrsg.): Die sog. Geisteswissenschaften: Innenansichten, Frankfurt am Main 1990, S. 138–158.

Thaller, Manfred: Gibt es eine fachspezifische Datenverarbeitung in den historischen Wissenschaften?, in: Kaufhold, Karl Heinrich/Schneider, Jürgen (Hrsg.): Geschichtswissenschaft und elektronische Datenverarbeitung; 36, Wiesbaden 1988 (= Beiträge zur Wirtschafts- und Sozialgeschichte; 36), S. 45–83.

Thaller, Manfred: Historical Software Issue 2: Statistical Package for the Social Sciences (SPSS), in: Historical Social Research/Historische Sozialforschung, 6 (1981), 4, S. 87–92.

Thaller, Manfred: Secundum Manus. Zur Datenverarbeitung mehrschichtiger Editionen, in: Härtel, Reinhard (Hrsg.): Geschichte und ihre Quellen. Festschrift für Friedrich Hausmann zum 70. Geburtstag, Graz 1987, S. 629–637.

Thaller, Manfred: The Archive on Top of Your Desk: An Introduction to Self-Documenting Image Files, in: Historical Methods, 28 (1995), 3, S. 133–143.

Thaller, Manfred: The Historical Workstation Project, in: Computers and the Humanities, 25 (1991), S. 149–162.

Thaller, Manfred: Vom Beleg zum Begriff. Der Beitrag der Datenverarbeitung zur Lösung von Terminologieproblemen, in: Dienes, Gerhard M./Jaritz, Gerhard/Kropac, Ingo H. (Hrsg.): Ut populus ad historiam trahatur. Festgabe für Herwig Ebner zum 60. Geburtstag, Graz 1988, S. 237–254.

Thaller, Manfred: Warum brauchen die Geschichtswissenschaften fachspezifische datentechnische Lösungen? Das Beispiel kontextsensitiver Datenbanken, in: ders./Müller, Albert (Hrsg.): Computer in den Geisteswissenschaften. Konzepte und Berichte, Frankfurt am Main 1989 (= Studien zur historischen Sozialwissenschaft; 7), S. 237–264.

The Royal Swedish Academy of Sciences: The Prize in Economics 1993. Press Release, Stockholm 1993 <http://nobelprize.org/nobel_prizes/economics/laureates/1993/press.html>.

The World Wide Web Virtual Library: WWW-VL History Central Catalogue, Florenz 1993ff. <http://vlib.iue.it/history/>.

Thillosen, Anne Maria: Veränderungen wissenschaftlicher Literalität durch digitale Medien. Neue literale Praktiken im Kontext Hochschule (Diss. Univ. Bochum), Bochum 2008 <http://opus.unibw-hamburg.de/opus/volltexte/2008/1409/pdf/2008_Thillosen.pdf>.

Tholen, Georg Christoph: Die Zäsur der Medien. Kulturphilosophische Konturen, Frankfurt am Main 2002.

Tholen, Georg Christoph: Medium/Medien, in: Roesler, Alexander/Stiegler, Bernd (Hrsg.): Grundbegriffe der Medientheorie, München 2005, S. 150–172.

Thomas, Christina: Geschichte und Entwicklung der Fachinformationspolitik in der Bundesrepublik Deutschland, Potsdam 2002/2005 <http://www.iid.fh-potsdam.de/fileadmin/iid/dokumente/FIPolitik1105.pdf>.

Tobin, Carol M.: The future of reference: an introduction, in: Reference Services Review, 31 (2003), 1, S. 9–11.

Toebak, Peter M.: Records Management. Gestaltung und Umsetzung, Baden 2010.

Towards a Bibliometric Database for the Social Sciences and Humanities – A European Scoping Project, Sussex 2010.

Trüper, Henning: Das Klein-Klein der Arbeit: die Notizführung des Historikers François Louis Ganshof, in: Müller, Philipp (Hrsg.): Vom Archiv. Erfassen, Ordnen, Zeigen, Innsbruck 2008 (= Österreichische Zeitschrift für Geschichtswissenschaften, 18 (2007), 2), S. 82–104.

Universität Tübingen · Zentrum für Datenverarbeitung: TUSTEP. Tübinger System von Textverarbeitungs-Programmen. Version 2011. Handbuch und Referenz, Tübingen 2010 <http://www.tustep.uni-tuebingen.de/pdf/handbuch.pdf>.

Urbons, Klaus: Copy Art. Kunst und Design mit dem Fotokopierer, Köln 1991 (= DuMont Taschenbücher; 269).

Vierhaus, Rudolf: Wie erzählt man Geschichte? Die Perspektive des Historiographen, in: Quandt, Siegfried/Süssmuth, Hans (Hrsg.): Historisches Erzählen. Formen und Funktionen (Buch), Göttingen 1982, S. 49–56.

Vismann, Cornelia: Akten. Medientechnik und Recht, Frankfurt am Main 2000.

Volpers, Helmut: 249. Der internationale Buchmarkt, in: Leonhard, Joachim-Felix/Ludwig, Hans-Werner/Schwarze, Dietrich/Strassner, Erich (Hrsg.): Ein Handbuch zur Entwicklung der Medien und Kommunikationsformen, München 2002, S. 2649–2660.

von Lucke, Jörn/Geiger, Christian P.: Open Government. Frei verfügbare Daten des öffentlichen Sektors, Friedrichshafen 2010.

Voss, Jakob: Infometrische Untersuchungen an der Online-Enzyklopädie Wikipedia (Magisterarbeit Humboldt-Univ.), Berlin 2005.

Wannemacher, Klaus: Articles as Assignments – Modalities and Experiences. Wikipedia Use in University Courses, in: Lecture Notes in Computer Science, 5686 (2009), S. 434–443.

Warnke, Martin: Digitale Archive, in: Pompe, Hedwig/Scholz, Leander (Hrsg.): Archivprozesse. Die Kommunikation der Aufbewahrung, Köln 2002 (= Mediologie; 5), S. 269–281.

Weber, Elisabeth/Tholen, Georg Christoph (Hrsg.): Das Vergessen(e). Anamnesen des Undarstellbaren, Wien 2001.

Weber, Stefan: Das Google-Copy-Paste-Syndrom. Wie Netzplagiate Ausbildung und Wissen gefährden, Hannover 2007.

Weber, Wolfgang: Priester der Klio. Historisch-wissenschaftliche Studien zur Herkunft und Karriere deutscher Historiker und zur Geschichte der Geschichtswissenschaft 1800–1970, Frankfurt am Main 1984 (= Europäische Hochschulschriften. Reihe 3: Geschichte und ihre Hilfswissenschaften; 216).

Wegmann, Nikolaus: Bücherlabyrinthe. Suchen und Finden im alexandrinischen Zeitalter, Köln und Weimar 2000.

Weinberg, Alvin M.: Science, Government, and Information: The Responsibilities of the Technical Community and the Government in the Transfer of Information, Washington (D.C.) 1963.

Weinberg, Alvin M.: Wissenschaft, Regierung und Information. Genehmigte deutsche Übersetzung des Weinberg-Berichtes vom 10. Januar 1963, Frankfurt am Main 1964 (= Beiheft zu den Nachrichten für Dokumentation; 12).

Weinberger, David: Das Ende der Schublade. Die Macht der neuen digitalen Unordnung, München 2008.

Weingart, Peter/Carrier, Martin/Krohn, Wolfgang: Nachrichten aus der Wissensgesellschaft. Analysen zur Veränderung der Wissenschaft, Weilerswist 2007.

Weiss, Heinz: Einige Aspekte zukünftiger Informationsspeicher, in: Archivmitteilungen, 1970, 3, S. 83–85.

Werle, Dirk: Die Bibliothek als Gattung. Einige Überlegungen zum Phänomen frühneuzeitlicher Bibliothecae am Beispiel von Johann Jacob Fries und Paul Bolduan (Preprint), Berlin 2008 <http://www.fheh.org/images/fheh/material/bibliothek_als_gattung.pdf>.

Wesch, Michael: An anthropological introduction to YouTube. Presented at the Library of Congress, June 23rd 2008 (Video, Dauer 55:33), in: YouTube vom 26. Juni 2008 <http://www.youtube.com/watch?v=TPAO-lZ4_hU>.

Whitrow, Magda: Condorcet: A pioneer in Information Retrieval?, in: Annals of Science, 39 (1982), 6, S. 585–592.

Wick, Peter: Geschichtswissenschaftliche Information und Dokumentation und Archive, in: Archivmitteilungen, 1969, 6, S. 223–225.

Wiegand, Dorothee: Gut zitiert ist halb geschrieben. Bibliografieprogramme erstellen korrekte Zitate und Anhänge, in: c't, 7 (2006), S. 160–165.

Wiegand, Wayne A.: The "Amherst Method": The Origins of the Dewey Decimal Classification Scheme, in: Library & Culture, 33 (1998), 2, S. 175–194.

Wikipedia: Das Schlaue Buch (Online-Text), <http://de.wikipedia.org/w/index.php?title=Das_Schlaue_Buch&oldid=84059858>.

Wikipedia: Interpedia (Online-Text), <http://de.wikipedia.org/w/index.php?title=Interpedia&oldid=79535767>.

Wikipedia: Nupedia (Online-Text), <http://en.wikipedia.org/w/index.php?oldid= 422499183>.
Wikipedia: Wikipedia (Online-Text), <http://de.wikipedia.org/w/index.php?title= Wikipedia&oldid=31124059>.
Wikipedia: Wikipedia:Banner und Logos (Online-Text), <http://de.wikipedia.org/w/index.php?oldid=87670208>.
Wikipedia: Wikipedia:Geschichte der Wikipedia (Online-Text), <http://de.wikipedia.org/w/index.php?oldid=87310177>.
Wikipedia: Wikipedia:Grundprinzipien (Online-Text), <http://de.wikipedia.org/w/index.php?oldid=87611286>.
Wikipedia: Wikipedia:Statistik (Online-Text), <http://de.wikipedia.org/w/index.php?oldid=87408610>.
Williams, Peter/Nicholas, David/Rowlands, Ian: E-Journal Usage and Impact in Scholarly Research: A Review of the Literature , in: New Review of Academic Librarianship, 16 (2010), 2, S. 192–207.
Williams, Peter/Stevenson, Iain/Nicholas, David et al.: The role and future of the monograph in arts and humanities research, in: Aslib Proceedings, 61 (2009), 1, S. 67–82.
Willinsky, John: The Access Principle. The Case for Open Access to Research and Scholarship, Cambridge, Massachusetts 2006.
Winkler, Hartmut: Docuverse. Zur Medientheorie der Computer, München 1997.
Winkler, Stefan: Dekommodifizierung: Veränderung der Wissenschaft durch das Internet (Rezension), in: Technikfolgenabschätzung – Theorie und Praxis, 13 (2004), 1, S. 94–98.
Wirth, Uwe: Chatten. Plaudern mit anderen Mitteln., in: Siever, Torsten/Schlobinski, Peter/Runkehl, Jens (Hrsg.): Websprache.net. Sprache und Kommunikation im Internet, Berlin 2005 (= Linguistik. Impulse und Tendenzen; 10), S. 67–84.
Wissen, Dirk: Eine Mediographie oder Wikigraphie als Portal zum Informationsraum – von der Entwicklung bibliographischer Daten, hin zu mediographischen Informationen, in: Bibliothek, 32 (2008), 1, S. 21–35.
Wittenbrink, Heinz: Newsfeeds mit RSS und Atom, Bonn 2005.
Woodmansee, Martha: Der Autor-Effekt, in: Jannidis, Fotis/Lauer, Gerhard/Martinez, Matias (Hrsg.): Texte zur Theorie der Autorschaft, Stuttgart 2000, S. 298–314.
Woodmansee, Martha: On the Author Effect: Recovering Collectivity , in: Cardozo Arts & Entertainment Law Journal , 10 (1992), 2, S. 279–292.
Yeo, Richard: A Solution to the Multitude of Books: Ephraim Chambers's "Cyclopaedia" (1728) as "The Best Book in the Universe", in: Journal of the History of Ideas, 64 (2003), 1, S. 61–72.
Zedelmaier, Helmut: Bibliotheca universalis und Bibliotheca selecta. Das Problem der Ordnung des gelehrten Wissens in der frühen Neuzeit, Köln 1992 (= Beihefte zum Archiv für Kulturgeschichte; 33).
Zedelmaier, Helmut: Buch, Exzerpt, Zettelschrank, Zettelkasten, in: Pompe, Hedwig/Scholz, Leander (Hrsg.): Archivprozesse. Die Kommunikation der Aufbewahrung, Köln 2002 (= Mediologie; 5), S. 38–53.

Zielke, Thomas: History at your Fingertips. Electronic Information and Communication for Historians (Online-Text), [ca. 1991] <http://history.eserver.org/history-at-fingertips.txt>.

Zillien, Nicole: Digitale Ungleichheit. Neue Technologien und alte Ungleichheiten in der Informations- und Wissensgesellschaft (zugl. Diss. Univ. Trier), Wiesbaden 2006.